21 世纪旅游专业高职高专系列教材

饭店业概述

杨荫稚　陈为新　编著

南开大学出版社

天　津

图书在版编目(CIP)数据

饭店业概述 / 杨荫稚，陈为新编著. —天津：南开大学出版社，2009.9（2021.7重印）
（21世纪旅游专业高职高专系列教材）
ISBN 978-7-310-03230-3

Ⅰ.饭… Ⅱ.①杨…②陈… Ⅲ.饭店－商业服务－高等学校：技术学校－教材 Ⅳ.F719.2

中国版本图书馆 CIP 数据核字（2009）第 162028 号

版权所有　侵权必究

饭店业概述
FANDIANYE GAISHU

南开大学出版社出版发行
出版人：陈　敬
地址：天津市南开区卫津路 94 号　邮政编码：300071
营销部电话：(022)23508339　营销部传真：(022)23508542
http://www.nkup.com.cn

天津市蓟县宏图印务有限公司印刷　全国各地新华书店经销
2009 年 9 月第 1 版　2021 年 7 月第 7 次印刷
260×185 毫米　16 开本　12.375 印张　310 千字
定价：37.00 元

如遇图书印装质量问题，请与本社营销部联系调换，电话：(022)23508339

前　言

《饭店业概述》是一本饭店业从业人员的入门书，可作为旅游专业大专院校及中职学校的课程教材、饭店行业对新入职者的行业认知培训教材、饭店从业人员对本行业进行全面了解的科普性读物，以及其他对饭店业有兴趣的人士了解饭店业的普及读物。

本书分两大部分。一部分是对饭店的基本功能的简要介绍，如预订、接待、客房、餐饮、康乐、商场、人事、市场营销、财务、工程、安保等；另一部分是介绍饭店业的不同业态和类型，如商务型饭店、会议型饭店、度假型饭店、豪华邮轮、公寓式酒店、主题饭店、精品饭店、经济型连锁饭店、青年旅舍、家庭小旅馆等。最后，还介绍了饭店星级评定和绿色饭店评定，以及有关饭店从业人员的职业生涯规划的内容。

编著者多年从事旅游教育，深感需要针对饭店业入门者的概述型教材，以帮助初入门者对饭店业有一个全面的、感性的认知。作为一个理想的教学模式，应该在学生对饭店业有了一个初步的认识后，先到饭店去进行短期的认知性实习，然后再开始学习各类专业技能及管理课程，如房务管理、餐饮管理、康乐管理等等。

作为一本针对初入门者的教材，本书有如下特点：

第一，科普性。本教材的特点是只告诉读者饭店及饭店的各部门或各类饭店干些什么，即提供哪些服务、进行哪些工作，不涉及任何管理层面的内容。笔者认为，管理层面的内容应该在各类专门业务管理课程中详细、系统地阐述，如房务管理、餐饮管理等在本书中则基本不涉及，以适应初入门者的认知规律。全书图文并茂，提供了大量浅显易懂的图片、案例和资料，从而避免用长篇大论的理论来说明问题，使学生对饭店业首先有一个生动鲜活的印象。这一阶段的学生对饭店的认识可以是感性的、生动的。使学生在了解了饭店业全貌的同时，引起他（她）们对饭店业的兴趣和好感，同时也给学生后续业务管理课程的教学打下基础。

在各章的内容中，我们将饭店业的服务理念和做法融入其中，让读者在初入门时就感受到饭店业服务为上的行业气息，潜移默化地对学生进行行业服务意识的熏陶。

第二，案例性。全书大量地采用生动和真实的案例来说明问题。笔者认为，这是一种高效率的教学方式，学生很容易从生动鲜活的案例所表述或蕴含的内容中理解饭店是什么、干什么、如何干等问题。这是符合学生认知规律的教学方法，特别对初入门者来说尤其如此。

第三，开放性。饭店业是一个不断发展中的日新月异的行业，一本书不可能涵盖全部饭店业的方方面面，更不可能准确地预知未来的发展。因此，一本教材不要奢望成为永世通用的经典。除了通过不断修订来保持教材的先进性以外，教材本身开放性的教学模式是一种与时俱进的教学方法，本书力图在这一方面进行积极的探索。在每一讲后，通过布置课外研习的环节，让学生自己去搜索和研究当前饭店业的发展情况。这样就可以通过"课外研习"这一窗口，让学生看到当前本行业的最新发展动态，从而弥补教材不可避免的内容滞后的缺陷。

这是一门通俗易懂的课程，在教学方法上尽量采用以学生为学习主体的"生本教育"的教学方法。即在课后可以利用"课外研习"的教学要求，安排学生去搜集资料及进行研究。在课堂内，可以请学生将研究的成果在全体学生中进行交流分享。这是一门并不深奥的课程，对当今的大中专学生来说，已经具备了借助网络进行学习研究的能力。实践证明，这样一种教学方式不仅可以取得很好的教学效果，也深受学生们欢迎。

中国的饭店业经 30 年的发展，已经从最初外宾只能住招待所的窘境，发展到今天不仅在数量上增长迅猛，而且在类型上也日益繁多。中国的饭店职业教育随着全国示范性高职高专院校的发展进入了一个崭新的阶段，教学课程体系、课程内容、教学方法和手段正在逐步地由粗放型的教学转向更科学、更精细的教学。在这一大背景下，催生了这一本教材及课程的建设。

杨荫稚 陈为新

2009 年 3 月

目　录

第一篇　饭店工作概述

第一讲　饭店的基本功能 ... 3
第二讲　预订（Reservation） ... 14
第三讲　接待（Reception） ... 22
第四讲　客房（Guest Room） ... 32
第五讲　餐饮（Food & Beverage） ... 38
第六讲　康乐、商务中心与商场（Recreation, Business Center and Shops） ... 50
第七讲　市场营销（Marketing） ... 56
第八讲　人力资源（Human Resources） ... 66
第九讲　财务（Finance） ... 72
第十讲　工程（Engineering） ... 83
第十一讲　安保（Safety & Security） ... 91

第二篇　饭店类型介绍

第十二讲　饭店分类 ... 99
第十三讲　商务型酒店（Business Hotel） ... 105
第十四讲　会议型饭店（Meeting Hotel） ... 111
第十五讲　度假型饭店（Resort） ... 116
第十六讲　豪华邮轮（Luxury Cruises） ... 122
第十七讲　全套房饭店和公寓式酒店/服务式公寓（All-suite Hotel, Apartment Hotel/Service Apartment） ... 127
第十八讲　精品酒店和主题酒店 ... 131
第十九讲　青年旅舍和家庭旅馆 ... 140
第二十讲　经济型连锁酒店 ... 149
第二十一讲　饭店集团 ... 156

第三篇　其　他

第二十二讲　饭店星级和绿色饭店 ... 169
第二十三讲　饭店业职业生涯 ... 180

第一篇 饭店工作概述

第一篇 水泥生产工艺学

第一讲　饭店的基本功能

1.1　什么是饭店

1.1.1　饭店的基本功能和定义

1.1.1.1　饭店的基本功能

例子：X 先生出差记

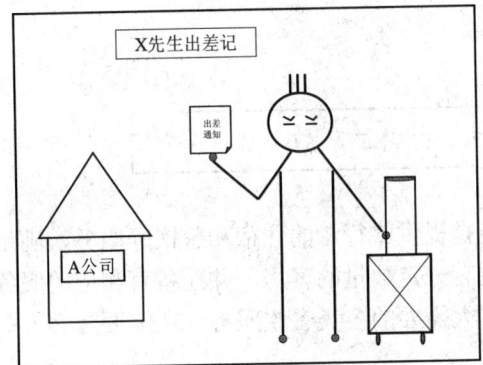

1. X 先生接到公司要他出差的通知。

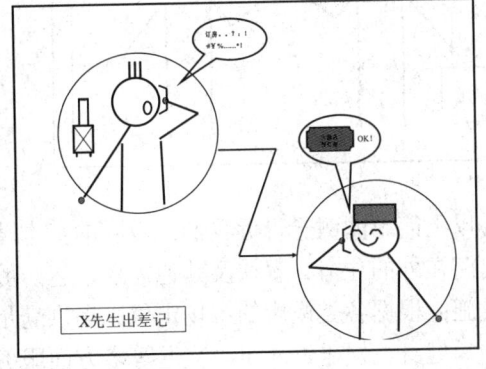

2. X 先生与一家酒店打电话预订房间。

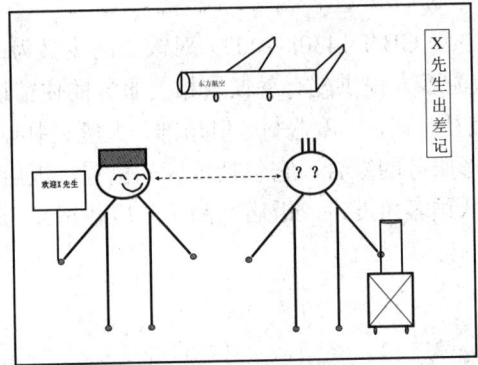

3. X 先生到达机场，酒店派人到机场接 X 先生。

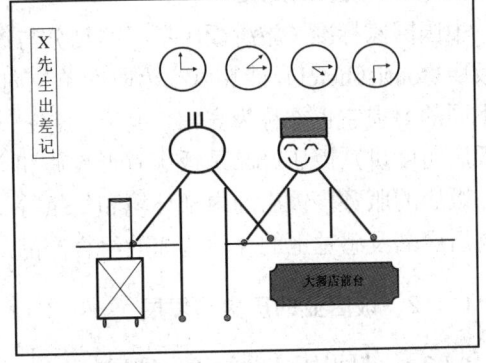

4. X 先生到达酒店，前台员工为 X 先生登记入住。

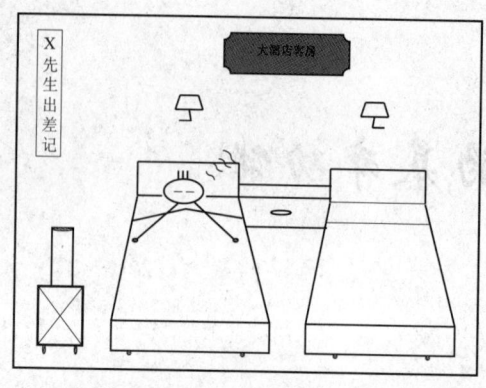

5. X先生入住客房休息。

6. X先生到酒店的餐厅就餐。

7. X先生第二天离开酒店。

以上简单的例子告诉我们：饭店的基本功能是提供旅行者的住宿和餐饮等服务，满足他们出门在外的住宿、餐饮及其他需求。它一般拥有一定数量的客房，并配备有相应的服务配套设施；根据各类饭店的市场定位，提供满足客人需要的各类餐饮服务，还需要为客人提供购物、健身、娱乐、通讯、交通等多方面服务。

随着现代饭店业的发展，饭店的功能除了基本的住宿功能和餐饮功能外，还可以有商务功能（商务型饭店）、家居功能（饭店式公寓）、度假功能（度假型饭店）、会议功能等。

1.1.1.2 饭店的定义

中国国家标准《旅游饭店星级的划分与评定》（GB/T 14308-2003）对饭店的定义为："旅游饭店（tourist hotel），能够以夜为时间单位向旅游客人提供配有餐饮及相关服务的住宿设施，按不同的习惯它也被称为宾馆、饭店、旅馆、旅社、宾舍、度假村、俱乐部、大厦、中心等。"从饭店角度讲，饭店产品是饭店有形设施和无形服务的综合。它包括饭店的位置、饭店的设施、饭店的服务、饭店的内部环境和气氛等。从顾客角度讲，饭店产品是一段住宿经历，是由物质产品及感觉上的体验构成的组合产品。

1.1.2 饭店业的历史与发展

1.1.2.1 世界饭店业的历史发展

（1）客栈时期。18世纪以前，以英法为代表的客栈。它的特点是规模较小、价格低廉、设备简陋，只能给旅行者提供最基本的食宿服务，是饭店最早的雏形。

(2) 大饭店时期。18 世纪末～19 世纪末。以美国为代表，其特点是：大饭店时期的饭店建筑规模宏大，价格昂贵，设备设施豪华，餐饮精美考究，服务周到，讲究礼节，尽力满足宾客的要求，主要服务于王公贵族等上流社会。投资者往往不太注重经营成本。

案例 1：波士顿的特里蒙特饭店（The Tremont Hotel）[1]

美国第一个真正的大饭店是特里蒙特饭店，位于波士顿的特里蒙特街和贝肯街的交叉处，于 1892 年 10 月开张。按当时的标准，这是一个纯粹的豪华饭店，设计者是一个叫叶塞亚·罗杰斯（Isaiah Rogers）的 27 岁的年轻人。它有三层楼，170 间客房，12 个公共房间，它是第一个拥有以下服务及设施的饭店：

- 服务生
- 只负责前台工作的职员
- 铺地毯的大堂和餐厅（共 200 个坐位），大堂与餐厅内均有燃煤气的枝形吊灯
- 浴室（8 间），很可能是蒸汽浴室，均设在楼内
- 私人房间，既有单人间又有双人间，均有带锁的门，客人可以自己保存钥匙
- 法式烹调
- 每屋有一个脸盆，一个水壶和一块免费肥皂
- 室内卫生间，被称为盥洗室，位于大楼的地下室
- 每间客房内有一个叫做信号器的机械装置，客人有什么要求按一下按钮即通知前台

特里蒙特饭店的顶棚特别高，铺地毯的地面都是黑白相间的大理石，室内的家具陈设都是用当地产的核桃木雕刻成的。尽管有着上述这一系列的首创，如果按今天的标准来说，它绝算不上豪华型的饭店，可是不要忘记这里描述的是早于美国内战发生 30 年的一家饭店，那时候电还没有发明，也没有现代的抽水马桶和电话。在那个时代，特里蒙特就算是了不起的豪华饭店了。

波士顿的特里蒙饭店

(3) 商业饭店时期。20 世纪初至中叶。以美国为代表。其特点是：设施方便、舒适、清洁、安全。服务虽仍较为简单，但已日渐健全，经营方向开始以客人为中心，盈利为主，饭店的价格也趋向合理。服务对象主要是商务旅行者。

案例 2：美国布法罗斯塔特勒饭店（Buffaol Statler Hotel）[2]

美国布法罗斯塔特勒饭店 1908 年开业，是号称"美国商业旅馆之父"的埃尔斯沃思·密尔顿·斯塔特勒（Ellsworth Milton Statler）建造并经营的。在美国历史上首先推出了"一间客房一浴室"的设计，此外还采取了冰水管进客房、每间客房都安装电话等创新措施，取得了辉煌的成就，开业头一年就赢利 3 万美元（这在当时是一笔不小的数字），营销创新举措带来丰厚的营销创新利润。

例：引导饭店业发展趋势的若干个第一[3]

1846 年	集中供暖
1859 年	升降楼梯
1881 年	电灯（电灯取得专利后仅两年）
1907 年	电话进入客房（电话发明后 31 年）
1927 年	收音机进入客房（收音机发明后 21 年）
1940 年	空气制冷（主要用于公共区域）
1950 年	电梯
1958 年	免费电视
1964 年	假日饭店启用计算机中央预订系统
1965 年	最初的前台管理系统面世，随后出现了房态管理系统
1970 年	彩色电视广泛普及（1954 年发明）
1973 年	客房内免费电影（喜来登饭店）
70 年代初	电子收款机
70 年代中	售点管理系统和无匙门锁
1983 年	个人计算机进入客房

（4）现代新型饭店时期。从 20 世纪中叶至今，以美国为代表。其特点是饭店的规模不断扩大，类型多样化，开发了各种类型的住宿设施，服务向综合性发展，饭店不但提供食、住，而且提供旅游、通讯、商务、康乐、购物等多种服务，力求尽善尽美。

1.1.2.2 中国古代饭店的发展历史

（1）驿站

据历史记载，中国最古老的一种官方住宿设施是驿站。在古代，只有简陋的通讯工具，统治者政令的下达，各级政府间公文的传递，以及各地区之间的书信往来等，都要靠专人递送。历代政府为了有效地实施统治，必须保持信息畅通，因此一直沿袭了这种驿传制度，与这种制度相适应的为信使提供的住宿设施应运而生，这便是闻名于世的中国古代驿站。从商代中期到清光绪二十二年止，驿站竟长存三千余年，这是中国最古老的旅馆。

鸡鸣驿位于河北省怀来县最西端的鸡鸣驿乡，因在鸡鸣山下，故称鸡鸣驿。鸡鸣驿始建于元代，是目前中国现存规模最大、功能最齐全、保存最完整的一座古代驿站，城内设有驿丞署、把总署、公馆院、马号、戏楼、店铺等。

（资料来源：http://www.joyqf.org/tdr/242.htm）

江苏高邮驿站，也称为盂城驿，为隋唐年代86个水陆相兼的大驿站之一。建于1375年。明成祖迁都北京后，处于京杭大运河岸边的盂城驿成为明代最繁忙的驿段之一。在高邮历代邮驿机构中，盂城驿的规模最大。当时仅厅房就有200多间，驿马130匹，驿船18条，水马夫200多人，集邮驿、公馆、交通、漕运等功能于一身。

（资料来源：http://www.gytoday.cn/gy/20071107-27183.shtml）

（2）中国早期的迎宾馆

我国很早就有了设在都城、用于招待宾客的迎宾馆。春秋时期的"诸侯馆"和战国时期的"传舍"，可说是迎宾馆在先秦时期的表现形式。以后几乎历代都分别建有不同规模的迎宾馆，并冠以各种不同的称谓。清末时，此类馆舍正式得名于"迎宾馆"。古代中华各族的代表和外国使者都曾在"迎宾馆"住过。

（3）民间旅店和早期城市客店的出现与发展

古人对旅途中休憩食宿处所的泛称是"逆旅"。以后逆旅成为古人对旅馆的书面称谓。西周时期，投宿逆旅的人皆是当时的政界要人，补充了官办"馆舍"之不足。到了战国时期，中国古代的商品经济进入了一个突飞猛进的发展时期，工商业愈来愈多，进行远程贸易的商人已经多有所见。一些位于交通运输要道和商贸聚散的枢纽地点的城邑，逐渐发展为繁盛的商业中心，于是，民间旅店在商业和交通的推动下进一步发展为遍布全国的旅店业了。

1.1.2.3 中国近代饭店的兴起与发展

（1）外资经营的西式饭店

西式饭店是19世纪中叶外国资本进入中国后兴建和经营的饭店的统称。这类饭店在建筑式样和风格、设备设施、饭店内部装修、经营方式、服务对象等方面都与中国的传统客店不同，是中国近代饭店业中的外来成分。

1840年第一次鸦片战争以后，随着《南京条约》、《望厦条约》等一系列不平等条约的签订，西方列强纷纷侵入中国，设立租界地、划分势力范围，并在租界地和势力范围兴办银行、邮政、铁路和各种企业，从而导致了西式饭店的出现。至1939年，在北京、上海、广州等23个城市中，已有外国资本建造和经营的西式饭店近80家。

案例3：浦江饭店（原名礼查饭店）[4]

礼查饭店始建于1846年（清道光二十六年）西名RICHARDS HOTEL，由英国人礼查RICHADS创建，是上海开埠以来乃至全国第一家西式饭店。1907年（清光绪三十三年），扩建为具有新古典主义维多利亚巴洛克式建筑，是当时上海最豪华的西式饭店，也是中国及远东最著名的饭店之一。饭店虽经历了一

百五十多年的历史变迁，但仍然保持着其原有的建筑风貌和历史痕迹，叠映出上海变迁的缩影。

礼查饭店曾入住过许多名人大师：

1922年，著名科学家、相对论创立者爱因斯坦曾经住过礼查饭店。当年入住304房。

1920年英国哲学家罗素到中国讲学，下榻礼查饭店。当年入住310房。

1897年美国前总统格兰特的上海之行，驿站设在礼查饭店。当年入住410房。

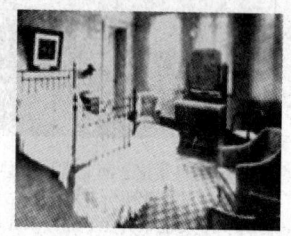

世界知名的艺术大师卓别林曾两度入住浦江饭店，1931年作环球旅行到上海时便在浦江饭店下榻。1936年2月5日，他又与新婚夫人安莲·高黛一起，在拍完电影《摩登时代》后乘邮轮作蜜月旅游到上海，再度入住浦江饭店。当年入住404房。

浦江饭店是中国第一家现代化意义上的饭店，是促进东西方交往的窗口，让上海乃至中国走向世界的最初舞台：

1882年7月26日，上海首次试燃15盏电灯，礼查饭店及花园内就点亮了7盏；

1901年，上海第一本电话名簿上礼查饭店电话号码"200"，这是上海最早使用的现代电话；

1908年6月9日，声形兼备，光电并茂的半有声电影首次在礼查饭店花园亮相；

1990年12月19日，上海证券交易所在浦江饭店内开业。

（2）中西结合式饭店

从民国开始，各地相继出现了一大批具有"半中半西"风格的新式饭店。建筑式样受西式饭店的影响，多为楼房建筑，有的纯粹是西式建筑。设备设施、服务项目、经营体制和经营方式亦受到西式饭店的影响。有高级套间、卫生间、电灯、电话等现代设备，有餐厅、舞厅，有高档菜肴。除了中餐以外，以供应西餐为时尚。其经营者和股东，多是银行、铁路、旅馆等企业的联营者。

案例4：上海国际饭店[5]

创立于1934年，是具有七十年历史的国际饭店，由当时的四大银行共同投资兴建，是中国人自己筹资建造的第一幢摩天大楼，也是20世纪30年代亚洲最先进的饭店。楼高86米，共24层。当时，饭店前方正对跑马厅，旁边的黄河路当时叫"派克路"，故名"PARK HOTEL"。饭店由匈牙利建筑设计师拉斯洛·邬达克设计，陶馥记营造厂承包全部建筑工程。由于当时楼高惊人，故有"仰观落帽"之说。当年年轻的贝聿铭途经饭店，自豪感油然而生，未等读完圣约翰大学的课程，便踏上去美国求读建筑学的道路，并终成一代国际建筑大师。

上海国际饭店曾经保持"远东第一楼"记录近三十年；它曾经是上海的地标性建筑。透过它饱经沧桑的外表，我们似乎又回到了20世纪三四十年代灯红酒绿的十里洋场，嗅到了大上海的丝丝奢华气息；透过皮鞋锃亮、西装革履、仪表堂堂的40年代饭店boy的老照片，我们依稀看到了它的当年风华。它独领风骚50年，阅尽浮华70载，见证着悠悠历史，它似一部恢弘的史诗，一册可鉴的史书。

饭店共有客房250间，包括单人间、标准间、行政间、套间、豪华套间等5种不同类型

国际饭店当年的开业海报

客房，部分客房更可以欣赏园景和街景。客房装饰体现了与饭店整体相协调的艺术装饰派的风格。饭店有 5 个餐厅，其中摩天厅位于饭店的顶层，当年餐厅的屋顶可以开启，看到天空，夜晚可以观赏美丽的夜景。

历史上的国际饭店是名流汇聚之所，49 年之前宋美龄、张学良、陈纳德等都是常客。1949 年，当时的陈毅市长在饭店接见了解放军团以上指挥员。1959 年，郭沫若登上饭店屋顶欣然题诗两首。不少名流学者为饭店留下的诗、书、画作品，成为饭店的传世之宝。

1950 年上海市测绘部门确立了国际饭店上海"原点坐标"的位置，现在的上海市地理坐标原点（0,0）就建于国际饭店大堂内。

1.1.2.4 我国饭店业的发展

1.1.2.4.1 我国饭店业的发展速度

1978 年全国只有 137 家带卫生间的适合接待境外客人的饭店；2007 年底，中国星级饭店达 14326 家，是 1978 年全国饭店数的 100 倍，客房数达到 160 万间；2007 年底品牌经济型饭店 1698 家，客房数 188788 间。星级饭店和经济型饭店合起来的饭店数约 1.6 万家，客房数约为 180 万间[6]。

1.1.2.4.2 国际饭店管理集团加速进入

截至 2006 年底，有 37 个国际饭店管理集团的 60 个饭店品牌进入中国，共管理 502 家饭店。世界排名前十的国际饭店管理集团均已进入中国。由于中国经济的高速发展，中国在国际上影响日益增加，在世界经济中所处的地位日益增强，在未来几年，国际饭店管理集团管理的饭店数量还将迅速增加，洲际（Intercontinental）、里兹-卡尔顿（Ritz Calton）、圣瑞吉斯（St.Regis）、丽晶（Regent）、柏悦（Park Hyatt）、四季（Four Season）等国际饭店集团顶级品牌全面进入。

1.1.3 饭店产品和服务的特点

1.1.3.1 饭店产品特点

饭店的业务活动主要是凭借物质设施向客人提供无形的服务，客人最终得到的只是接受服务过程的一种体验。什么是服务呢？服务就是让客人在需要帮助的时候能及时地得到得体到位的帮助，并从中获得愉悦。

饭店服务产品具有：

- 即时性：饭店提供服务的过程和客人消费服务的过程处于同一时间和空间。
- 无形性：服务不产生有形产品，只带给客人感官上的感受。
- 差异性：服务质量因人而异，因时而异，因地而异。

1.1.3.2 饭店服务的重要性

下面给出有关饭店服务的几个概念：

- 关键时刻——即客人与饭店的接触的时刻，并由此而产生的对饭店的印象和评判。
- 服务圈——是对关键时刻概念的深化。客人从进入饭店到离开饭店所经历的一系列事件得出对饭店的印象。这一系列事件构成了客人生理和心理上的整体感觉：舒适或不舒适。它是存在于顾客头脑中的一种自然的无意识的模式。

- 饭店的全面质量管理——确保在每一个关键时刻员工都不出差错，提供良好的服务和环境氛围。

案例 5:《想一想，死不得》（曹启泰）中的三段真实故事。

我们来看一下，从客人的角度希望从饭店得到什么样的感受和服务[7]。

一、洛杉矶

我的午餐物超所值。我的想法原本是因为早上的行程免费而想着中午有充分预算来大快朵颐。所以选了这间叫做 Café Pinos 的餐厅坐下。

我想如果早上花了钱，大概中午一根热狗就解决了。虽然想着花花钱，结果，我还是赚了。因为我面前的午餐 22.5 元，有优雅的用餐气氛，有三个服务生伺候我一个人，有精致的生菜色拉，有焗烤的鱼做前菜，有油煎的猪肉排当主菜，有餐后甜点、有咖啡、有冰淇淋，桌上还有一瓶鲜花！桌面是浆烫过的桌布，桌子是整片意大利的黑云彩石，椅背上的镂空铁花图案优美，温度是那种用恒温系统都调不出来的轻飘舒适……22.5 元，你还想得到什么？

早上开车进洛城之前，在旅游简介里神游的时候，一度曾经想过去环球影城瞧瞧，总觉得自己是干这行的。来了此地不去"朝圣"好像说不过去……却无法避免自己心底那种不想和观光客摩肩接踵的念头，更想像着自己和一团游客坐着导览车听着导游浮光掠影的介绍，似乎是对自己的专业的大不敬……挣扎的结果，就是信步来到了图书馆.

而此刻，突然在我眼前不可置信的，是影城的拍片现场搬来了此地——就在我餐桌前的公园里，就在我一个游客的面前——好像贵宾包厢里的特别演出，还是真枪实弹的真实画面！

公园里此刻有一整组的工作人员，大概有七八十人吧，公园周围搭起了六七个账篷，是给工作人员梳妆、用茶水、休息、充当导演室、机具堆放的临时空间，在公园四周还围起了阻挡人群围观的拒马和封锁线，更有四五个穿着黑西装带着墨镜的保安人员在维护着拍片区的秩序，而全场，唯一没有被封锁的，就是餐厅的这一面，就是我一个人正坐着的这个半露天花台。

更精彩的是，我的面前就是导演的监看器，演员是正对着我演出的，我拿着DV一五一十地忠实记录着，我这样做的目的，无关著作权，我只是要证明——我运气真好。

这下子我这顿午饭相形之下可就更便宜了："好莱坞拍片现场直击"值多少钱？更何况服务生瞧我看得入神，还主动让我咖啡续杯！

我啜着咖啡、悠哉闲适地观赏着这从天而降的秀。

我喜欢自己这种"拥有好运"的感觉。

二、纽约

……我按图索骥找到了一家在时代广场边上的旅店，叫做 Ambassador Hotel 的，在这个周日的夜晚只要价 90 元！看来一切如愿，我欣然告知接电话的老太太我即刻前往。

柜台那位男士提醒我早晨有附送早餐，还递给我一个苹果。我望着柜台上那一整盆的苹果，笑着想这两天又可以补充维生素了。

出门在外的人，除非每天早餐都有酒店里的美式自助百汇，否则通常最吃不到的就是水果，我喜欢这个习惯——在门口放上一篮子苹果。

　　房间小巧精致，浴室清洁如新，枕头是我喜爱的羽绒，离百老汇、朝代广场一分钟脚程，地铁站就在街口中，闹中取静，抚慰疲惫的墨绿色墙纸……89元，我真的无话可说。

　　早餐没有排场。

　　餐厅是家庭式的厨房里拥挤的三张桌子。

　　用餐的方式是真正的自助式：包括收拾餐具。

　　内容是咖啡、鲜奶、牛角面包、贝果、水煮鸡蛋、香蕉……还有苹果。

　　很实在的——好极了。我当然也接受那种富丽堂皇的五星级酒店早餐，不过当所有住在这里的"大使"们擦肩错过、互道早安、礼貌微笑地并桌共进早餐的时候，我觉得是五星级酒店里所没有的和谐安详。

　　我在"大使馆"里足足待了一星期，任期届满了都还不太想离开。

　　是它，使我觉得自己是混曼哈顿的纽约客。

　　三、旧金山

　　旅游资讯里说，市中心叫"联合广场"，我依照我的"纽约经验"，我很容易就依样画葫芦地找到了一家叫做"乔治王"的旅馆！……

　　还没走进"乔治王"，我就醉了！醉在自己的好运里！就在联合广场边上、独栋优雅的古典建筑，飘扬的中古世纪旅馆旗帜，还有迎面对着我笑的乔治王（它的肖像）！

　　厚重的木制双推大门、门上的黄铜把手泛着精心擦拭的金光、小小但精致的门厅、年代久远的古董电梯、身穿制服戴着高帽的服务生、二楼夹层是用餐兼喝下午茶的温莎茶室，还有一路走进来那温馨的礼貌，我就知道，这次我靠名字选旅馆的冒险尝试成功了。

　　我喜欢这样风格强烈、主题明显的商业设计。

　　乔治王翘翘胡子的画像就高悬在进门的第一根大方柱上，我拿起火柴盒也看见他骄傲的侧脸，门卡锁匙上也是他的图像，好像你真的得到了他的批准可以住进他的城堡！

　　我走进房里，窗外刚好就是飘扬的大英帝国的米字旗，嗯，味道更重要。

　　在美国享受英国风！我真的好得意！

讨论一下：在以上3个故事中，哪些是关键时刻和服务圈？饭店的产品是由什么构成的？

1.2　饭店的基本组织结构简介

1.2.1　饭店服务功能分部

　　（1）前厅部（Front Office）。前厅部主要负责为客人办理入住登记手续、问讯服务、委托代办服务、商务服务、外币兑换、电话转接服务及预订等。是饭店为客人提供服务的中心环节。是饭店各种业务活动的神经中枢。

（2）客房部（Housekeeping）。客房部主要负责饭店客房的清洁和维护保养；提供客衣洗涤等服务。负责饭店公共区域的清洁和保养工作等。

（3）餐饮部（Food & Beverage）。餐饮部主要工作是提供饮食产品及就餐服务。

（4）其他服务部门。如康乐部，商务中心和市场等。

1.2.2 饭店服务的支持功能分部

（1）市场部（Sales & Marketing）。市场部负责确定营销战略和市场计划，包括制定服务产品计划，确定合适的定价和对产品进行促销，以吸引足够的消费者或客户，并通过交换使双方的需要都得到满足，从而实现饭店的经营目标。

（2）财务部（Finance）。财务部负责饭店对客人的收银服务、进行收入和成本费用控制、核算饭店业务活动和经营成果、提供经营管理信息、进行资金的管理和控制、进行饭店预算管理等。

（3）人事部（Human Resources）。人事部负责饭店的人员招聘、培训、考核奖惩、工资福利等工作。

（4）工程部（Engineering）。工程部负责饭店设施设备的保养和维修工作，确保设施设备处于良好状态，负责饭店能源管理。

（5）保安部（Safety & Security）。保安部负责饭店的客人、饭店的员工及饭店本身的生命财产安全。

1.2.3 饭店组织结构图（简要）

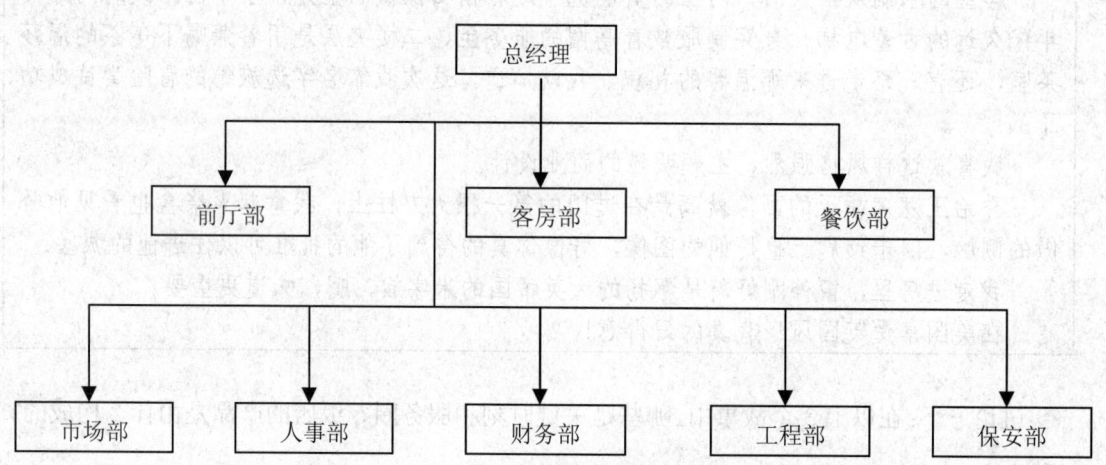

课外研习：

以个人或 2～4 人的小组为研究单位，通过互联网或其他途径查找资料，进行以下问题的研究，做出研究报告，并编制 PPT 文件，在课堂里进行交流分享。

一、找一家饭店的网站，列出该饭店提供的服务。

二、查找更多的关于"世界饭店业的历史发展"的史料。

三、查找更多的关于"中国古代和中国近代饭店的发展"的史料。

四、查找最新的有关中国饭店业基本发展数据。

五、查找并提供一个有关饭店服务产品的案例。

参考文献：

[1] A Digital Archive of American Architecture
   http://www.bc.edu/bc_org/avp/cas/fnart/fa267/19commrc.html

[2] http://buffaloah.com/h/statler/hotel/index.html

[3] CHUCK GEE，向萍译，度假饭店的开发与管理（第二版），中国旅游出版社

[4] http://www.pujianghotel.com

[5] http://www.parkhotel.com.cn/www2/history.htm

[6] 彭雪蓉，中国饭店行业 30 年回顾与展望 http://blog.veryeast.cn/u1/hotelstudy/33357.html

[7] 曹启泰，想一想，死不得，上海人民美术出版社，2008

第二讲 预订（Reservation）

2.1 预订的意义

预订是客人在入住之前向饭店提出的入住要求，饭店在可能的情况下对客人未来的入住要求给予承诺。预订对客人来说是在将来某一时间入住的预期客人对客房的需求，以便在抵达饭店时就有准备好的符合客人需要的房间。预订对饭店来说，第一，可以提前掌握饭店房间的使用情况，做好迎接客人的准备，提供良好的服务；第二，是销售房间的重要工作，在预订过程中最大可能地提高出租率和客房收入。

2.2 预订的种类

饭店有多种渠道来进行预订工作。如饭店集团的中心订房系统（Central Reservation System）、全球分销系统（Global Distribution System, GDS）、销售代理商（Sales Agent）、直接订房、饭店自己的网站等。

2.2.1 中心订房系统

大多数饭店会依赖一个或几个中心订房系统。订房系统有两种：直属订房系统和非直属订房系统。直属订房系统是一个饭店连锁集团的订房系统，所有旗下饭店通过契约形式加入。非直属订房系统是由自主经营的不属于任何连锁集团的饭店自由结合起来的订房系统。

订房中心依靠免费业务电话和在线网址建立和消费者的沟通。订房中心或预订网一天工作 24 小时。在旺季，订房中心有大量的员工在同一时间上班，以确保能接听每一位客人的订房电话，并为之提供良好服务。

订房中心的主要工作是与多家饭店交换可租房的信息，以及通过与消费者沟通接受订房。在不少饭店是通过在线沟通完成的。快速传输的订房系统使得饭店和订房中心能够掌握准确的、最新的可租房信息和房价信息。

例：南京金陵饭店集团的中心订房系统的网页[1]

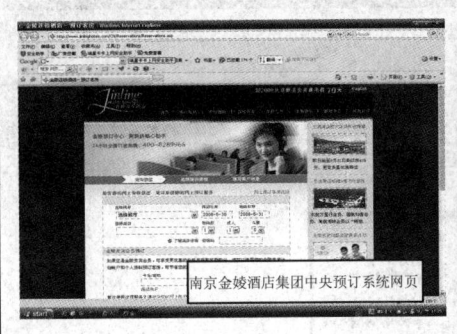
南京金嫂酒店集团中央预订系统网页

南京金陵饭店

南京金陵中央预订系统于 2005 年成功上线，联接了 4 家酒店，到 2005 年底就覆盖了当时金陵旗下所有酒店。围绕中央预订系统，金陵又搭建了自己的电子商务网站，在网上开通了真正意义上的订房系统——客户可以直接从网上查到金陵任何一家酒店的房间状态和实时房价。在 2005 年，国内同类订房网站大多采用的是预留房模式——酒店预留给网站的客房一旦销售完，就会显示客房已满，实际上酒店可能还有空房。而金陵的这个网上订房系统是真正打通上下游的无缝平台。此外，金陵还建设了呼叫中心，为金陵旗下所有连锁酒店提供预订服务。

系统建设方面，一是建立了"金陵全球市场营销系统"，我们 70%的订房量都来自于这个系统，我们已拥有南京地区最大份额的境外客源市场，商务客人的比例保持在 96%，宾客回头率 61%，常住客比例 35%，金陵饭店网站已成为国内酒店业首家拥有强大在线预订功能的"中字号"网站。

（资料来源：http://www.ceocio.com.cn/12/93/124/282/index.shtml 《IT 经理世界》 2007 年 第 232 期 "甩掉携程"。）

2.2.2 全球分销系统 GDS（Global Distribution System）

全球分销系统属于各航空公司或航空协会，全球分销系统提供全世界范围的饭店订房信息并能向全世界销售客房。旅行者和旅行代理商可以通过全球分销系统订购机票、出租汽车以及其他旅行者所必需的服务。饭店客房的销售是通过连接饭店所属预订系统与全球分销系统来完成的。

目前世界上最大和最著名的全球分销系统有：
- SABRE
- GAILEO INTERNATIONA
- AMADEUS
- WORLD SPAN

案例 1：AMADEUS[2]

AMADEUS 是著名的全球分销系统之一。Amadeus 产品和解决方案的核心部分向用户（主要是旅游代理人）提供一个中央数据库和预订工具。用户可以：

- 检索信息和价格，然后再确认飞机、出租汽车、饭店、火车、邮轮、旅游、轮渡和目的地服务的预订；
- 提供旅游凭证；
- 对旅客信息进行有效的管理；
- 管理和优化旅行代理的工作。

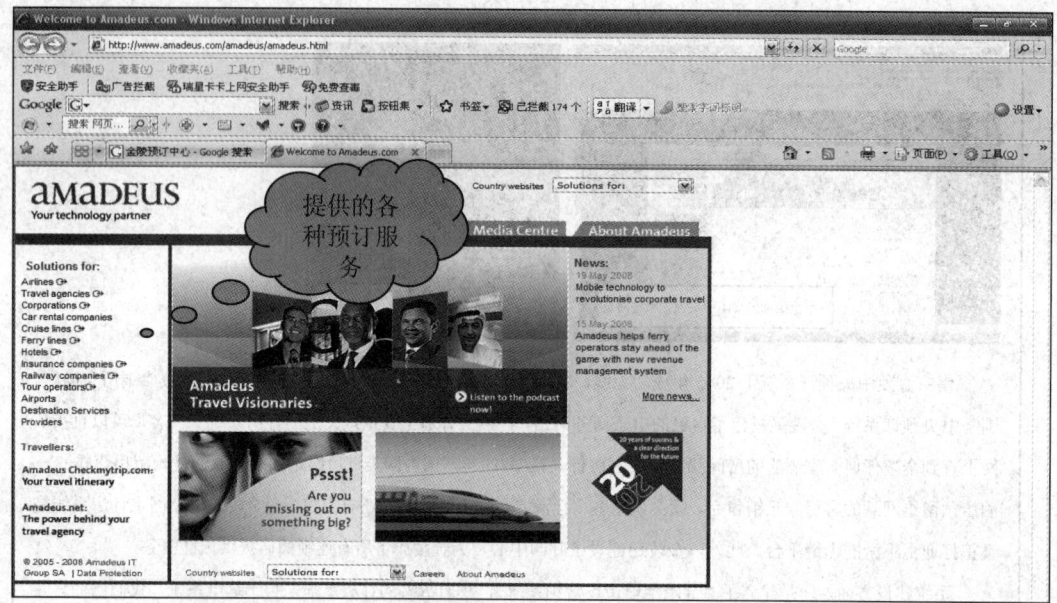

2.2.3 销售代理商

销售代理商是一个能受理多种产品预订的中心预订系统，主要为航空公司、饭店和汽车出租公司办理预订业务，是一种"一个电话就能办妥整个旅行安排"的作业形式。销售代理机构把订房要求直接传给饭店中心预订网，他们也可以直接与客人要求的饭店联系。国内的一些著名销售代理商有：

- 携程旅行网 http://www.ctrip.com
- E 龙 www.elong.com
- 汇通天下 http://www.hubs1.net/distributors.html

案例 2：携程旅行网[3]

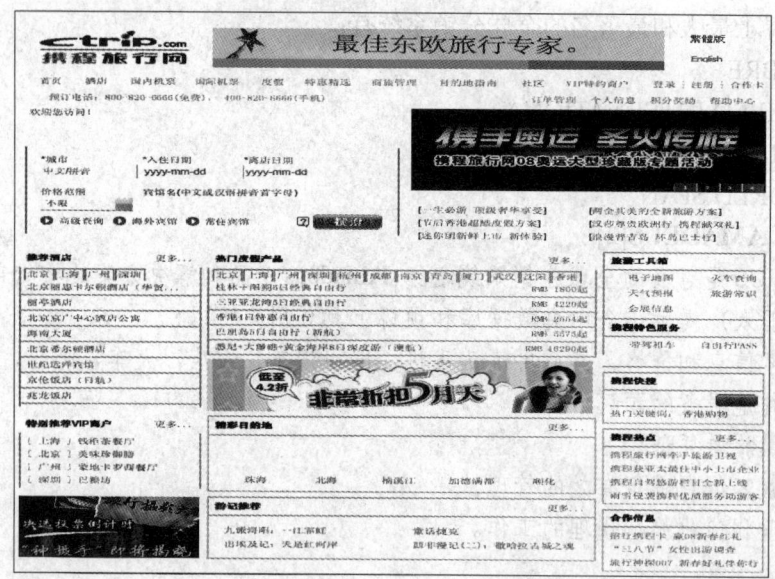

携程旅行网创立于1999年，总部设在中国上海，目前已在北京、广州、深圳、成都、杭州、厦门、青岛、南京、武汉、沈阳等城市设立分公司，有数千员工。

作为中国领先的在线旅行服务公司，携程旅行网成功整合了高科技产业与传统旅行业，向超过1900万会员提供集饭店预订、机票预订、度假预订、商旅管理、特约商户及旅游资讯在内的全方位旅行服务，被誉为互联网和传统旅游无缝结合的典范。

凭借稳定的业务发展和优异的盈利能力，携程旅行网于2003年12月在美国纳斯达克成功上市。目前是国内最大的旅游公司之一。

2.2.4 直接订房

饭店受理许多直接前来办理订房的业务。根据直接订房客源的数量，饭店可以设立一个专门的预订部。预订部受理所有直接订房的业务。监管与中心预订系统和销售代理商的各种联络，维护和更新可出租房信息。可采用电话、邮件、电传电报和传真等方式。

案例3：标准间预订完了[4]

一天，南京某四星级饭店前厅部预订员小夏接到一位美国客人霍曼从上海打来的长途电话，想预订每天收费180美元左右的标准双人客房两间，住店时间6天，3天以后来饭店住。

小夏马上翻阅预订记录，回答客人说3天以后饭店要接待一个大型会议的几百名代表，标准间已全部预订完，小夏讲到这里用商量的口吻继续说道："霍曼先生，您是否可以推迟3天来店？"霍曼先生回答说："我们日程已安排好，南京是我们在中国的最后一个日程安排，还是请你给想想办法。"

小夏想了想说："霍曼先生，感谢你对我的信任，我很乐意为您效劳，我想，您可否先住3天我们饭店的豪华套房，套房是外景房，在房间可眺望紫金山的优美景色，紫金山是南京名胜古迹集中之地，室内有我们中国传统雕刻的红木家具和古玩瓷器摆饰；套房每天收费也不过280美元，我想您和您的朋友住了一定会满意。"

小夏讲到这里，等待霍曼先生回答，对方似乎犹豫不决，小夏又说："霍曼先生，我想您不会单纯计较房价的高低，而是在考虑豪华套房是否物有所值吧。请告诉我您和您的朋友乘哪次航班来南京，我们将派车来机场接您们，到店后，我一定先陪您们参观套房，到时您再作决定好吗？我们还可以免费为您提供美式早餐，我们的服务也是上乘的。"霍曼先生听小夏这样讲，倒觉得还不错，想了想欣然同意先预订3天豪华套房。

[评析]

在本案中，小夏在接待客人来电预订房间的整个销售过程中，做得很到位，体现了一名前厅服务员应具有的良好的综合素质，这体现在以下几个方面：

1. 接待热情、礼貌、反应灵活，语言得体规范，做到了无"NO"服务，在接收霍曼先生电话预订的过程中，为客人着想，使客人感到自己受到重视，因而增加了对饭店的信任和好感。

2. 小夏在推销豪华套房的过程中，采用的是利益引诱法，即严格遵循了饭店推销的是客房而不是价格这个原则，因而在报价中态度委婉，采用了"三明治式"报价方式，避免了高价格对客人心理产生的冲击力。如：

（1）先介绍客房情况：

A. 先住两天我们饭店的豪华套房，套房是外景房，可以眺望紫金山的优美景色；

B. 房间内有中国传统雕刻的红木家具，古玩瓷器摆饰。

（2）报价委婉：豪华套房每天每套收费不过280美元。

(3) 在报价后，再介绍选择后的好处、所提供的服务：
A. 我们到时派车来机场接您们。
B. 我们的服务是上乘的。
C. 免费提供美式早餐。

这里所讲的利益引诱法，并非是让客人上当受骗，而是一种促销技巧，在客人权衡以后，感到物有所值，因而接受其价格。小夏在促销豪华套房的过程中，并没有强求客人预订，而是巧妙而如实介绍豪华套房情况及客人选择后可享受到的服务，这样客人才会欣然接受，最后小夏使客人还有一次选择决定的机会，如："到店后我一定先陪您参观，到时您们再做决定好吗？"这就更增加了霍曼先生对小夏及饭店的信任感。

小夏积极主动，成功地销售客房遵循了饭店销售的是客房而不是价格，在销售过程中，语言亲切，自然诚恳，善解人意，反应灵活，运用了心理学知识，提供了针对性服务，同时办事效率高，体现了小夏良好的思想素质和优秀的业务素养。

2.2.5 饭店自己的网站

许多饭店通过他们的网址提供在线预订服务。订房系统内有许多网站可供上网者浏览饭店的详细图片。有些还能供上网者下载用多媒体展示的饭店特征和可享受的便利，并能在网上"浏览"饭店和各种房间和提供的服务。

例：上海建国饭店的预订网页[5]

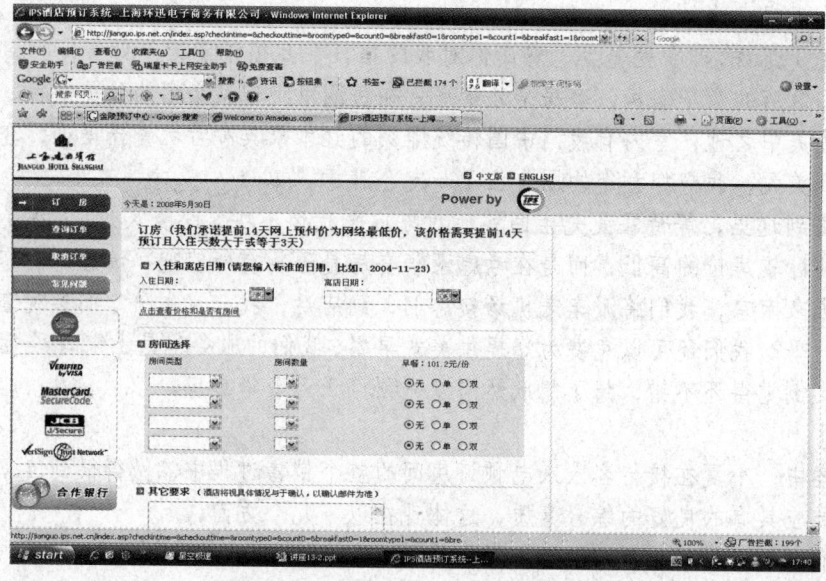

2.3 饭店预订工作内容和流程

对于客人直接向饭店进行电话预订，饭店必须建立有效的订房程序。以便预订员能识别客人的要求是什么，以及饭店该向客人销售的又是什么，使他们准确地记录和处理订房细节，推销饭店的服务项目，确保订房的准确性。

预订的基本数据包括：抵达和离开饭店时间、天数、人数、房间数、房间类型、公司、价格、姓名、其他要求。

为确保预订的服务质量，一般的电话预订流程主要包括：

（1）问候来电者——礼貌用语。

（2）确定来电者的需要——抵离时间、人数、偏好的房间或床的类型、单位等。

（3）介绍饭店情况——饭店的服务和设施。

（4）推荐客房。

（5）确认住店信息——确认客人的需求及人关信息。

（6）感谢。

例：美国 OPERA 饭店管理系统的预订页面

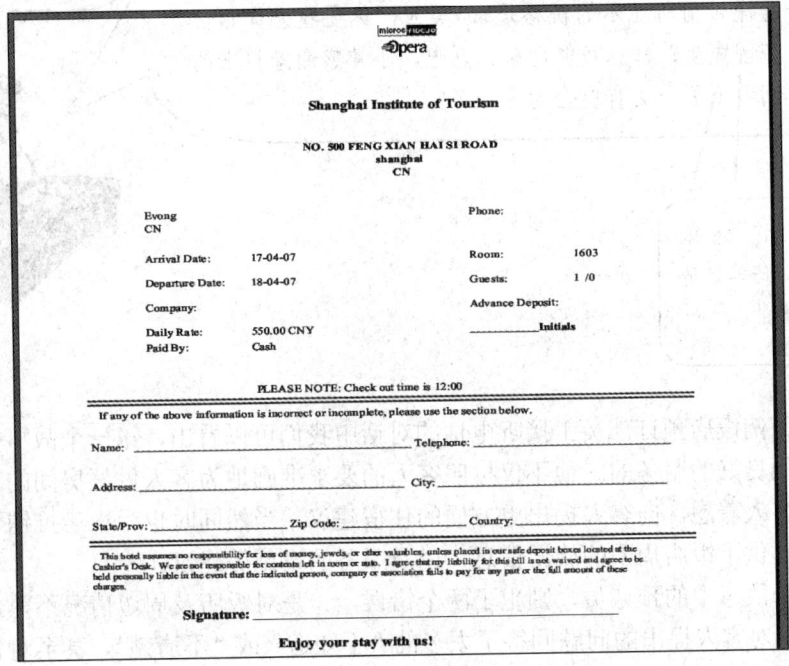

案例 4：两则订房中心的故事

故事（1）戴维斯先生的预订

对的，戴维斯先生，现在我已为您订了两间大床房，另有一张加床，一共是5个晚上。您告诉我您和您的妻子带着三个孩子旅行，所以我个人建议您考虑改订套房，没错，房价要高一些，但是这会使您家人在不短的居住时间内有较宽敞的房间。再说订套间，我可以给您 一个家庭特惠包价，包括可以免费参观当地自然历史博物馆以及科学工业博物馆和水族馆。这样一来，您在开会期间，您的家人的生活安排会丰富多彩。是的，饭店有班车去这些景点。好，我为您预留了间套房，您放心，我按家庭特惠价收费。您可以在饭店大堂的值班台领取您的博物馆和水族馆的门票。哦，您可以告诉您妻子，饭店离最著名的商业区只有一个街区的距离。谢谢您的来电，戴维斯先生，我希望您和您的家人会有一个愉快的假期。

故事（2）奎因先生的预订

> 对不起，我不知道布鲁明顿有一家新落成的儿童博物馆，我这里没有任何有关信息。其他景点？有一个一年一度的边境节。根据资料，我们只知道有这么一个旅游项目。
> 离机场只有5分钟车程。对，有班车。请等一下，我再核对一下，对不起，我不知道是否要收费，也不清楚是饭店班车还是机场班车，因为我无法查到资料。也许要收费的吧。
> 那个房间目前所显示的价格是105美元，你要我为你预留房间吗？奎因先生？……我能理解，好吧，非常感谢您打来的电话，我们希望下一次有机会为您服务。

> 边境节两年前就停办了。但是他们有世界著名的水上乐园，离饭店不到1公里，去年刚建成，还有新建成的购物中心和电影院。

> 这是饭店的班车，是免费的。

　　从以上两例饭店预订部员工接听电话的对话中我们可以看出，第一个故事中预订员是怎样为客人提供良好的服务的。他不仅按照客人的要求准确地为客人做好房间的预订，而且还设身处地为客人着想，向客人提出更方便的住宿建议，当然同时也为饭店推销了高价客房。他还向客人提供了饭店周围的旅游信息，以及服务的设施等建议。

　　而第二个故事中的预订员，则犯了两个错误，一是对饭店及周边情况不熟，提供了错误的信息，二是对客人提出的问题回答了太多的"不知道"或"不清楚"，甚至对自己饭店的服务都不清楚，这是工作的失职。所以做好预订工作，不仅给客人带来满意，同时也可以最大限度地提高出租率和客房收入。

课外研习：

　　以个人或 2~4 人的小组为研究单位，通过互联网或其他途径查找资料进行以下问题的研究，做出研究报告，并编制 PPT 文件，在课堂里进行交流分享。
　　一、查找一家饭店集团的中央预订系统的网站，研究它的预订服务的内容及公司简要情况。
　　二、查找一家全球分销系统 GDS 网站，研究它的服务内容及公司简要情况。
　　三、查找一家饭店销售代理商的网站，研究它的服务内容及公司简要情况。
　　四、查找一家饭店的预订网页，研究它的预订流程和预订时所需要的客人信息。
　　五、查找一个饭店预订服务的案例。

参考文献：

[1] http://www.jinlinghotel.com/CN/aboutus/discuss.asp "建设中国人自己管理的、具有国

际影响力的百年老店——访金陵饭店股份有限公司董事长李建伟"

[2] http://www.amadeus.com.cn/Solutions/solutions.htm

[3] http://pages.ctrip.com/public/ctripab/abctrip.htm

[4] http://www.jiudianxinxi.com/html/200808/04/2251131065.htm

[5]http://jianguo.ips.net.cn/index.asp?checkintime=&checkouttime=&roomtype0=&count0=&breakfast0=1&roomtype1=&count1=&breakfast1=1&roomtype2=&count2=&breakfast2=1&roomtype3=&count3=&breakfast3=1&other=&pricetype=022&now=2009-02-04&now3=2009-02-07&now14=2009-02-18&lan=GB

第三讲　接待（Reception）

接待是客人进入饭店后，饭店为客人提供的第一步的服务。作为外地来客来到一个陌生的地方，往往饭店会是客人到达一个城市或地区的最先落脚的地方，而前台是客人最先接触饭店的地方。那里的服务人员及其提供的服务是客人对饭店的第一印象。所以前台接待服务是对客服务的重要环节。

3.1　对客服务的全过程

对客服务的全过程，即客人住店的过程，在这个过程中，饭店前台相应的服务及经营活动如下：

宾客流程和总台的相应功能

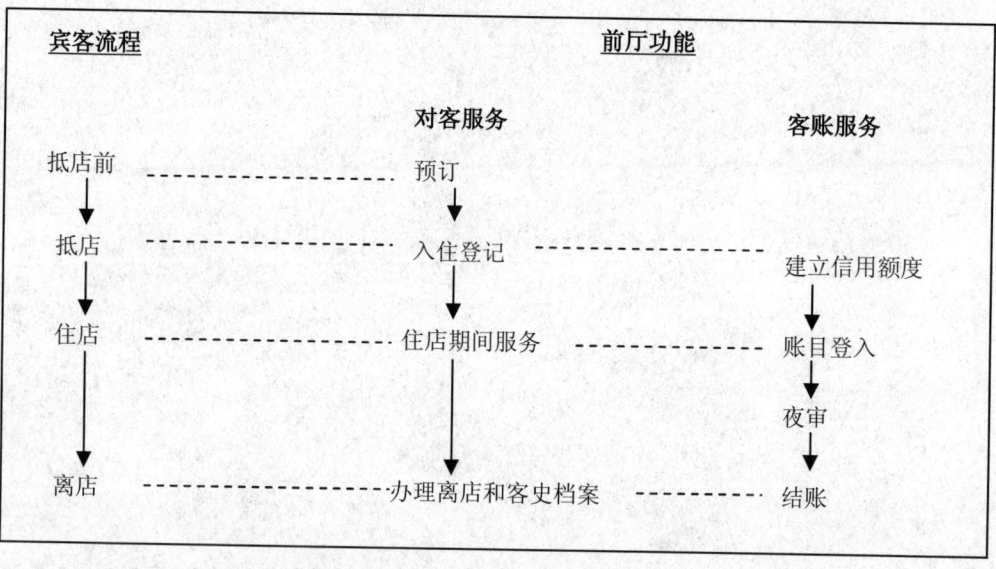

从上表我们可以看到，宾客的住店流程是从抵店前开始直到离店，在这个过程中，饭店提供相应的服务及经营管理活动。在宾客抵店前，预订部门会提供客人预订的服务。当客人抵店时，前台进行入住登记，同时开启客账服务，建立信用额度，即为保证饭店收入的安全性，饭店会请客人预交房款或进行信用卡预授权，或对公司合同客人按照合同或协议建立信用额度管理。在客人住店期间，饭店提供客人各种服务，同时按照服务价格，将客人消费金额及时记入客账。每日半夜进行当日客人消费情况审核，以确保账款的真实性和准确性。在客人离店时，前台为客人办理离店手续及为客人结账，并做好客人的客史资料，以作为饭店进行市场分析的原始数据及今后进行市场推广的客户信息。

前台的服务工作主要内容有：客人抵店服务（Arrival）、入住登记（Check-in）、问讯服务（Information）、结账（Check-out）、客人离店服务（Departure）、处理客人投诉（Dealing with Complaints）、总机服务（Operator）。

3.2 客人抵店

客人抵店时，行李员或门童首先提供停车服务：主动打开车门并热情问候客人表示欢迎，为客人提行李并确认行李件数，保管车辆。迎接服务：主动为客人开门并引领客人进入饭店，为客人看管行李，送客人入房间，为客人提供当地交通和旅游娱乐的咨询，为客人叫出租车。一个好的行李员或门童应该做到集门警、门童、导游、朋友为一身。

3.3 入住登记

入住登记是前台服务的重要环节。前台服务员在服务时要做到热情友好，快捷准确有序。入住登记工作主要有以下几个步骤：

（1）入住登记的准备工作

在预订过程中，客人几乎提供了完成入住登记所需要的全部信息。做好入住登记前的准备工作有助于缩短登记过程,只需要客人确认登记卡上的有关信息并签字就完成了登记工作。

入住前的准备工作：

- 分配客房；也有入住时才分配客房，以免预订取消或修改。
- 确定房价。
- 建立客人账单。
- 其他特殊要求，如客人喜欢的某房间、残疾客人、家庭客人的加床等。

（2）建立入住登记记录

客人抵店后，前厅接待员要求客人填写入住登记，或事先为客人填好，请客人签字确认。登记卡的内容包括：姓名、地址、电话、单位、抵离时间、房价及其他个人资料。

为客人排房和确定房价，确认客人的房费及在店消费时的支付方式。如现金支付或信用卡支付。然后发给客人钥匙，指引客人或请行李员引领客人进入房间。

例：美国 OPERA 饭店管理系统的入住登记表

IIIII
CN

Room No. : 1405
Arrival : 17-04-07
Departure : 17-04-07
Page No. : 1 of 1
Folio No. : 114
Conf. No. : 33677
Cashier No. : 1206
User ID : STUDENT

INVOICE
Membership No. :
A/R Number :
Group Code :
Company Name :

Thank You For Staying With Us 20-03-09

Date	Text	Exchange Rate	Charges CNY	Credits CNY	Charges CNY	Credits CNY
17-04-07	Room Charges		1,000.00		1,000.00	
17-04-07	Cash			1,000.00		1,000.00
	Total		**1,000.00**	**1,000.00**	**1,000.00**	**1,000.00**

Balance	0.00 CNY	0.00
Total incl. vat	1,000.00 CNY	1,000.00
Net Amount	1,000.00 CNY	1,000.00
	0.00 CNY	0.00
	0.00 CNY	0.00
	0.00 CNY	0.00
	0.00 CNY	0.00
	0.00 CNY	0.00
	0.00 CNY	0.00
	0.00 CNY	0.00
	0.00 CNY	0.00
	0.00 CNY	0.00
	0.00 CNY	0.00

客人的入住登记信息对饭店来说是一种很重要的经营信息，无论对客人在店时提供良好有序的服务，还是市场分析和将来的市场推广都是很重要的数据。以下图表说明了客人入住登记信息与对客服务的关系：

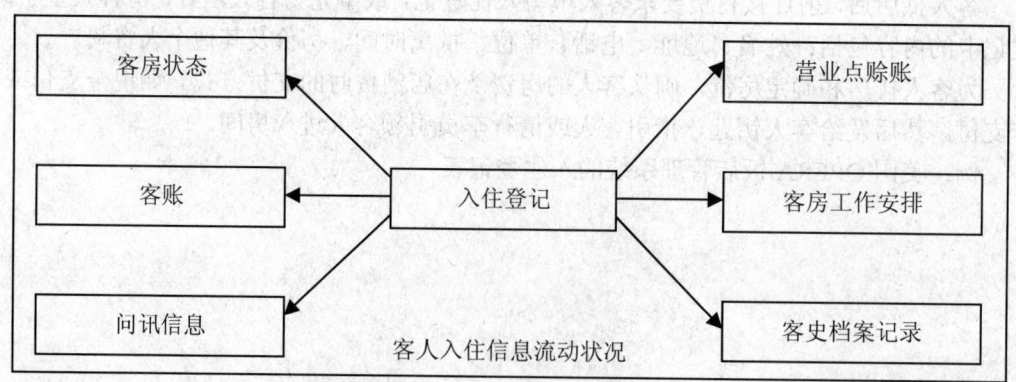

客人入住信息流动状况

从上图我们可以看到，客人的入住登记信息决定了客房部的房态，即客房占用的情况，这个信息可以帮助房客部进行房间清扫工作的安排等；客人的入住登记也提供了客人房款的记账信息及方便在店消费时的记账；客人的入住登记信息也提供了住店客人的信息，以便前台对客人信息的查询；最后，客人的入住登记信息将成为饭店客户信息的重要来源进入客史档案。

（3）发给客人钥匙

在客人入住登记完成后，制作客房钥匙并发给客人，指引客人进入房间。

（4）满足客人特殊要求

对客人提出的一些特殊要求，要尽力满足并予以落实。如，客人对房间位置、房间的景观、床型、非吸烟房或残疾人的设施要求等。

案例1：错开两房，失误在谁? [1]

一天上午，一位韩国客人和他的翻译白先生来到某三星级饭店的收款台，办理退房手续。收款员小林热情地接待，并迅速打印出房费账单，递给客人。

白先生看罢疑惑不解地问："我们只住了一间房间，为何要付两间房费？"小林请客人稍等，立即核实这两间房。发现其中一间房这两天客人确实未曾入住过。小林向大堂值班经理汇报，值班经理通过了解，发现客人在抵店开房时，总台小王在询问房间间数时，双方语言上表达发生误会，实际上客人只要一间房，但小王却为客人错开了两间房。

客人是在饭店A楼总台办理的入住手续，但住房是在B楼，所以客人到B楼总台领取了钥匙，不过只领取了一把。情况已基本清楚，值班经理立即通知收款员只能收取一间房的费用，同时向客人表示歉意，取得客人谅解，客人满意地离店。

[评析]

从整个接待过程来看，饭店存在几个环节的问题：

客人在办理入住登记时由于语言表达误会，总台小王没有与客人确认好住房情况，导致错开了两间房；

客人在B楼总台领取钥匙时，B楼总台服务员不细心，接到A楼总台通知到两间房，但客人只领取了一把钥匙，未通过语言技巧与客人再次确认住房情况，未起到弥补作用；

客人入住后的第二天，清扫员将未住过客人的房间情况反馈给客房中心，并通知总台，总台核查后发现房间有押金且未退房，总台只考虑到费用足够，没有进一步追究房间未使用的原因，并且没有主动与客人联系沟通。

如果饭店在接待客人的每一个环节中都能细心些，这个错开房的误会是完全可以避免的。

3.4 问讯服务

前台还负责对客人的问讯提供服务。主要服务内容有：
- 解答客人的各种询问；
- 接收、传递、分发客人的传真、电报、信件及当日的报刊杂志；
- 为客人提供留言服务。

案例2：游览长城八达岭[2]

一个星期天，北京某宾馆服务台问讯处，英国来华的乔治先生在问讯台前踌躇，似有为难之事，问讯员小胡见状，便主动询问是否需要帮助。

乔治先生说："我想去游览长城八达岭，如果乘旅行社的专车去，他们配有讲英语的导游，对我游览有很大的帮助。"

小胡问："乔治先生，你昨天预订旅行车票了吗？"

乔治答："没有，因为昨天不想去，今天我又冒出想去的念头。"

小胡知道，按宾馆规定，去长城游览的客人必须提前一天登记，这样旅行社的车第二天才会到宾馆来接客人，而昨天没有一个客人登记，这样旅行社的车肯定不会来了。小胡想了想对乔治先生说："请您稍等，我打电话给旅行社联系，若还没发车，请旅行社开车到宾馆来接您。"

小胡马上打电话给旅行社，旅行社告知：去八达岭的车刚开走，请直接与导游联系，并告诉了导游手机号。于是，小胡又马上给导游联系，导游同意并说马上将车开到宾馆接乔治先生。小胡放下电话，对乔治先生说："乔治先生，再过10分钟旅行车就来接你，请您稍等。"乔治先生很是感动的连声说："谢谢！"

[评析]

1. 问讯员小胡对乔治先生的接待是积极主动的、热情礼貌的，如见到前台问讯处踌躇的乔治先生，主动询问："乔治先生，您有什么事需要我帮助吗？"当得知情况后，对乔治先生说："请您稍等，我马上给您联系。"体现了小胡真正视客人为上帝。

2. 小胡既遵守宾馆的规定，又在不违反原则的情况下为乔治先生提供超常规服务，表现了小胡善于动脑，思维敏捷，办事效率高，使乔治先生能很快实现自己游长城八达岭的愿望。

前厅部的工作决定了饭店在客人心目中的"第一印象"和"最后印象"，这些印象（工作人员工作态度、责任感、言谈举止、礼貌礼节），决定着客人对饭店的总体评价，这些评价又影响着客人对饭店的选择，对客人询问问题的回答、帮助，更会给客人留下非常独特的印象和感受。由此可见前厅部工作质量的好坏、效率的高低对饭店整体形象、业务的开展、订房率的影响是非常大的。

本案例中的问讯员小胡深知这一点，因此他在工作中观察细心，主动及时给予乔治先生以帮助，给客人留下美好的印象。

3.5 结账

客人结账离店是对客服务全过程最后阶段的一部分。客人离店阶段的服务和活动主要由前台接待员来执行。在离店前，客人通常在前台检查自己的账单，结清住店期间的账款，收取账款发票，归还房间钥匙。

为了提供有效和优良的结账服务，既让客人在最后离店前有一个良好的体验，同时又保证饭店收入的完整收回，所以饭店结账工作也有一个工作流程，主要内容如下：

- 询问有关新近的额外消费；
- 记录应收未收款项；
- 核对账户信息；
- 展示客人总账单；
- 核实付款方式；
- 付款；

- 检查邮件、留言和传真；
- 检查贵重物品保管箱或房内保险箱；
- 退还钥匙；
- 更新房态；
- 询问客人对饭店的感受；
- 向客人礼貌道别。

例：美国 OPERA 饭店管理系统的客账单

```
                    Shanghai Institute of Tourism

                    NO. 500 FENG XIAN HAI SI ROAD
                              shanghai
                                 CN

    IIIII                              Phone:
    CN

    Arrival Date:    17-04-07          Room:            1405
    Departure Date:  18-04-07          Guests:          1 /0
    Company:                           Advance Deposit:
    Daily Rate:      1,000.00 CNY      _____ Initials
    Paid By:         Cash

              PLEASE NOTE: Check out time is 12:00

    If any of the above information is incorrect or incomplete, please use the section below.

    Name: _____  Telephone: _____
    Address: _____  City: _____
    State/Prov: _____  Zip Code: _____ Country: _____

    This hotel assumes no responsibility for loss of money, jewels, or other valuables, unless placed in our safe deposit boxes located at the
    Cashier's Desk. We are not responsible for contents left in room or auto. I agree that my liability for this bill is not waived and agree to be
    held personally liable in the event that the indicated person, company or association fails to pay for any part or the full amount of these
    charges.

    Signature: _____

                       Enjoy your stay with us!
```

案例 3：一百元的"小费"[3]

在深圳香格里拉大饭店送餐部。一天，实习生服务员小孟去为 1310 房的客人送餐。小孟进房间为客人服务完毕后，将账单递交给客人，请客人签房账。客人签单后，小孟礼貌地向客人道别，转身离房。谁知小孟刚走到门口，客人又叫住了他，给了服务员小孟 100 元现金，当时小孟也没有多想，就误把客人给的现金当作小费收下了，他收下 100 元，道了谢，装入口袋，离开了客人房间。

几天后，1310房的客人离店，来到总台结账。他很细心地查阅了自己在店消费的明细账目，发现客房送餐又加了一笔86元送餐的账。客人立即提出质疑："那次送餐当时我付了100元现金给服务员，为什么还有签房账？一次送餐怎么算两份钱？"总台服务员感到其中必有问题，立即打电话到送餐部查询此事。送餐部主管找到当天送餐服务的小孟询问当时情况，小孟一下子回忆起当天送餐的情景，他才恍然大悟，原来自己误将客人付的餐费当小费收了。急急忙忙赶到总台，向客人道歉说："对不起先生，我忘了找给您钱。"立即将100元现金交给1310房的客人，客人这才很不满意地将账结了。过后，饭店领导因小孟是实习生，且已将多收现金如数退还给客人，才免于开除的处分，只给予了处罚。

[评析]

1. 在深圳香格里拉大饭店里，前台服务员是允许收小费的。饭店对小费有严格的管理制度，饭店规定，服务员根据当值班次的不同，每人每班按不同规定定额上交一部分小费，而不论服务员是否收到小费。但由于香格里拉的客源层次很高，且绝大部分客源是外宾，所以服务员只要服务得好都会收到不同数量的小费。

2. 饭店送餐部给住店客人提供送餐服务时，客人付款方式有两种：一种是由客人签单，即付房账。住店客人除交房费外还存有备用金的，可以签单；另一种方式是付现金，即住店客人只交有房费而没有备用金的，客人要当场付现金。

3. 在给可签房账的客人送餐时，若客人签了单，再给现金时，一般可以视为小费。这是一般情况，但也有例外，正如此案例中这位实习生服务员小孟经历的这种情况。

这位实习生没有考虑到，客人可能是第一次住香格里拉，对饭店关于送餐的规定还不清楚，所以既签了账单，又付了现金，也就是等于付了双份餐费。此外，这位实习生在接到客人给付的100元现金时，没有用心分析。因为客人花费餐费是86元，与所给的100元现金金额相近，服务员就应该考虑到客人要改为现金付款。而这位实习生没有考虑到可能发生的以上两种情况，而自认为客人很清楚饭店规定，误将餐费当小费收了。

4. 通过实习生小孟误将餐费当小费的教训告诉我们，每位服务员遇到此种情况时要用心思考，应本着对客人负责的态度，要详细给客人讲明在店消费的不同的付账方式，以提醒客人，才能使客人准确选择付账方式，避免出现账目差错，实习生服务员小孟在服务中粗心大意酿成大错，这教训应认真吸取。

总之，把立足点放到客人那一边，进行换位思考，许多事故是可以避免的。

3.6 客人离店的服务

客人在离店时，前台的行李员要为客人提供离店服务：

- 在接到客人请求帮助的电话时，即刻到达离店客人房间；
- 检查客人是否有遗失物品；
- 搬运客人行李；
- 安排车辆送客。

3.7 处理客人投诉

在饭店的服务工作中，由于各种原因，客人不可避免地会遇到对饭店不满意的人和事，因此前厅部还有接受并处理客人投诉的工作职责。处理投诉需十分小心，并寻求一个及时的、能使客人满意的解决方法。没有什么事情比忽视、怠慢客人的投诉更让人恼怒了。所以处理好客人的投诉是一件非常重要而又有一定难度的工作。

客人在住店期间碰到各种不满意的问题，会向饭店有关人员投诉，主要接待客人投诉的饭店人员是大堂副理。业界有一句话，客人能向饭店投诉是好事。因为有一些客人碰到不愉快的事情并不一定会向饭店方面投诉，而是采取下次再也不来饭店住宿的对策，这样饭店便丢失了这位客人，而如果客人能向饭店投诉，饭店还会有机会通过妥善地处理好投诉来争取留住客人。

处理投诉是一件非常重要的工作，投诉的起因有可能是饭店的服务有问题，也有可能是客人自己的问题，但无论如何，客人总是在饭店发生了不快的事情，如何缓解客人的糟糕心情，解决客人碰到的问题，尽量减缓客人在饭店遭遇的不良体验是饭店应该做的工作。投诉的处理要注意以下几个方面：

（1）合适的场所。发生投诉后，要引领客人离开人员集中的公共场所，避免影响其他客人，可以在比较僻静的地方，让客人坐下，以缓解客人的心情。

（2）倾听。无论事情的责任在谁，都要首先听客人讲诉，让客人把话说完，不要打断和急于解释。要表示出对客人遭遇的理解和同情。这样在某种程度上可以缓解矛盾。

（3）记录。在听客人投诉时，要认真做好记录，这一方面能够帮助查找原因和追究有关部门和人员的责任，以便处理问题，另一方面也表示出对客人意见的重视和饭店对处理客人投诉的诚恳态度。

（4）解决问题。在查出问题的原因之后，应尽快为客人解决问题，如房间设施有问题，可以采取为客人换房间的方法来解决等。

（5）询问客人。在为客人处理了投诉的问题之后，要及时跟踪，看有关部门解决问题的情况是否令客人满意。可以再找到客人进行问询，征求意见。对客人投诉的认真处理不仅仅是解决了客人的问题，有时更可以成为与客人交朋友的好机会，客人因此不仅没有意见，而且成为了回头客。

案例 4：叫醒服务投诉[4]

一天早晨 9 点时，上海某饭店大堂黄副理接到住在 806 房间的客人的投诉电话："你们饭店怎么搞的，我要求叫醒服务，可到了时间，你们却不叫醒我，误了我乘飞机……"，不等黄副理回答，对方就"啪嗒"一声挂了电话，听得出，客人非常气愤。

黄副理意识到这投诉电话隐含着某种较为严重的势态，于是查询当日 806 房的叫醒记录，记录上确有早晨 6 点半叫醒服务要求，根据叫醒仪器记录和总机接线员回忆，6 点半时确为 806 房客人提供过叫醒服务，当时客人曾应答过，黄副理了解清楚情况后断定，责任不在饭店，但黄副理仍主动与 806 房客人联系。

"孔先生，您好！我是大堂副理，首先对您误了乘飞机而造成的麻烦表示理解。"黄副理接着把了解的情况向客人作了解释。但客人仍怒气冲冲地说："你们饭店总是有责任的，为什么不反复叫上几次呢？你们应当赔偿我的损失！"客人的口气很强硬。

"孔先生，请先息怒，现在我们暂时不追究是谁的责任，当务之急是想办法把你送到要去的地方，请告诉我，您去哪儿，最迟必须什么时候到达？"

黄副理的真诚，使客人冷静下来，告诉他明天早晨要参加西安的一个商贸洽谈会，所以今天一定赶到西安。黄副理得知情况后，马上请饭店代售机票处更改下午去西安的机票，而代售处下午西安的机票已售完。黄副理又打电话托他在机场工作的朋友，请务必想办法更改一张下午去西安的机票，后来又派专车去机场更改机票。

孔先生接到更改的机票后，才坦诚自己今晨确实是接过叫醒电话，但应答后又睡着了，责任在自己，对黄副理表示歉意。

[评析]

叫醒服务是饭店为方便客人乘飞机、火车或小睡后赴约、洽谈，应客人要求而提供的一项服务，要求客人填写叫醒记录单，话务员在受理此项服务时，应相当的认真负责，慎重准时。

本案例的责任显然不在饭店，而客人又将责任推给饭店，大堂黄副理在接受投诉时并未与客人争论是非，而是站在客人立场上，设法帮助客人解决首要问题。

饭店有一个原则："客人永远是对的"。本案例中黄副理严格遵循这一原则，有理也要让客人，同时也表现了黄副理的服务意识强，如：①当务之急是想办法把您送到目的地。②打电话帮助更改机票。

其次，当客人无理要求赔偿时，黄副理没有与客人论理是否该赔偿（这个要求是不合理的），只是很真诚地请客人告诉他所要去的地方，以解决最需要解决的问题。体现了黄副理处理投诉时的冷静、理智及大度大气。

第三，黄副理处理投诉的效率高，如接到投诉电话后马上调查了解，得知真实情况后又主动与客人联系，处理问题果断、利索、灵活，整个过程思路清晰，环环相扣，最后问题得到解决，客人也很满意，也为黄副理的真诚而打动，因而主动承认了自己的过错。

在本案例中，面对脾气大、将责任转嫁给饭店的孔先生，黄副理不予争辩，并采取相应的补救措施来挽回客人的损失，在维护饭店利益的同时又没有损害客人的利益，体现了黄副理处理投诉的冷静、理智与技巧，具有很强的职业道德。

3.8 总机服务

饭店提供电话服务，总机同时为客人服务也为饭店的员工服务。总机主要的对客服务内容有：

- 为住店客人进行电话接转；
- 回答外来电话有关饭店信息的问询，并进行有关部门电话转接；
- 为客人提供电话留言服务；
- 为住店客人提供叫醒服务。

案例 5：饭店接线员的故事[5]

有什么工作能把相同的一句话——"Thank you for calling Hyatt Regency Tian Jin"每天重复几百次，且每次从问候、转接到结束都是一样的标准？有哪个工种的员工一个班下来，觉得腮帮子发木，舌头好像变硬了一样？可能只有我们——电话接线员。

我们几个接线员几乎每个人都有把在工作中养成的习惯还到日常生活中去的现象。比如：在外面或在家里打电话时总是习惯地像在饭店一样地先拨"8"或"9"后再拨对方的号码，直到听筒中传出"您拨打的号码是空号，请核对后再拨"后方才醒悟。还有更尴尬的：有时在家接电话也习惯说 greeting，特别是有时下了夜班在家休息时，也会迷迷糊糊地说上一遍："Thank you for calling Hyatt Regency Tian Jin"，弄得对方哭笑不得。

至于工作中遇到的事自然是更多了。现在我们每个班次只有两个人当班，有时是这个电话还没说完，别的电话铃声又起，忙得我们不可开交。若是另一个去吃饭只有一个人当班时就更忙了。而有时电话也有意和我们开玩笑似的，越是一个人当班的时候，同时打进来的电话就越多。为了不让来电者久等，我们甚至接完一个电话连大气都顾不上喘，又得迅速处理另一个电话。即使这样，当我们接起电话后，有时还是听到了客人不满意地埋怨："都响了几声才来接电话？"而每当听到客人这样说，我们心里都不是滋味，倒不是觉得个人委屈，只是觉得铃声响几声才接会使客人对我们饭店的服务不满，进而影响饭店的形象。因为我们知道，作为一个四星级的涉外饭店，电话铃声响一声接与响三声接的效果截然不同。铃响一声就接，给客人留下的是非常美好的服务印象，因为客人得到了快捷的服务；而铃响三声后才接，使客人处于等待之中，会使客人感觉我们的办事效率不高，进而使客人对我们饭店的服务产生怀疑，给客人留下不佳的印象。所以，每当这时，我们都会以最诚恳的话语向客人致歉，同时会感到内疚。

总机接线员是一份具有挑战性的工作，因为每天打进来的有大量的是英文电话，有时遇到来电者口音较重、语速快，除了需要我们集中精神仔细去听去问，使客人得到满意的答复，同时也提醒我们还要学习更多的东西。我们每一个接线员最高兴的事就是我们的服务得到了客人们的认可。当我们的服务让客人感到满意时，我们都感到欣慰，因为作为一个以声音展现形象的部门，我们展现的不仅仅是我们个人或部门的形象，甚至展现的是我们天津、我们国家的形象。因为打进电话的人，有本市的、有外省市的，还有国外的。对于我们对每个客人一遍一遍地重复的问候语，对有的客人来说，也许是与天津凯悦这个品牌的第一次接触。小小的电话机是连接天津凯悦与外界的桥梁，每个接线员是展现企业形象的代表。为此，我们会以高度的责任感，热情地接好每个电话。

课外研习：

以个人或 2～4 人的小组为研究单位，通过互联网或其他途径查找资料，进行以下问题的研究，做出研究报告，并编制 PPT 文件，在课堂里进行交流分享。

一、查找某家饭店有关前厅工作（如：客人抵店服务、入住登记、问讯服务、结账、客人离店服务、处理客人投诉、总机服务）的标准工作流程（选取一项即可）。

二、查找一个饭店前厅服务的案例。

参考文献：

[1] http://www.canyin168.com/glyy/qtgl/qtal/200612/3499.html

[2] http://www.jiudianxinxi.com/html/200808/04/225640677.htm）

[3] http://www.canyin168.com/glyy/cygl/cyal/200806/11537_4.html

[4] http://www.jiudianxinxi.com/html/200808/04/225508378.htm

[5] http://www.hoteljob.cn/a/20070316/3102533.html

第四讲 客房（Guest Room）

4.1 客房的功能

住宿是饭店的基本产品，饭店经营活动传递给客人的最强音莫过于"干净"两个字了。无论饭店怎样豪华一流，提供的服务水平多高，接待如何友好周到，都比不上客人步入一尘不染、整洁而又舒适的房间所获得的感觉。

客房管理工作的主要目的是通过整理客人的房间以及饭店里的其他场所来满足客人的需要。客人对客房的印象良好与否很大程度上决定着客人是否还会光顾这家饭店。客房工作中，极小的一个细节对客人来说都可能至关重要。

4.2 客房的种类

饭店的客房有不同的种类，各饭店有不同的客房的分类，下面是一种分类方法：
- 标准间 Standard Room
- 高级间 Superior Room
- 豪华间 Deluxe Room
- 商务标间 Business Room
- 行政标间 Executive Room

我们下面给出某一五星级饭店的例子，来看饭店的不同类型的房间及其设施。

（1）豪华房 Deluxe Room

主要设施配备：
- 大写字桌，扶手椅，沙发，吧台，两个电视，DVD/CD 放映机，传真机/打印机/复印机，宽网，电话，室内保险箱。
- 大理石的卫生间，有深流线型浴缸，洗浴干湿分离，且浴厕分开。

（2）总统套房 president suit

主要设施配备：
- 豪华门厅，宽大正式的起居室，独立书房，豪华餐厅和功能完全的厨房。
- 大理石的休息厅通往两个宽大的起居室和独立书房。
- 等离子电视机，立体声音响，DVD/CD 播放机，传真机/打印机/复印机，宽网，双线电话，吧台和小酒吧。
- 功能完全的厨房和宽敞的餐厅可以坐下 14 个客人进行就餐和娱乐。
- 带休息区的宽敞的主人卧室，有等离子电视机，立体声音响，DVD/CD 播放机，可进入的大衣橱，有邻近的管家客房。
- 宽大的大理石浴室，包括一个双用盥洗台、超大的深流线型浴缸、带热带雨林花洒喷头的冲淋房、桑拿、蒸汽浴、坐浴桶和电视，还带有一个客用卫生间。
- 可以和旁边的两房或三房连通。

另外还有按床型来进行房间分类。如双人床房和单人床房。

双人房

大床房

4.3 客房的基本设施

客房基本设施。客房是一个私密的、放松的、舒适的并浓缩了休息、私人办公、娱乐、商务会谈等诸多使用要求的功能性空间。客房应具备的基本设施和物品有：

（1）床

（2）写字台及饭店资料

（3）沙发和茶

（4）卫生间

（5）小酒吧

（6）衣橱和衣架

4.4 客房的服务工作

客房部的服务工作主要有：
- 房间整理——为客人更换床上用品、浴巾，整理床以及打扫房间；
- 公共区域清洁——打扫走廊、大堂、会议室、公共浴室及管理人员的办公室；
- 衣物布件清洗——床上用品和浴巾、餐饮布件、员工制服、代客洗衣；
- 房间设施及时报修；
- 保管失物招领的东西。

4.4.1 客房清洁整理

从以下的客房服务员任务单中，我们可以看到一名客房服务员每天的主要工作内容。这张任务单告诉我们，客房的清洁工作是通过哪些工作步骤来完成的，为了提高工作效率，一个合理的工作顺序是怎样的。

例：客房服务员任务单

1. 使用洁房任务单	14. 做床
2. 准备宾客便利用品	15. 客房掸尘
3. 准备清洁用供应品	16. 补充供应品
4. 保持工作车与工作区井然有序	17. 清洁窗户、窗帘轨与窗台
5. 进入客房	18. 洁房最后修饰工作
6. 为洁房做准备	19. 客房吸尘，并报告房况
7. 开始清洁浴室	20. 走出客房
8. 清洁浴缸与沐浴区	21. 解决客房检查中发现的洁房存在问题
9. 清洁抽水马桶	22. 完成下班前的职责
10. 清洁洗水池与梳妆台	23. 翻转与拍打床垫
11. 清洁浴室地面	24. 放置或拆除特殊宾客服务设备
12. 完成清洁浴室工作	25. 清洁多卧室宾客套房
13. 清洁客房壁橱	26. 提供做晚床服务

案例1：饭店无小事，事事须小心[2]

[案例A]丢了一包黄土

一位台湾客人住进一家大饭店，在即将离店时找到客房部经理投诉，说他在客房丢了一包黄土。这包土对他很重要,是专程到大陆他家的祖坟上取来要带回台湾的。客人即将登机返台,黄土丢了,怎么办?客房部经理接到投诉,立即找当班服务员进行调查。服务员回想起在打扫那位客人的房间时,看到过一包黄土,以为是没用的东西,就随手扔掉了。客房部经理了解了情况后,再次向客人致歉,并请客人留下通讯地址,然后马上带领多名员工,到垃圾堆去寻找那包黄土。客房部经理和服务员在臭气熏天的垃圾堆里一点一点扒开污物。细心查找了3个多小时,终于找到了那不起眼的纸包,并按地址寄给了台湾客人。

[案例B]隐形眼镜不翼而飞

王先生夫妻俩来广州旅游,住进一家五星级饭店。第二天一早他们去吃早餐,准备回来后去越秀公园转一转。可是当他们回到房间时,王夫人发现自己的隐形眼镜不见了。她说:"刚才去吃早餐前还看见了呢。"于是二人四处查找,哪儿都没有。无奈,王先生向饭店提出投诉。经核对,王先生夫妇二人去吃早餐从出门到回房,准确的时间是50分钟,而在这一段时间内,只有实习生小平进入房间打扫卫生。小平回忆起当时的情景,发现自己把杯子里的隐形眼镜和药水当作剩水给倒掉了。对此他后悔莫及。

[案例C]裹在床单里的护身符

客房服务员小王每次为客人换床单时,为了省时、省事,总是把床上的两层床单非常迅速地揉成一团撤下来扔进布草袋内。有一次,一位客人问小王是否发现床上有一件小小的护身符。这件护身符对客人来说是信物,十分珍贵,客人要求必须找到。小王费了九牛二虎之力,终于在洗衣房一大堆尚未清洗的床单中发现了客人的护身符。

[案例D]扔掉了白金戒指

服务员小张打扫客房时。发现桌腿边一枚银白色的细小的戒指,看上去有点粗糙。他认为是该客房小朋友的玩具(假戒指),因而就把它扔到了工作台的抽屉里。第二天,该房客人打来电话询问丢失的戒指,说此戒指是白金的。可当班的同事小赵在《遗拾物品登记单》中并未发现有关戒指的记录。经调查,终于找到了这枚白金戒指的下落。

[案例E]重要的便笺

在北京某四星级饭店的客房部,实习生服务员小任正在清扫一间走客房。小任看到客人的行李已经全部收拾好,整齐地摆放在行李架上,便开始去收垃圾。她看到床头柜上有一张皱巴巴的便笺纸,就认为是客人不要的废纸,于是顺手丢进了垃圾袋中。此房间整理就绪后,就去整理其他房间了。一会儿,那个房间尚未离店的客人急匆匆地找到小任说:"小姐,你有没有看到一张记有电话号码的小纸条?那个电话号码对我很重要。"小任一听就傻眼了,反问道:"您的电话号码是不是在床头柜的便笺纸上写的?"客人说:"我记得好像是在床头柜那儿。""对不起,我马上去找。"小任边说边来到工作车的垃圾袋旁,翻了半天,终于找回了客人记有电话号码的小便笺。客人不住地向小任道谢。而此时作为实习生的小任心里真不是滋味。他为自己粗心扔掉了客人记的电话号码,给客人添了麻烦而深感自责,幸亏及时找到了,没有耽误客人的事。经此事后。小任便懂得了客房内无论是什么东西,哪怕是张小纸片,只要是客人的东西,都要保存好,不能随便扔进垃圾袋。否则不仅会引起投诉,且会给客人带来很大的麻烦。

[评析]

1. 客房服务中,清洁整理房间和清理垃圾是每天例行的工作。但是服务员要明确一点,所有服务工作都有其严格的服务操作程序和规范,所有程序和规范都是在总结了多年服务经验和进行科学测算基础上制定出来的。这些服务程序和规范,是保证服务质量和消除各种隐患的法规，必须严格遵守。在客房清扫过程中，服务员对属于客人的一切东西，只能是稍加整理，不能随意挪动位置，更不能将客人的东西或客人用过的东西自作主张地进行处理。哪怕是空瓶、空纸盒，只要客人没有扔进垃圾袋中，就要谨慎对待，不能随意扔掉或倒掉。前述诸例中一包黄土、一副隐形眼镜、一张皱巴巴的便笺、一枚细小的粗糙戒指、一件小小的护身符都是由于服务工作中粗心大意，不按操作程序去做，结果都可能会酿成大事。这一桩桩不愉快的事情不仅会使饭店承受直接或间接的经济损失，更严重的是给客人的生活带来不便与痛苦，使饭店的声誉蒙受损害。这些深刻的教训是应该认真吸取的。"细微之处见功夫"，养成细心负责的工作作风，认真按服务程序与规范去操作，才能保持饭店较高的服务水准，避免此类不愉快的事情发生。

2. 作为饭店的服务人员，必须在思想上树立一种意识：客人一旦填好入住登记单，交了房租，住了饭店的房间，就形成了饭店与客人的契约关系。顾客是这个房间租用期间的唯一占有人，房间的使用权属于这位客人，客人即是房间的主人。饭店方面有义务尊重客人的权利，即使是例行的客房清洁整理工作，也要充分尊重客人对房间的使用权。饭店有关敲门通报、等候客人的程序。不能乱动客人东西的规定等等，正是根据尊重客人权利的原则而制订的。有的饭店服务人员缺少这种服务意识，总认为我才是饭店客房的主人，所以工作粗心大意，不经客人同意随意进出住客房间，不断骚扰客人，结果闹出了不少笑话、闯出了许多祸事、得罪了不少客人。饭店服务工作看起来是一些简单的事，就拿清扫客房来说，一个生手经过7天的培训完全可以应付，但要懂得如何尊重客人的权利，按服务标准与程序操作，形成良好的职业习惯和服务意识，却是一件需要经过长期培训和磨炼才能称职的事。

4.4.2 公共区域清洁

饭店公共区域包括饭店的入口、大堂、走道、电梯、洗手间和健身设施等，宾客所见到的其他场所的所有餐厅、宴会厅和会议室，有时还有行政和销售办公室。

有些通过建筑上的特点来建造一家有特色的饭店，如高耸的天花板、用鲜花装饰的阳台、夹层楼面、布片油画、有纹理的地面和墙面及装饰华丽的家具和固定装置。但是在建筑和设计之外，没有什么比得上清洁和保养状况更能决定人们产生的印象了。这些区域的清洁卫生工作是提供良好的饭店服务的一个重要组成部分。客房部公共卫生服务员每天的工作是保持这些公共区域的卫生整洁。

案例2：二楼洗手间的呕吐物

毕小姐周末住在一家很难得的位于都市却有着很大庭园的四星级度假村。房间及走廊豪华舒适，格调高雅。占地很大的园子里草地、湖水、树林、小径清静沁人，令人惬意。真是一个度假的好地方。夜晚大约11点钟，毕小姐有事到二楼，经过二楼洗手间随便进去洗一下手，但一进去便连忙退了出来，原来在洗手间的地上有人吐了一滩脏物，令人作呕。二楼有餐厅，晚上曾经有宴请，应该是吃饭的客人所为，但此时已经很晚了，离宴会结束已经好几个小时了，为什么没有人发现并将其打扫干净呢？立时，毕小姐对这家饭店的好印象开始打折扣。

[评析]

客人的作为是可以谅解的，但在一个高星级的豪华饭店里的公共区域发生这样的场面是不允许的。问题是饭店的公共卫生服务员没有尽到职责。公共区域的卫生工作虽然很简单平凡，不需要很多技巧，简单到许多饭店都是由中年妇女来承担。然而，正是这些不起眼的阿姨做的这些不起眼的工作保证了呈现给客人的始终是豪华舒适和格调高雅的饭店形象。饭店的公共区域是人来人往的地方，是很容易被弄脏弄乱的，所以要根据人流量的情况定时地或及时地进行清扫或整理。如果该饭店公共区域服务人员能在二楼餐厅高峰用餐时间间隔半小时或一小时去洗手间检查一下，就不会发生以上不雅的场面。一些有经验的客人或专家往往通过察视公共洗手间来判断一家饭店的服务水平和管理水平。

4.4.3 衣物和布件清洗

饭店的洗衣管理主要包含布件洗涤和客衣洗涤。饭店的布件包括客房内的床单被套、卫生间的大小毛巾、餐厅的台布口布等。客衣主要是为住店客人洗熨衣物。

洗涤流程：
- 收取用脏的织物用品；
- 分拣、装载洗衣机；
- 洗涤、甩干、干衣；
- 织物整理和折叠衣物；
- 贮存和将织物送至使用区域，或送还客人。

课外研习：

以个人或 2~4 人的小组为研究单位，通过互联网或其他途径查找资料，进行以下问题的研究，做出研究报告，并编制 PPT 文件，在课堂里进行交流分享。

一、查找一家饭店，研究该饭店的客房种类。
二、查找某家饭店有关客房工作（如：房间整理、公共区域清洁、布件、房间设施及时报修、保管失物招领的东西等）的标准工作流程（选取一项即可）。
三、查找一个饭店客房服务的案例。

参考文献：

[1] http://www.100guanli.com/Detail.aspx?id=148550
[2] http://www.smgk.com/HTML/2008072909036222285.htm

第五讲　餐饮（Food & Beverage）

5.1　饭店餐饮概述

除了一些小的经济型饭店或汽车旅馆外，几乎所有的饭店都提供餐饮服务。大型饭店通常设有多种餐饮设施，小型饭店也会有一个 24 小时供餐的餐厅，以方便随时来店客人的就餐。饭店内的餐厅既对住店客人也对非住店客人提供餐饮服务。餐饮设施对于饭店的声誉和盈利至关重要，因为饭店的食品和饮料的质量极大地影响着客人对某个饭店的看法，还关系着客人是否再次光临。

饭店提供餐饮方便了客人的旅居生活，可以提升客人对饭店生活的完美体验。饭店餐饮除了为住店客人提供餐饮服务外，往往也成为当地居民的高档消费场所。

餐饮收入是饭店除客房收入外主要的营业收入来源。

5.2　餐厅的种类

饭店特别是大型饭店或高星级饭店通常不止有一个餐厅，会提供不同类型的餐饮服务。根据提供食品或饮料的不同，可以分为以下类型的餐厅：

- 主要提供食品服务
    - 餐厅（Restaurant）
    - 特色餐厅（Specialty Restaurant）
    - 咖啡厅（Café）
    - 行政俱乐部（Executive Club）
    - 快餐吧（Snack Bar）
    - 宴会（Banquet）
    - 外卖（Take-out Service）
- 主要提供饮料服务
    - 鸡尾酒廊（Cocktail Lounge）
    - 公共酒吧（客人使用）（Lobby Bar）
    - 宴会（Banquet）
    - 迪斯科酒吧（Disco Bar）
    - 微型酒吧（Mini-Bar）（客房内）

以下是某些饭店的餐厅实例：

（1）正餐厅。主要提供正式的午餐或晚餐，在不同的饭店及其餐厅会有不同风味的菜系，如中餐或西餐。

早餐：早间7时—上午10时
午餐：中午12时—下午3时
晚餐：下午6时30分—晚间11时
着装
中餐：优雅便服
晚餐：需穿外套，不得着牛仔装
吸烟规定：香港的所有餐厅均不允许吸烟。
珀翠餐厅居于香港市内高位，坐拥维多利亚港湾优美海景，提供多款顶级佳肴。餐厅设有大型酒柜，珍藏不同极品佳酿，选择之多在亚洲名列前茅。
宾客更可于 Alsace 及 Burgundy 贵宾厅举行私人派对。

（资料来源：http://www.shangri-la.com/cn/property/hongkong/islandshangrila/dining/restaurant/restaurantpetrus）

（2）酒吧。酒吧是客人休闲品酒的去处。有的酒吧还会有乐队演出等娱乐活动。

时间：下午5时30分—凌晨2时
（周日营业至凌晨2时）
着装：优雅便服
吸烟规定：翡翠36酒吧可同时接待吸烟或不吸烟顾客。
翡翠36酒吧同上海一样，融国际化现代风格与中国风味于一体，是一个流行、时尚的好去处，客人在此既可品尝精心调制的饮料、欣赏上海璀璨夜景，又可享受顶级 DJ 带来的音乐。

（资料来源：http://www.shangri-la.com/cn/property/shanghai/pudongshangrila/dining/restaurant/jadeon36bar）

（3）大堂酒廊。也是饭店酒吧的一种。它多位于饭店的大堂，可以供客人享用酒水饮料，是会客休闲的场所。

时间：

　　点菜：　中午—午夜

　　正式茶点：　下午2时30分-下午6时

　　着装：优雅便服

吸烟规定：大堂酒廊可同时接待吸烟或不吸烟顾客。

大堂酒廊位于浦东香格里拉大酒店浦江楼内，装修豪华，尽览外滩风光，无论是约见朋友，或是享受茶饮，大堂酒廊均是理想选择。

（资料来源：http://www.shangri-la.com/cn/property/shanghai/pudongshangrila/dining/restaurant/lobbylounge）

（4）咖啡吧（自助餐厅）。通常饭店会有提供全天候服务的餐厅，以方便随时到店的客人的用餐。多为提供多种风味的自助餐。

时间：上午6时—午夜

着装：优雅便服

吸烟规定：咖啡Cha可同时接待吸烟和不吸烟顾客。

咖啡Cha花园美景迷人，共有220个座位，全天候供应国际自助餐。品种繁多、花样不断翻新的早餐、午餐和夜宴菜谱，为您提供日本、亚洲、意大利和印度等国的经典美食。

（资料来源：http://www.shangri-la.com/cn/property/beijing/shangrila/dining/restaurant/cafecha）

（5）宴会。饭店通常会提供团队、会议的大型宴会，或者个人的庆典宴会服务。一般餐饮部会有专门的宴会部来负责宴会销售、宴会活动组织和宴会服务。它需要饭店有较大的宴会场地，如大型宴会厅或多功能厅。有较强的厨房生产能力。

大型宴会现场场景

（6）会议。有的饭店根据自己的市场定位，针对商务市场开展会议服务。

所有的会议及多功能室配备以下先进的视听设备：
● 液晶投影仪
● DVD/VCD 播放器
● 多制式麦克风系统
● 多制式录像机
● 同声传译系统
● 录像装置及投影仪
● 视频会议

港岛香格里拉大酒店会议场地宽敞实用，且可应需要灵活间隔。酒店共有10个会议室，可举办各种不同类型的宴会或酒会。所有房间楼层高度充足，空间宽敞，适合举办不同大小的活动。如想在耳目一新的环境举行活动，可选择位于56楼的维港厅及赏星园。两者均坐拥城市璀璨美景，不论举行何种聚会、会议及庆祝活动，都一样称心满意。酒店设有最先进的通信系统，包括录像设备和卫星会议服务，以加强所有会议和酒会设施。酒店员工随时候命，照顾客人各种需要。

（资料来源：http://www.shangri-la.com/cn/property/hongkong/islandshangrila/plananevent/meetings/overvie）

（7）客房送餐服务

四季酒店提供你舒适和方便的客房内用餐体验，丰富而多样的菜肴，特别适合倒时差的客人、即兴的会见和希望有一个安静私人的用餐环境的客人。
早　　餐：上午 6:00 时—上午 11:00 时
白天用餐：上午 11:00 时—晚上 11:00 时
夜晚用餐：晚上 11:00 时—上午 6:00 时

5.3　餐饮服务

餐饮服务，是客人在餐厅就餐的过程中，由餐厅服务员借助餐饮服务设施向客人提供菜肴饮料的同时提供方便就餐的一切帮助，并使客人感受到欢迎和尊重。

客人在购买餐饮产品的同时也购买了服务，餐饮产品和服务是一个不可分割的组合体，一是服务的辅助性设备设施和消费者购买的菜肴与饮料；二是明显的服务以及各种帮助和隐含的服务，如给消费者良好的心理感受。作为饭店餐饮产品的重要组成部分，服务的作用是显而易见的。在相同等级的饭店中，餐饮硬件设施一般都是大同小异，所能体现出竞争优势的只能是服务[1]。

餐饮服务过程的关键是以顾客为中心，即为顾客提供愉快的经历。餐饮服务是一个复杂的问题，涉及各种因素相当广泛。这些因素包括餐馆经营类型和规模、提供服务的形式，以及周围环境和气氛、摆台、餐饮产品从制作人员传递到服务人员、对客服务、清理台面等。执行的每一项工作程序都要尽可能标准化。只有这样，才能一次又一次满足或超过顾客的需求。

餐饮服务人员是关键性的员工，他们把经营活动展示给顾客。比起其他员工来说，服务人员与顾客的接触最多。因此，为顾客提供愉快的就餐经历的责任在很大程度上就落在了他们身上。

5.3.1 自助餐的服务

自助餐服务是把食品艺术性地摆放在大盘中，然后把大盘摆放在大餐桌上或柜台上，让顾客自己取用。有时不同的餐桌上摆放着不同种类的菜肴，餐具和其他用品则都摆放在旁边，使用起来非常方便。

案例1：自助餐上的香蕉[1]

有一位美国客人入住某饭店，他个性孤僻，不喜言笑，单身。在饭店住了一周，几乎从不开口，不跟人打招呼，更难得让人看到一丝微笑。楼层服务员觉得这位客人极难伺候，任凭他们如何笑脸相待，主动招呼，所得到的总是一张铁板的脸，天天如此。每天早上，他爱去自助餐厅吃早饭。当他吃完自己挑选的食品之后，便开始在台上寻找什么东西，一连三天都是如此。第一天，服务员小梅曾问过他要什么东西，他没吭一声，掉转头便走出餐厅。第二天小梅又壮起胆询问他，他还是一张冷峻的脸，小梅窘得双颊发红。当这位美国客人正欲步出餐厅时，小梅又一次笑容满面地问他是否需要帮助，也许是小梅的诚意感动了他，他终于吐出"香蕉"一词，这下小梅明白了。第三天早上，那位沉默寡言的客人同平时一样又来到自助餐厅，左侧一盘黄澄澄的香蕉吸引了他的注意力，绷紧的脸第一次有了一丝微笑。站在一旁的小梅也喜上眉梢，又一次领悟到"精诚所至，金石为开"的道理。

在接下来的几天里，饭店每天早餐都特地为他准备了香蕉。几个月后，这位客人又来到该饭店。第二天一早他步入自助餐厅，原以为这次突然"袭击"餐厅一定没有准备香蕉，孰料餐厅迎面就是引人注目的一大盘香蕉。这位"金口难开"的客人看到小梅，第一次主动询问是不是特意为他准备的香蕉。小梅嫣然一笑，告诉他昨晚总台服务员已经给餐厅带来了他入住本店的信息。"太感谢你们了"，美国客人几个月第一次向饭店表示了发自内心的感谢。

[评析]

饭店全心全意为客人服务，博得客人的好评，这在饭店业中极为常见。可是本案例中那位沉默寡言的美国客人一个微笑、一声道谢，其含"金"量就非同一般。上述饭店的小梅等人便是用自己的真情使美国客人开启了他紧闭的嘴，"熔化"了他铁铸的脸。

自助早餐准备一些香蕉，不是一件难事，重要的是去探索客人的心理，了解他们的需求。这位美国客人对香蕉情有独钟的信息不仅餐厅知道，连总台都掌握，可见该饭店极为重视有关每个客人特殊需求的档案。此外，该饭店的信息传递渠道畅通。晚上客人到达，第二天早

---

[1] 资料来源：http://www.scc5.com/post/canting.html 餐饮服务的概念。

上餐厅已经有了准备，饭店的服务效率由此可见一斑。

5.3.2 正餐的服务

传统的桌餐/正餐服务是为那些坐在餐桌前用餐的顾客提供服务。服务员要把食品和饮料端送给顾客。服务生或者其他服务人员还负责清理桌面和摆台。

案例 2：岗位操作标准：午餐班次服务员[2]

餐厅服务员在午餐班次为所负责的餐台提供服务时，必须执行在培训过程所学习过的工作任务分解书的操作程序，其行为表现才可能是正确的。

1. 上午 10：30 前到餐厅，穿上整齐干净的工作服，稍事休息，准备上岗。
2. 上午 11：15 前，把所负责的餐桌铺好台布，摆好餐布、玻璃杯、银器、调味品、烟灰缸和火柴。
3. 热情地迎接顾客，尽快带顾客入座并提供所需的服务。
4. 顾客点完主菜后，建议顾客点鸡尾酒。
5. 主动向顾客介绍今天的特别菜肴和其他可选菜肴，尽量建议性地推销餐厅菜肴和酒水。
6. 尽量推销一瓶、一长颈或一杯葡萄酒供午餐使用。
7. 客用点菜单要写得清晰易读，正确使用规定的缩写。
8. 点菜结束，立即将菜单送到厨房，执行厨房的点菜单呼叫系统。
9. 快捷迅速地传菜到桌，同时为所有顾客布菜。
10. 尽可能用左手从左侧为顾客上菜。
11. 尽可能用右手从右侧为顾客上菜。
12. 按照规定的程序为顾客斟葡萄酒和鸡尾酒。
13. 不需顾客询问，根据所点的菜主动为顾客备好标准的辛辣调味品。如果顾客提出需要特殊的调味品，迅速愉快地递给顾客。
14. 注意观察每位顾客，时时为他们斟满杯中酒，而且顾客一有斟酒要求，立即上前为他斟满。
15. 顾客每用完一道菜，立即撤掉用完的盘、杯和银器等器皿，要轻轻地从顾客的右边撤，银器要撤到旁边的小推车上。
16. 尽量向所有的顾客推荐甜点。
17. 餐后为每位顾客送上一杯咖啡。
18. 用餐结束时，让顾客看一下用菜单。
19. 感谢顾客的光临。
20. 顾客一离开餐厅，就立即清理桌子，重新摆台。

案例 3：吃面的老先生预订了 18 桌婚宴 [3]

一天中午，餐厅里来了一位老先生。这位老先生自己找了一个不显眼的角落坐下，对面带笑容前来上茶、点菜的服务员小秦说："不用点菜了，给我一份面条就可以，就三鲜面吧！"服务员仍然微笑着对老先生说："我们饭店的面条口味不错，您请稍等，喝点茶，面条很快就会烧好。"说完，小秦又为客人添了点茶才离开。

10 分钟后，热气腾腾的面条端上了老先生的餐桌，老先生吃完后，付了款，就独自离开了餐厅。

晚上六点多,餐厅里已经很热闹了,小秦发现中午的那位老先生又来了,还是走到老位置坐下,小秦连忙走上前去,笑语盈盈地向老先生打招呼:"先生,您来了,我中午没来得及向您征询意见呢,面条合您的口味吗?"老先生看着面带甜美笑容的小秦说:"挺好的,晚上我再换个口味,吃炒面,就肉丝炒面吧!"小秦给客人填好单子,顺手拿过茶壶,给客人添好茶,说:"请您稍候。"老先生看着微笑着离开的小秦,忍不住点了点头。

用餐完毕,小秦亲切地笑着询问老先生:"先生,炒面合您口味吗?"老先生说:"好,好,挺好的。我要给我侄子订18桌标准高一些的婚宴,所以到几家餐厅看看,我看你们这儿服务真好,决定就放这儿啦!"小秦一听只吃一碗面的客人要订18桌婚宴,愣了一下,马上恢复了笑容,对老先生说:"没问题,我这就领您到宴会预订处办理预订手续。"

[评析]

只吃一碗面的客人原来是为了给其侄子选择举办婚宴的餐厅,而服务员小秦自始至终面带微笑地为他提供规范的服务,并没有因为其消费低而对客人冷嘲热讽,另眼相看,结果客人当场预订了18桌消费标准较高的婚宴,可见微笑服务也可以为饭店带来良好的经济效益。

由此可见,餐厅服务人员对所有的客人都应一视同仁,不要因为客人消费低而冷眼相看或让客人感到尴尬。对低消费的客人的服务好坏,体现了一家餐饮企业的服务质量与管理水平,最终将直接影响企业的经济效益。

5.3.3 酒吧服务

饭店酒吧为旅游住店客人特设,也接纳当地客人。饭店中的酒吧往往有可能是某一地区或城市中最好的酒吧,饭店中酒吧的设施、商品和服务项目也较全面。客房中可有小酒吧,大厅有鸡尾酒廊,同时还可根据客人需求设歌舞厅等结合饭店特点及客人不同喜好的各种服务。

案例4:皇家礼炮[4]

一男客人落座吧台,穿戴极其普通,根本不像喝"皇家礼炮"之人。

服务员问:先生,晚上好,喜欢喝点什么?

客人答:给我来一杯这个酒(正巧有服务员务员拿出科罗娜啤酒)。

服务员问:(把小食盘端到客人面前)喜欢吃点什么?

客人答:(摇了摇头)不吃。

酒水上台、买单,进行正常工作。

这时候客人又问:给我来点吃的。

(服务员小李接台:当时小李明白客人也许想吃一些其他的食品,如烤肠仔、沙爹肉串之类)

李答:烤肠行吗?

客人答:行。

李问:40元一份行吗?

客人答:行(这时客人的眼光有些不自然)。

紧接着吧员问:再来一份沙爹肉串行吗?

客人答:行。

然后开单，下票，买单，通知客人需等候，继续进行工作。

这时客人问：你家最贵的啤酒是哪种？多少钱？

李答：38元。

客人答：要380元一瓶还行（口气中带着不屑一顾，意思是才38元）。

李说：一般花380元就喝洋酒了。

客人答：给我来一瓶。

李为其介绍：芝华士12年，480元一支是否可以？赠送纪念品。

客人答：来一瓶倒上。

李追问：先生，加可乐吗？

客人答：加。

小李下单，买单，倒酒，服务，然后依然没有过多的与其交谈，也并未因卖一瓶洋酒而高兴或服务态度有转变，依然继续打杯。

这时客人看小李没什么反映，说：小伙子，别瞧不起大哥，我是土包子开花有的是钱。

李答：没有，一般来酒吧的客人都是工作一天，放松一下，听听歌，喝会儿酒，解除一下工作疲劳，都是上帝。说完继续打杯。

他看小李依然工作没有太大转变，就对小李说：你们这最贵的酒多少钱？小李一听有门（心想480元出手太轻了）。就对客人说：一般来酒吧的客人都喝XO，但真会喝酒有身份的客人都喝皇家礼炮。

客人说：来一杯。

小李让吧员把酒拿来后，拿在手中，对其说：先生，真对不起，这种酒，酒吧不卖单杯，只卖一支。

客人问：多少钱？

李答：2080元（因是一升的，现为1580元750ml）。

客人答：给我来一瓶。此时小李心中非常高兴，但酒并未启开，先告诉收银打单，收款之后，再打开酒。

客人说：倒一杯摆上，把酒放后边。

此时小李内心虽然激动，但表情及服务依然与以前一样，客人应感觉不到服务员因为他开了一瓶皇家礼炮而对他毕躬毕敬。

结果：客人共消费了3000多元钱，创下一人消费最高记录。

[评析]

1. 无论对熟客、生客、消费高、消费低的客人均服务一致。
2. 通过销售去满足客人的虚荣心理，但必须不卑不亢。
3. 通过语言一步一步地去激发客人的消费欲望。
4. 不能因卖了贵价酒水而喜形于色，不然客人会有一种被骗的感觉。

5.3.4 客房送餐

大多数饭店都提供客房送餐服务，客人可以在房间里点菜和酒水，并且在房间内用餐。尽管一些饭店提供24小时客房送餐服务，但最受欢迎的还是早餐服务，客房送餐的菜单通常与普通菜单大致相同，但价格会高一些。

案例5：客房服务引发的矛盾[5]

史蒂文是来自秘鲁的移民，在华盛顿一家美国汽车协会旗下的五钻石级豪华饭店的送餐部当服务员，凡是来这里的顾客对该饭店的期望值都相当高，要求有高贵幽雅的环境、质量上乘的服务，这种"质量上乘"的服务不仅是要好于其他饭店，而且应该"无可挑剔"。史蒂文在这个职位上已经干了将近十年了，是送餐部从事这项工作年限第二久的人，经验非常丰富，英语掌握得相当熟练，工作中非常勤恳，一丝不苟。

送餐部的工作分工十分严格。收银员主要负责接收客人的订餐，他们可以通过打电话的方式获得订单，也可以通过由夜班服务员收集客人挂在门把手上的订餐卡片的方式获得订单。收银员把顾客预订的食品记录下来，然后交给厨房的厨师或者服务员。收银员一般没有经过正式培训，只接受短暂的在职培训或岗前训练，每个值班时间无论工作量大小，通常都只有一名收银员，因此高峰时收银员的压力是很大的。这些收银员主要的工作职责就是接听电话，记录顾客预订的食品，然后照管好这一小小的销售系统。不忙的时候，值班经理经常会给他们分派一些本部门其他的任务。如果赶上正忙的时候恰好服务员不在，那么电话就会响个不停而没人接，客人要点的东西也就很容易被忽略。

送餐部的服务员负责用送餐车把厨师准备好的食品从厨房送到客人的房间，然后把客人签过字的账单交给收银员。在送餐服务员把食品送到客人房间之前，收银员同客人之间关于订餐之事没有任何沟通与交流。送餐服务员是很少有受过交叉培训的，懂得收银工作的也很少，因此他们对收银员的工作一般提供不了什么帮助。

刚才提过的这家华盛顿有名的高级饭店的送餐部，曾连续几次出现客人订餐记录有误或者把客人预订的食品送错房间的现象。这类失误主要出现在漏掉了客人点要的某样食品，或者把客人点要的食品以错误的方法烹饪等。现在我们要讲的这件事情是这样的：史蒂文在早上六点半把客人预订的早餐送到房间门口。他先敲了敲门，然后轻轻喊了一声："送餐部！"史蒂文等了几分钟没有动静，就又喊了一声："送餐部！"这一次提高了声音。他听到屋内有动静了，随即又听到一声愤怒的吼声："等一下！"过了一会儿，门开了，出来的是一位高个子的中年男子，穿着睡衣，冲着史蒂文劈头盖脸地就嚷了一通。原来他并没有订早餐，史蒂文敲门时他和他太太正在酣睡呢。天哪，订餐单上的房间号码写错了!这位客人气呼呼地关上了门，随即给前台打电话投诉。接下来，史蒂文和收银员花了整整一刻钟的时间才搞清楚真正要早餐的顾客的房间号。查到了之后，史蒂文立即飞奔到这位客人的房间门口，这时早餐都已经有些凉了。这次开门出来的是真正需要早餐的顾客，满脸的不高兴，问为什么这么晚才送来!史蒂文一个劲儿地道歉，告诉他这份早餐不用付钱了。

回到办公室，史蒂文就同那位收银员口角起来了，他质问她："你是怎么搞的？怎么能把房间号记错了呢？"其余的服务员也都跟着帮腔，于是在这样一个服务高峰时间，一场唇枪舌剑的争吵就此展开。值班经理当着众人的面狠狠地批评了那位收银员。当天中午，前台经理又出于礼貌为那位被无端吵醒的顾客和他的太太提供了一顿免费午餐。尽管经理并没有责备史蒂文，反而安慰他，但史蒂文那天回到家里以后心里总觉得很不是滋味。一个小小的错误惹恼了两位客人，害得饭店赔了三个人的餐费，而且还搞得同事之间关系紧张。管理层就不能采取点措施防止这种事情再次发生？

讨论题

1. 这种情况是怎样产生的？

2. 这件事引起什么代价?
3. 你能提供什么建议扭转这种局面?

5.4 菜肴生产

菜肴生产是饭店提供餐饮产品和服务的重要环节。菜肴生产既要满足消费者的需要,同时又给饭店带来预期的经济效益。

不论厨房生产规模大小,也不管厨房生产制作什么风味的产品,其生产工艺流程是大致相同的。一般厨房生产工艺,都是由原料及加工阶段开始,到生产制作、熟制阶段,继而到成品服务与销售,为一个流程的终结。厨房生产流程包括菜肴和点心的生产,两者大体相似,只是冷菜的生产流程与热菜的流程略有差别。

厨房生产工艺流程划分为原料筹措及加工、配份、烹调即点菜、生产熟制、点菜成品完善与出品售卖。

5.4.1 原料筹措及加工

原料是厨房生产的前提,加工是厨房进入正式生产的必要基础工作。因此该环节包括原料进入饭店以及原料领进厨房期间的工作岗位和对原料进行初步加工处理等岗位,即原料验货处、原料仓库、鲜活原料活养、原料宰杀、蔬菜择洗、干货原料涨发、初加工后原料的切割、浆腌等等。

原料进入饭店,除了大批量远道进口货物、本身处于冰冻状态的原料需要进入饭店的冷冻库存放,大批量购进的干货和调味品原料需要进入仓库保管外,厨房日常生产使用数量最多的各类鸡鱼肉蛋、瓜果蔬菜等鲜活原料采购进饭店,都直接进入厨房区域,随时供加工、烹制。也正因为如此,加工和原料进货是紧密相连、密切配合的。

饭店餐饮规模大、经营风味多,厨房生产量大的饭店为了保证经营的连续性和客人选择范围的广泛性,同时为了防止原料间相互串味、互相污染,便于仓库管理,大部分本地不易采购和容易断档的原料,都分别给以一定量的库存。

厨房加工,包括对原料进行初步摘拣、宰杀、洗涤、整理的初加工和对原料进行刀工处理的深加工及其随之进行的腌浆等工作。此外,加工产生的废弃垃圾需要及时清运出店。

5.4.2 菜点生产制作

菜点生产制作是厨房的主要工作,集中了厨房主要的技术力量和生产设备,在整个厨房生产流程中占有相当重要的地位。该环节通常包括热菜的配份、打荷、烹调,冷菜的烧烤、卤制和装派,点心的成型和熟制等岗位。该环节按生产性质的不同,可以相对独立地分成四个部分,即热菜配菜区、热菜烹调区、冷菜制作与装配区、饭点制作与熟制区。

热菜配菜区,主要根据零点或宴会的订单,将加工好的原料进行主配料配伍。该区的主要设备是切配操作台和水池等。要求与烹调区紧密相连,配合方便。

热菜烹调区,主要负责将配制好的菜肴主配料进行炒、烧、煎、煮、炸、烤等熟制处理,使烹饪生产由原料阶段进入成肴阶段。该区域设备要求高,设备配备数量的确定也至关重要,可直接影响出品的速度和质量。

冷菜制作与装配区,负责冷菜的熟制、改刀装盘与出品等工作。有些饭店该区还负责水果盘的切制装配。该区域熟制与成品切装往往是在不同场地分别进行的。这样可以分别保持冷热不同环境温度,保证成品质量。

饭点制作与熟制区,负责米饭、粥类食品的淘洗、蒸煮,负责面点的加工成型、馅料调制,点心蒸、炸、烘、烤等熟制。该区域一般多将生制阶段与熟制阶段相对分隔,空间较大的面点间可以集中设计生、熟结合操作间,但要求抽排油烟、蒸气效果要好,以保持良好的工作环境。

5.4.3 菜点成品完善与出品售卖

菜点成品完善与出品售卖,是介于厨房生产和餐厅服务之间的环节,该环节与厨房生产流程关系密切的岗位主要是备餐间、洗碗间。

备餐间对菜点出品秩序和完善出品有重要作用,有些出品的调料、作料、进食用具等在此配齐。备餐间位置多在厨房和餐厅之间,备餐间空间大小和设备多少与餐厅经营风味直接相关。一般西餐备餐间的设备配备比较复杂,功能也比较多。中餐粤菜比其他菜系的备餐用具也多一些。

洗碗间的工作质量和效率,直接影响厨房生产和出品,洗碗间的位置多靠近厨房,也便于清洗厨房内部使用的配菜盘等用具[6]。

案例 6:"水晶虾仁"中的管理学[7]

上海静安宾馆的水晶虾仁蜚声海内外,数十年盛名不衰。上海数以千计的宾馆、饭店、酒楼,几乎家家都有炒虾仁这一菜肴,何以该宾馆能够一枝独秀?其秘诀在于"管理"二字。

1. 进料管理

该宾馆的水晶虾仁,看起来透明度高、亮度足、大小均匀,尝起来脆度大、弹性足、味道鲜美。这里有加工工艺的原因,也有虾仁原料方面的原因。

该宾馆的虾仁取材于江苏高邮,那里是我国著名的产虾地。每年 6~7 月是捕虾的黄金时节。此时收购鲜虾不仅质佳,而且价廉,如错过这一时机,虾产量锐减,且肉体欠饱满,价格反而上涨。

宾馆就采购鲜虾一事进行过多次讨论。最理想的办法是集中采购,但麻烦随之而来:那么多的虾储藏在哪儿?宾馆领导会同餐饮、财务等部门负责人曾研究过几个方案,最终决定添置一台大型冷藏柜。虽然一次投资极大,但从长远利益来看,宾馆每年还是可以由此节约不少资金,更重要的是保证了作为宾馆传统名菜原材料的质量。

2. 加工管理

该宾馆的水晶虾仁之所以能给宾客以大小均匀的视觉效果,还在于一丝不苟的加工管理。虾仁大致分为大小两种,大的每斤 120 粒,小的 150 粒,有着极其严格的定量标准,小于这一标准的不用。大的用于高档宴请,小的用于零点便席。

虾仁的清洗也有窍门。原来虾仁十分"娇嫩",对水温的要求甚高,水温稍许偏高,虾仁的色泽和口感都会受到影响,即使是 37℃的手伸进水中所引起的水温微弱变化,也可能导致虾仁变色，所以清洗盆内的水中必须放进数块食用冰。冬天，厨师在寒冷彻骨的冰水中浸上数十分种是很不好受的。

水晶虾仁的成败关键更在于上浆，上浆的浓度、时间都有讲究，太早或太迟，一次上浆过多或过少都会严重影响质量。

3. 价格管理

水晶虾仁是该宾馆的看家菜，但价格并不高，这一方面与宾馆集中采购降低进货成本有关，另一方面宾馆执行了一条"看家菜低利出售"的规定，使水晶虾仁这样的名菜在该宾馆并没有以高价销售。在那儿每一菜肴的价格不是某个人讲了算数，餐饮部须对第一道菜实行严格的成本核算，然后报计财部审核，最后经总经理批准后才能出台。水晶虾仁虽是宾馆名菜，但名菜并非盈利"大户"，该宾馆的做法是以名菜带动副菜，以副菜创造效益。

[评析]

静安宾馆的水晶虾仁在上海享誉已久，其成功的经验可归纳为严格的规范，程序化、标准化管理。一家饭店为把餐饮搞上去，往往在名菜名点上寻找突破口，该宾馆走的也是这条常人皆知的道路。但是他们在名菜管理方面下的工夫显然比多数饭店大得多。

据悉，静安宾馆早就成立了一个以总经理为首、由各厨师长和资深厨师组成的菜肴研究小组，定期研究销售情况、客人反映、新菜肴的烹调与推出、成本估算与核算以及各级管理事务，这就是连当地五星级饭店外方总经理宴请贵宾也常去该宾馆品尝水晶虾仁等名菜名点的重要原因。

课外研习：

以个人或 2～4 人的小组为研究单位，通过互联网或其他途径查找资料，进行以下问题的研究，做出研究报告，并编制 PPT 文件，在课堂里进行交流分享。

一、查找一家饭店，研究该饭店的餐厅种类。

二、查找某家饭店有关餐饮服务和烹饪生产（如：自助餐、正餐、酒吧、客房送餐、厨房生产等）的标准工作流程（选取一项即可）。

三、查找一个饭店餐饮服务的案例。

参考文献：

[1] http://q.sohu.com/forum/12/topic/4218478

[2] FACK D.NINEMEIER 著，张俐俐 纪俊超 主译，餐饮经营管理，中国旅游出版社，2002，第 227 页

[3] http://www.baronytxnhotels.com/jddt/jdgs3.html

[4] http://guanli.chinabathing.net/GView_133.shtml

[5] http://www.jiudianxinxi.com/html/200806/28/164423463.htm

[6] http://www.hoteljob.cn/a/20070226/8859217.htm

[7] 王大悟 刘耿大，饭店管理180个案例品析，中国旅游出版社，2007-6

第六讲 康乐、商务中心与商场（Recreation, Business Center and Shops）

6.1 康乐部的服务设施和服务内容

康乐部是饭店的一个对客服务部门。它主要满足客人如下需要：

1. 满足客人体育锻炼——体育锻炼有一般运动与重点运动之分。一般运动指活动筋骨、做操、跑步等；重点运动指各项运动，如举重、骑自行车、打球、锻炼肌肉各种的运动。根据客人需求，饭店开辟专门的健身房、游泳池等设施齐全的场所。

2. 满足客人健美运动——健美是现代文明的心理表现。它表现为体形健美、脸形健美、发形健美。体形健美可以在健身房得以实现，脸形、发形健美标准可在按摩、美容美发过程中加以实现。

3. 满足客人的娱乐需要——顾客在饭店除了住房和就餐外，还希望在住店期间得到娱乐享受。因此，康乐部要在项目上做到丰富多彩，以满足不同客人的娱乐需求，但一定要符合我国国情与法律规定。

6.1.1 康乐部的服务设施

饭店康乐部提供给住店客人、同时也提供本地客人健身和娱乐的服务。它主要有以下一些设施设备：

（1）健身房

健身房提供各类锻炼器材及其他的辅助锻炼器材。拥有合格资质的教练可为客人的锻炼需求制定准确的指导方案。

（2）游泳池

在饭店优雅环境中的游泳池，可为休闲型泳者提供放松娱乐的机会，也适用于更为挑剔的客人健身之用。泳池在冬季有暖气，保持适宜的温度。

（3）SPA

SPA 是人们利用天然的水资源结合沐浴、按摩和香薰来促进新陈代谢，满足人体听觉（疗效音乐）、嗅觉（天然花草薰香）、视觉（自然景观）、味觉（健康餐饮）、触觉（按摩呵护）和冥想（内心放松）等 6 种愉悦感官的基本需求，达到一种身心畅快的享受。

无论何种类型的 SPA，都要有温泉理疗室、专业美疗师和宁静优雅的环境。所有的疗程都离不开水疗，经由水的触摸后，专业美疗师再配合芳香精油进行各种身体按摩，达到通体舒畅、放飞心灵的效果。

SPA 除了基本的清洁皮肤和身体的按摩之外，更强调人与周围环境的互动与契合，真正的 SPA 主要涵盖的四大精神就是：营养、运动、心灵的解放、脸部与全身的保养与调理。

（4）网球

饭店会提供室外球场和灯光球场，并提供水和饮料及毛巾。球场配备发球器，方便客人练球。网球教练为客人开设训练课程，可以为客人度身定制训练计划。

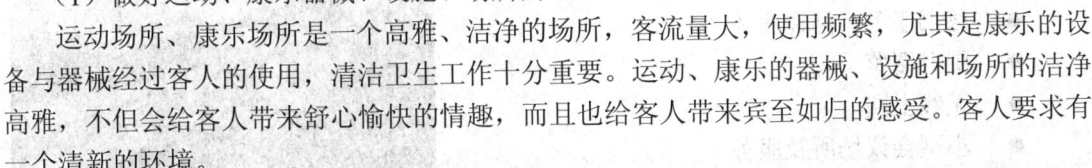

（5）其他

6.1.2 康乐部的服务

康乐部主要要做好以下工作：

（1）做好运动、康乐器械、设施、场所的卫生工作。

运动场所、康乐场所是一个高雅、洁净的场所，客流量大，使用频繁，尤其是康乐的设备与器械经过客人的使用，清洁卫生工作十分重要。运动、康乐的器械、设施和场所的洁净高雅，不但会给客人带来舒心愉快的情趣，而且也给客人带来宾至如归的感受。客人要求有一个清新的环境。

美容室是卫生要求极高的部门。所有的美容设备、美容物品都直接与客人的面部、头部接触，卫生要求十分严格，不仅要表面整洁干净，而且毛巾等用具要经过高温消毒处理。所有美容物品、化妆品都要符合卫生标准，化学成分要达标。

（2）做好娱乐设施、运动器械及其场所的安全保养。

健身运动器械具有"冲撞性"，而且易于损坏，存在着安全问题，潜伏着一定的"危险"性。所以，每天必须在客人使用之前做一次检查，并对设施、运动器械、场地进行安全保养，对存在"不安全"隐患的器械要随时更换。

（3）为客人提供运动技能技巧指导性服务。

娱乐部的健身器械种类较多，有国产的，也有进口的，特别是先进进口设备以及带有电脑显示的体育器材，需要经过服务员提供正确、耐心的指导性服务，以便一些不会使用的客人能正确使用。

案例 1：林先生不来打球了

马来西亚人林先生工作之余常到康乐中心来健身。他喜欢打台球，与服务员都很熟悉，在这里他不仅能与熟人聊聊天，而且台球技艺也在不断长进，每回与对手打球都不相上下，这使得他没有约束感，能体会到竞技的魅力。

某日接待他的是一个刚来不久的实习生。小伙子热情接待林先生，并答应陪打服务，但是在短短一个小时的时间里，小伙子干净利索地以大比分赢了林先生两局，让林先生觉得自己像初学者那样笨拙，他沮丧地提早买了单，并索然无味地离去。

过了一阵子，林先生没有再来打球，听说他经常出入另一家健身房了。

[评析]

本例违反了"以顾客为关注焦点"即"应以增强顾客满意为目的，确保顾客的要求得到确定并予以满足"的服务原则。"陪打服务"这种特殊的服务项目应该因人而异，这是向宾客提供的"个性化"服务。除了应具备娴熟的技艺外，还应具备较强的人际关系处理能力，应该时刻牢记让顾客满意。如果不顾客人需求，只是"以我为主"，站错了立脚点，自然会伤害了顾客，最终还是伤害了宾馆的利益。

6.2 商务中心的服务

商务中心应提供有效的服务来帮助客人处理旅途中商务活动的各种需求。一般商务中心提供如下服务：

- 24小时的服务：传真、复印等
- 提供视听设备
- 移动电话充电等
- 计算机使用
- 秘书服务、翻译服务
- 图书阅览
- 无线上网
- 小型会议场所及服务
- 票务等

案例2：没有发出去的传真[2]

一天早上，南京一家饭店的商务中心刚刚开始工作，一位加拿大籍住店客人满面怒容地走进商务中心，"啪"地一声将一卷纸甩在桌子上，嚷道："我昨天请你们发往美国的传真，对方为什么没有收到？小姐，你想想，要是我的客户因收不到传真，影响同我们签定合同，几十万美元的损失承担？"

接待客人的是上早班的宋小姐。面对怒气冲冲的客人，她从容不迫，态度平静，然而却迅速仔细地审核了给客人发传真的回执单，所有项目显示传真已顺利发到美国了。凭着多年的工作经验，她知道，如果客人的传真对方没有收到，责任不在我店。怎么办呢？当面指责客人？不能！因为客人发现对方没有收到传真来提批评意见，也在情理之中。宋小姐脑子飞快地转动，很快"灵机一动，计上心来"。

只见她诚恳而耐心地对客人说："先生，您且息怒。让我们一起来查查原因。就从这台传真机查起吧。"客人欣然表示同意。宋小姐仔细地向客人解说了这台传真机自动作业的程序，并当场在两部号码不同的传真机上作示范，准确无误地将客人的传真从一台传到另一台上，证明饭店的传真机没有问题。客人比较了两张传真，面色有所缓和，但仍然心存疑虑道："不过，我的那份传真对方确实没有收到呀！"为了彻底消除客人的疑虑，宋小姐主动建议："先生,给美国的传真再发一次,发完后立刻挂长途证实结果,如果确实没有发到,传真、长途均免费,您说好吗?"客人点头同意了。传真发完后,宋小姐立刻为客人接通了美国长途,从客人脸上露出的笑意可以知道:传真收到了!

客人挂完电话,面带愧色地对宋小姐说"小姐,我很抱歉,刚才错怪了你,请你原谅。谢谢你!谢谢你!"宋小姐面带微笑地答道:"没关系,先生,这是我们应该做的。"最后,客人愉快地付了重发的费用,满意而去。

[评析]

本案例中饭店商务中心宋小姐对客人反映传真没有发出去的意外事件,采取了正确的态度和恰当的处理方法,从而取得了使客人满意的结果。首先,宋小姐面对客人上门指责的突发事件,沉着冷静,迅速仔细地审核了传真回执单所有项目无误,确定了责任不在饭店的结论,心里有了底数。其次,宋小姐没有简单地指责客人过失,而是设身处地地站在客人的立场上,充分理解传真拖延客人将损失几十万美元的苦衷,采取了从"我"(饭店传真机)查起的理智做法,使客人乐意接受和配合,有利于搞清问题。最后,宋小姐先后采取了两台传真机当场示范和再发传真并长途证实的合理步骤,打消了客人的疑虑,让客人心服口服,使问题得到圆满的解决。

6.3 商场的服务

饭店的商场也许是饭店自有的,也许是出租给他人的,这要视管理层对商场的潜在盈利能力的估计而定。盈利较丰的商场多半销售价格远远高于成本的商品,比如工艺品、服装和运动用品。而盈利较少的则一般是那些为个人提供服务的商场。座落在偏远地区的饭店,由于当地的社区设施不方便,因而必须开设商场以满足客人的需要。

饭店商场出售的商品类型主要有:

- 便利物品。如个人日用及洗漱用品、药品、照相机附件、香烟糖果等;
- 书籍。如畅销书、流行小说等;
- 礼品。纪念品、有饭店 LOGO 的物品、奢侈品(香水、美味食品、精美瓷器、银器及玻璃器皿等);
- 服装。运动装,也有出售名牌时装;
- 体育用品。如网球拍、钓鱼杆、高尔夫球棍等;
- 其他。如花店等。

拉斯维加斯凯撒皇宫饭店内的专卖店　　　　　　　　饭店内的小卖部

案例3：几声道歉几多缺憾[3]

华中地区某大城市的一家中型宾馆里，住进一个才二十来人的旅游团队。他们来自南美洲，成员都是退休了的蓝领阶层。他们白天游览几个著名景点之后，回到宾馆已是下午5点光景，各自进房梳洗一番，因为离晚餐还有半个小时，于是结伴一起来到商场。

宾馆商场的面积不大，但布置十分豪华，颇具欧洲风格。商品种类不少，且大多有着精美的外包装。南美客人一个个柜台浏览过去，站在柜台内的4名服务员，从他们快速移动脚步这一点判断出：他们没有发现可买的商品。客人很快便走遍了商场，正快快地朝门口走去时，一位口齿伶俐的服务员用英语询问客人是否需要帮助。一位略胖的太太说他们想带几套有关当地名胜的明信片回去，但走遍了商场却没有找到。

"很对不起，"服务员坦诚的告诉客人，"商场里没有明信片出售。"

另一位头发已经花白、颇具绅士风度的客人告诉服务员，他想买几件具有浓郁地方特色的玩具送给孙子、孙女。服务员听后又是一副无可奈何的神色："十分抱歉，我们商场主要出售南方出产的玩具，还有一些香港产的电动玩具……"

"听说这儿木雕工艺水平很高，可是我在商场没有找到，是不是……"这是一位高个子太太提的问题。

"对不起，我们工艺品柜台供应油画、国画以及苏州的刺绣、无锡的泥娃娃、贵州的蜡染服等。"服务员感到阵阵内疚。

南美客人怀着满肚子的无奈，离开了商场。

[评析]

饭店的功能渐趋齐全，旅游客人的吃、住、行、购物、娱乐等活动在饭店里已经能够获得很大程度的满足。近来新建饭店以及更新改造的老饭店一般都把商场建设作为主要项目之一来抓，商场的营业在整个饭店中已占有一定的地位。

本例中的商场，由于不能供应客人所需要的商品而失去了几笔很可观的生意。解决这个问题的关键是把自己的立足点放到客人那一边去。

商场布置得豪华典雅，这是饭店发展的必然，是旅游客人的需求。商场内供应一部分世界品牌商品或国内各地名特产品也是应该的，但是千万不可搞成千人一面。商品无特色是目前饭店商场的通病。客人抵达一处，常有顺便购些当地特产的欲望。本例中的那家商场尽管服务员工作做得很细致，态度主动热情，但终究因为满足不了客人的购物需求而造成服务质量问题。因此，饭店商场在提高服务素质和技能技巧的同时，还必须进行市场调查，专设特色商品柜，让客人购到满意的商品。

课外研习：

以个人或 2~4 人的小组为研究单位，通过互联网或其他途径查找资料，进行以下问题的研究，做出研究报告，并编制 PPT 文件，在课堂里进行交流分享。

一、查找一家饭店，研究该饭店的康乐设施种类。

二、查找某家饭店有关康乐服务、商务中心和商场服务的标准工作流程（选取一项即可）。

三、查找一个饭店康乐服务或商务中心服务或商场服务的案例。

参考文献：

[1] http://www.canyin168.com/glyy/mqfl/200609/1386.html

[2] http://www.shangling.net/files/faq119.htm

[3] http://www.canyin168.com/glyy/qtgl/qtal/200705/6257_2.html

第七讲 市场营销（Marketing）

7.1 故事：市场营销——把产品和服务卖出去！

小王家开了一家经济型小饭店，20个房间，房价50元，双人间，有电视，电热水壶，单体空调，卫生间是楼层公共的。在一条近市中心的马路上的一条弄堂内。附近交通比较便利。

小王想：怎样能让客人知道并来住呢？小王分析了一下，来住的客人一般可能是做着不太大生意的小生意人，或差旅费预算较低的出差人员，或其他有事来此地但经济并不宽裕的人员。这些人一般都会通过汽车或火车到达本市。因此，小王请了一位下岗女工专门在火车站出口处吆喝招徕刚到本市的旅客，小王关照此销售人员必须要跟客人介绍他的饭店的价格便宜和交通方便的好处。这样慢慢地客人多了起来，小王知道招徕到一个新客人是不易的，所以对上门的客人服务很尽心，虽然店小、设施简单，但始终保持整洁干净，各种设备完好，接待人员服务热情，处处为客人着想，并且在每一位客人结账时发一张印有联系电话的名片，希望他们下次再来。慢慢地，小王饭店有了不少回头客，保持了相当稳定的出租率和收入。

根据上述故事，我们来分析一下小王为了把房间卖出去，做了哪些事：

1. 产品：小王家开了一家经济型小饭店，20个房间，房价50元，双人间，有电视，电热水壶，单体空调，卫生间是楼层公共的。在一条近市中心的马路上的一条弄堂内。附近交通比较便利。

2. 客户是谁（细分市场）：来住的客人一般可能是做着不太大生意的小生意人，或差旅费预算较低的出差人员，或其他有事来此地但经济并不宽裕的人员。

3. 到哪里去找他们（渠道）：这些人一般都会通过汽车或火车到达本市。因此，小王请了一位下岗女工专门在火车站出口处吆喝招徕刚到本市的旅客。

4. 宣传促销：小王关照此销售人员必须要跟客人介绍他的饭店的价格便宜和交通方便的好处。

5. 服务质量保证：这样慢慢地客人多了起来，小王知道招徕到一个新客人是不易的，所以对上门的客人服务很尽心，虽然店小、设施简单，但始终保持整洁干净，各种设备完好，接待人员服务热情，处处为客人着想。

6. 维护客户关系：在每一位客人结账时发一张印有联系电话的名片，希望他们下次再来。慢慢地小王饭店有了不少回头客，保持了相当稳定的出租率和收入。

所以，根据上述故事及分析，我们可以列出市场营销的主要工作。如下图：

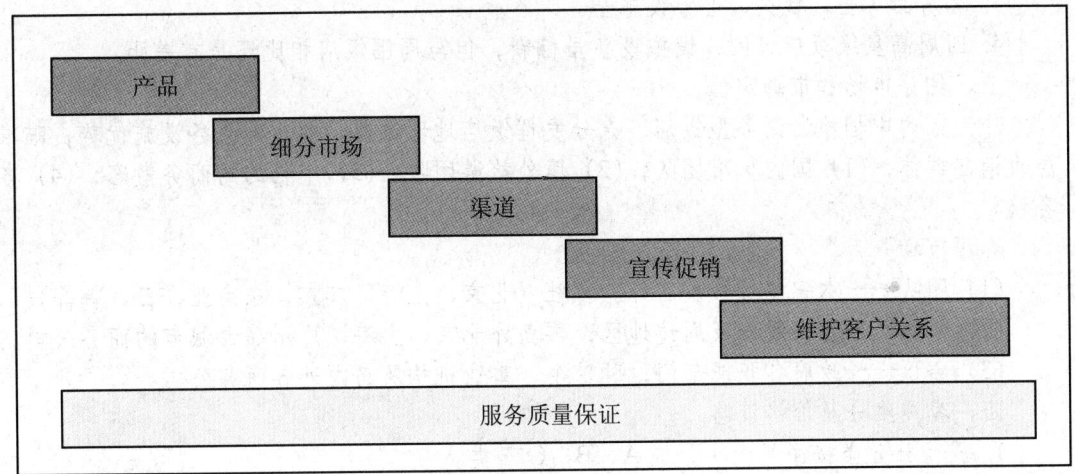

市场营销工作可以由产品、细分市场、销售渠道、宣传促销和客户关系维护等方面组成，但它们的基础是服务质量保证。在小王饭店的故事中，小王通过以上几个环节的工作，取得了销售的成功。

7.2 案例：一家饭店的市场计划[1]

这是一家位于海南省三亚市的饭店，以下是该饭店做的市场计划。主要内容有：
(1) 市场形势
(2) 竞争优、劣势
(3) 细分市场和市场定位
(4) 客户细分及价格策略
(5) 1、3、4、11、12月份的价格策略和工作重点
(6) 黄金周（2、5、10月）的价格策略和工作重点
(7) 平季（7、8月）的价格策略和工作重点
(8) 淡季（6、9月）的价格策略和工作重点
(9) 全年营业收入预算
(10) 市场推广方法

一、市场形势
1. 2001年全市饭店客房10000余间，预计今年还会增加1~2个饭店相继开业。
2. 竞争形势会相当激烈，"僧多粥少"的现象不会有明显改善，削价竞争仍会持续。
3. 今年与本店竞争团队市场的饭店有：×××。
4. 与本店竞争散客市场的饭店有：×××。
5. 预测：新饭店相继开业，团队竞争更加激烈，散客市场仍保持平衡，会议市场潜力很大。

二、竞争优、劣势
1. 三星级饭店地理位置好。
2. 老三星饭店知名度高。

3. 客房品种全，餐饮、会务设施全。

4. 四周高星级饭店包围，设施设备虽翻新，但与周围饭店相比还是有差距。

三、细分市场和市场定位

作为市内中档旅游商务型饭店，充分发挥饭店地理位置、餐饮、会务设施优势，瞄准中层次消费群体：(1) 国内标准团队；(2) 境外旅游团队；(3) 中档的的商务散客；(4) 各类会议。

客源市场分为：

(1) 团队——本省旅行社及岛外旅行社（北京、上海、广东、东南亚、日、韩等）。

(2) 散客——首先海口及周边地区，再岛外北京、上海、广州等大城市的商务公司。

(3) 会议——政府各职能部门，驻琼企、事业机构及岛内外各商务公司。

四、客户细分及价格策略

1. 旅行社分类按团量大小分成 A、B、C 三类。

　　A 类：省中旅、海王、风之旅、民间、山海国旅、金图旅行社等。

　　B 类：神州旅行社、省职旅、市职旅、天之涯、雁南飞、国航、春秋、东方假期等。

　　C 类：其他。

2. 按不同分类制定不同旅行社团队价格。

　　(1) 稳定 A 类客户，逐步提高 A 类价格。

　　(2) 大力发展 B 类、C 类客户，扩大 B、C 类比例。

3. 确定重点合作的旅行社：省中旅、东方假期、神州、省职旅、山海、海王、风之旅、民间等。

五、1、3、4、11、12 月份的价格策略

每天团队与散客预定比例：6:4，房价：团队价：110 元/间，散客平均价：180 元/间。月平均开房率：90%，即 161 间/日。每日收入：团队为 9666 元，散客为 10948 元。五个月（153 天）总收入：315.3942 万元。月平均 63.0788 万元。

六、1、3、4 月份工作重点

2002 年 1 月份：(1) 加强春节促销方案和春节团、散预订。(2) 加强会务促销，加强商务促销。(3) 加强婚宴促销。

2002 年 3 月份：(1) 加强会务、商务客人促销。(2) 加强婚宴促销。(3) "五一"黄金周——客房销售 3 月中下旬完成促销及接待方案。

2002 年 4 月份：(1) 加强会务、商务客人促销。(2) 加强婚宴促销。(3) 加强对五一节市场调查，制定五一节促销方案和五一节团、散预订。(4) 制定"母亲节"活动方案并促销；母亲节——以"献给母亲的爱"为主题进行餐、房组合销售（5 月第二个星期天）。

七、11、12 月份工作重点

2001 年 11 月、12 月份：(1) 加强对春节市场调查。(2) 加强会务促销。(3) 加强商务促销和协议签订。(4) 加强婚宴促销。

八、黄金周（10 月份）价格策略

"十一"黄金周：全部七天。

(1) 2、3、4、5 日，团队:散客=6:4，房价：团队为 160 元/间，散客为 280 元/间。开房率：95%，即 170 间/日，每日收入：团队为 16320 元，散客为 19040 元。

(2) 1、6 日，团:散=7:3，房价：团队为 120 元/间，散客为 220 元/间。开房率：90%，即 161 间/日，每日收入：团队为 13524 元，散客为 10626 元。

(3) 7日，团队:散客=7:3，房价：团队为 100 元/间（含双早），散客为 160 元/间。开房率：80%，即 143 间/日，每日收入：团队为 10010 元，散客为 6864 元。

(4) 黄金周收入：20.67 万元。

当月余下 24 日收入：49.4736 万元，预定比例：团:散=6:4。房价：团队价为 100 元/间，散客平均价为 170 元/间。开房率：90%，即 161 间/日，每日收入：团队为 9666 元，散客为 10948 元。

本月总收入 69.4736 万元。

九、10月工作重点

(1) 加强会议促销。(2) 加强婚宴促销。(3) 加强商务促销和协议签订。(4) 同餐饮部拟定圣诞节促销方案。圣诞节——圣诞大餐。10月上旬餐饮部、销售部完成制作圣诞菜单、广告宣传促销及抽奖游戏设计方案及环境布置方案。

十、黄金周（2月）的价格策略

春节黄金周：

(1) 2、3、4、5日，团:散=5:5，房价：团队为 180 元/间，散客为 280 元/间
　　开房率：98%，即 175 间/日，每日收入：团队为 15750 元，散客为 24500 元

(2) 1、6日，团:散=6:4，房价：团队为 150 元/间，散客为 220 元/间
　　开房率：92%，即 165 间/日，每日收入：团队为 14850 元，散客为 14520 元

(3) 7日，团:散=7:3，房价：团队为 100 元/间（含双早），散客为 160 元/间
　　开房率：80%，即 143 间/日，每日收入：团队为 10010 元，散客为 6864 元

(4) 黄金周收入：23.6614 万元
　　当月余下日收入：43.2894 万元（21天），预定比例：团:散=6:4，房价：团队为 100 元/间，散客平均价为 170 元/间。开房率：90%，即 161 间/日，每日收入：团队为 9666 元，散客为 10948 元
　　本月总收入：66.9508 万元

十一、黄金周（2月）的工作重点

(1) 加强会议促销。(2) 加强婚宴促销。(3) 加强"三八节"活动促销。

十二、黄金周（5月）的价格策略

五一黄金周：

(1) 2、3、4、5日，团:散=6:4，房价：团队为 150 元/间，散客为 260 元/间；开房率：90%，即 161 间/日，每日收入：团队为 14490 元，散客为 16744 元

(2) 1、6日，团:散=7:3，房价：团队为 120 元/间，散客为 220 元/间；开房率：90%，即 161 间/日，每日收入：团队为 13524 元，散客为 10626 元

(3) 7日，团:散=7:3，房价：团队为 110 元/间（含双早），散客为 160 元/间；开房率：80%，即 143 间/日，每日收入：团队为 11011 元，散客为 6864 元

(4) 黄金周收入：19.1111 万元

当月余下日 24 天收入：49.4736 万元，预订比例：团:散=6:4，房价：团队为 100 元/间，散客平均价为 170 元/间；开房率：90%，即 161 间/日，每日收入：团队为 9666 元，散客为 10948 元

本月总收入：68.5847 万元

十三、黄金周（5月）的工作重点

(1) 加强对 6 月份市场调查，"六一"儿童节——以"享受亲情，欢乐无限"为主题推

出儿童欢乐节,进行餐饮娱乐组合销售。父亲节——以"父亲也需要关怀"为主题进行餐、房组合销售（6月第三个星期天）。(2) 加强"六一"儿童节、父亲节活动促销。(3) 加强商务促销。

十四、平季：7、8月份的价格策略

预定比例：团：散=7:3，房价：团队为90元/间，散客平均价为160元/间；开房率：85%，即152间/日；每日收入：团队为9576元，散客为7296元；两个月总（62天）收入：104.6064万元，月平均：52.3032万元。

十五、平季：7、8月份的工作重点

7月份：(1) 加强暑期师生活动促销，加强商务散客促销。(2) 制定"学生谢师宴"方案、中秋节活动方案和促销——7月中旬餐饮部完成菜谱方案、销售部完成广告宣传促销方案。(3) 中秋节——月饼促销，7月中下旬餐饮部完成制作方案、销售部完成广告宣传促销方案、各项工作逐步开展。

8月份：(1) 加强暑期师生活动促销，加强"学生谢师宴"促销。(2) 加强商务散客促销，制定9月份团、散用房与月饼奖励促销方案。(3) 国庆节客房、节后婚宴——8月下旬餐饮部完成制作圣诞菜单方案，餐饮、销售部完成接待及促销方案。

十六、淡季：6、9月份的价格策略

预定比例：团：散=7:3，房价：团队价为80元/间，散平均价为150元/间；总开房率：70%，即125间/日；每日收入：团队为7000元，散客为5625元；两个月总（60天）收入：75.75万元，月平均：37.875万元。

十七、淡季：6、9月份的工作重点

6月份：(1) 加强对"高考房"市场调查。(2) 加强暑期师生活动促销。(3) 加强商务促销。

9月份：(1) 加强会务促销。(2) 加强商务促销。(3) 加强对国庆节市场调查，制定国庆节促销方案和国庆节的团、散预订。(4) 制定"圣诞"活动方案。

十八、全年营业收入预算

年平均开房率：86.065%；每日可供租房数：179间；计划每日出租房数：154间（其中：团队96间/日，散客58间/日）；平均房价：团队为100元/间，散客为165.8元/间；每天收入：团队为0.96万元，散客为0.9617万元；会务设施和其他代理收入：18.5703万元；总计：699.33万元。

十九、市场推广方法

准确的定位、合理的房价、良好的合作信誉都具备后，信息输出（宣传促销）是关键。饭店销售在广告宣传上不可能像做日用品，大量投放媒体广告，即使有也是小范围内。在开业初期，人员促销是最主要的手段，所以人员定期回访是最重要的。

1. 销售部

旅行社客源

(1) 把价格做杠杆，在旺季追求利润最大化，在淡季时追求高的出租率，吸引各社团队。

(2) 稳住本岛的主要大社、走出去寻访广东、上海、北京各地的旅行社和国内主要游览地的旅行社合作，力争为指定饭店。主要是岛内旅行社，他们的客源是饭店的生存基本客源。旅行社客源市场的开发，主要以价格为杠杆，接待好各社的老总，保证节日用房。在同等的价格或稍高的价格的情况下保证较高的开房率，必须对计调部人员进行公关。

(3) 积极寻找港澳各地旅行社合作和其他地区旅行社团体客源。

（4）推出"年价团队房"（一年一个价）。
（5）为扩大餐饮消费，团队要求含早餐、正餐。
（6）加强日本团、韩国团、会议等促销。

会务客源促销
（1）促销时间：上半年1～4月，下半年10～12月。
（2）促销对象：(a) 政府各职能部门，(b) 本地商务公司，(c) 岛外商务公司。
（3）以本岛企业单位和建立岛外饭店联盟对接会务、散客。
（4）建全代理制，组织省内外会务客源。策划一些企业经济类的学术研讨、培训班会议和事业单位的会议。

散客客源
散团比例的提高是根本途径。开拓散客市场，重点是海口市场，其次是岛内其他县市，从战略方向上来讲最后的重点移向岛外，广东、上海和北京等地。
（1）参加行业的连锁服务网，加强与各企事业单位的联系，稳定现有客户，大力开发新客户，本地市场客户要逐一登门拜访。
（2）针对散客，客房、餐饮捆绑销售，客户在饭店住房，可同时在餐饮、娱乐方面享受不同程度的优惠。
（3）根据不同客人的需要，设计多种套餐（包价），含客房、餐饮。
（4）大力发展长住客户；制定内部员工合理的客房提成奖励制度。
（5）扩大司机拉客量，对出租车司机的促销。建全中介差价规定和订房差价提差方法。
（6）开辟网上订房，加强网络促销，扩大网络订房中心的订房。

2. 餐饮部
（1）增加品种和特色菜，降低价格，提高质量。
（2）举办"美食节"、中西餐培训班。
（3）根据节庆推出相应的团圆宴、长寿宴、婚庆宴等。
（4）开展有奖销售活动，如福寿宴、良缘宴、赠送客房，或免费接送及小礼品、鲜花赠送和在报刊祝贺广告、电视台、电台送歌活动。
（5）增加旅行社指定用餐、给导游折扣，增加团队自点餐和风味餐消费（每天前台都给餐饮提供一份导游姓名和房号单，以便销售部和餐饮部联系）。

3. 外部宣传和促销
（1）岛内外新闻媒体的全面合作，除正常的广告播放和栏目的合作外，同时抓住时机策划和炒作一些临时性的新闻报道宣传，提高饭店的知名度和美誉度。
（2）交通工具上的宣传。如飞机上的介绍和代理订房业务，海口、三亚豪华巴士的宣传和代理订房业务。
（3）人员促销、交易会促销、信函促销，通过旅行社宣传、电子邮件、其他媒体等。通过以上方法和其他宣传促销宣传网，把客人吸引进来。

4. 内部消费链建立
建立内部宣传网，通过内部交叉宣传网将内部各营业部介绍给客人：
- 饭店大厅——制作总体设施灯箱和图片介绍饭店的基本设施情况。
- 电梯——图文并茂的宣传广告。
- 客房——图文并茂的服务指南，各项设施的介绍图片、计费方法、电视节目、菜谱（含图片），饭店的背景资料和名人来访图片资料及企业文化、饭店位置图、各项交通设施和旅游景点的介绍、相应的地方风土人情等。
- 餐厅、酒吧和娱乐场所——放置张贴饭店其他营业场所的产品介绍宣传广告。
- 电视——在整点插播饭店介绍专题片。

5. 提高回头率

通过促销，把客人引进来，留住客人。提高回头率是最关键所在，只有让客人满意，才能留住客人，提高回头率，保证相对稳定和较高的开房率。留住客人的手段除了硬件配套外，还有软件，即服务。推行"住房消费积分卡"，采用赠送和让利的促销手段：消费达到一定的金额或住房，享受赠送房，凭此卡享受优惠折扣，住房达到一定数量后，凭卡可申请VIP金、银卡，赠送娱乐消费。

这是一个比较完整的市场营销方案，通过这个案例，我们可以看到饭店市场营销工作的全貌。它包括对饭店所处的市场环境的分析，如经济宏观形势、行业形势、竞争对手情况、自己的优劣势等分析，然后确定本饭店的细分市场，再具体到专攻的客户群。针对这些客户群，饭店在一年的不同时期应采取的价格策略及不同客户群的比例分配。作为一个市场营销计划，这个方案还制定了为了完成这些销售任务在不同时期应采取的销售推广策略，以及内部人员的激励方案等等。

案例1："39度酒吧"成功的商函营销[2]

"39度酒吧"是安徽合肥快乐老家集团下属的一个娱乐品牌。2005年8月，"快乐老家"正式进入芜湖地区的娱乐市场。刚进驻芜湖不久，芜湖市商函分局就主动与之联系，上门营销，经过努力，促成了在开业时投放DM邮送广告的业务。这是芜湖市商函分局和快乐老家的首次合作。为后期"39度酒吧"商函业务的促成奠定了良好的基础。由于首次良好的合作，客户对于芜湖市商函分局有了良好的印象。在此期间，客户经理在与客户的接触中得知，客户经营的快乐老家飚歌城中还经营着一个在芜湖地区颇具档次和规模的集团附属消费品牌：baby face音乐酒吧。但在先期营业过程中发现该酒吧的经营位置不好，一般消费者甚至客户内部工作人员有时都很难找到，给经营造成了一定的影响。该客户已决定关闭原有经营地点，并寻找一个新的场所重打锣鼓新开张。通过先期和客户的良好合作以及对于客户产品的一定理解，在得知此信息后，商函分局的客户经理敏锐地察觉到了这里面的商机，适时地向客户推荐了邮政数据库营销方案。由于前面的成功合作，善于接受新事物的客户在认真研究后接受了此项建议，决定新推出的"39度酒吧"在开业时，不做其他任何广告，只采用商函数据库营销的方式进行市场推广。开业是否"大吉"，决定着商函分局今后的合作机会。在得到了客户的充分信任和授权后，背水一战的商函分局开始了此次的商函策划活动。

第一步：目标消费群体分析。首先针对客户的竞争态势以及产品特点进行了细致的市场分析，以判定客户的目标市场人群特征。"39度酒吧"选定的店址位于芜湖市区核心商业圈内，其地域特点决定了这里各种娱乐消费场所云集，日均人流量大，人流逗留时间较长，各种联动消费也较多，消费人群可选择消费的余地也很大。所以其行业本身的竞争压力是相当大的。

在"39度酒吧"店址不到1.5公里消费半径内，就有十多家大小不一的各类型酒吧。其规模大小以及经营特色各不相同。如何从众多酒吧中脱颖而出，吸引消费者的目光，成为整个策划活动的首要问题。为了更深入地了解客户的产品需求对象，在与客户进行认真的分析沟通，并借助外界专业资料的分析后发现："39度酒吧"主要是以经营各种中外高档酒水为主，并主推一种世界知名品牌的酒水。其人均消费水平每次约在100~200元之间，其主推产品价位也在近400元左右。其另一个经营特色是酒吧场所本身也是一个中小型慢摇吧"的厅",消费者在品酒同时还可以跟随着音乐尽情地摇摆,放松身心,并可以欣赏调酒师行云流水般的调酒表演。据此,潜在目标消费者应具有如下主要消费心理:感受西洋小资情调的、每天高压力工作状态下需要宣泄内在压力的、实际社交需要等。由此,客户的目标消费者的特征可归纳成:

- 年龄层次在20～40岁之间;
- 整体具有一定经济实力(城市白领阶层和中产阶层);
- 部分人群具有良好教育背景;
- 对新生事物有比较大的好奇心。

通过对于潜在消费人群需求的细致分析,为下一步的内件设计和名址选择提供了有力的参考依据。

第二步:内件设计思路。依据对"39度酒吧"潜在消费人群的深层次分析,结合潜在消费人群的年龄层次、职业背景、受教育背景、审美习惯等综合因素,选定了邮筒式商函样式。将主色调定为暗红色,以营造39度音乐酒吧略带沉稳的神秘感。特殊设计的异形刀版打破了一般邮筒的传统模式,更加有利于吸引潜在消费人群的眼球注意力,增加了在邮件传递过程中的阅读率,提升收件人阅读的兴趣。为了减少目标人群对于酒吧的传统"灰色"印象,增加"39度酒吧"的品牌健康度和亲和力,在设计宣传主题时设计编写了多套宣传主题方案。结合受众和酒吧的特点最终选择了"2006用音乐打动你 39度音乐酒吧"为邮件主标题,并配以:"我要放松,不要放纵;我要更大的舞台,不要疯狂DISCO过后的空虚"等副标题以诠释邮件主题。以期望引导潜在人群的潜在消费欲望。通过和客户的积极沟通,设置了凭邮件免费赠送百威啤酒一支或鸡尾酒一款;开业期间凡购买1000元贵宾卡当场赠送价值380元的世界知名酒水一瓶等诱因。这样的多层诱因设置可以保证不同层次的消费人群参与。

第三步:名址选定。名址是此次策划的核心所在,是整个执行活动中的最重要环节。为了提供最适合、最优质、最有效的数据。后台名址部门根据前期客户群特征提供了各类备选数据。在依据目标消费者特征选取数据的同时,还从酒吧产品的联动产业以及收件人背景等多方面因素进行分析筛选。以期望扩大有效宣传面,达到预期宣传效果。例如:和酒吧文化不可分割的其他关联性服务行业(饭店、高档浴场等);电视、报社、电台、广告等相关行业从业人员,这类人的特点是日常接触人群广,对新生事物的接受程度高,口碑传播率较高。根据客户的目标消费者的特征主要选取了以下数据:

- 芜湖市开发区、重点工业园区企业中高级管理人员;
- 芜湖地区大中型私企业主;
- 芜湖地区广告公司、装饰公司主要负责人;
- 芜湖地区金融保险人员;
- 芜湖地区通信行业从业人员;
- 芜湖地区电视、报社、电台等传媒人员;
- 芜湖地区洗浴、酒楼等服务业主要负责人;
- 酒吧店址1km以内所有商铺经营者。

投放效果:3月8日,一万份商函如期寄递到客户的目标消费者的手中。3月9日,在没有投放其他任何媒体广告的情况下,只做了一万份商函的"39度酒吧"如期开业。连续一周,酒吧内人头攒动,生意火爆。1000元一张的VIP卡的销售情况也令客户"眉飞色舞"。

案例心得：此次活动策划制作时间很短，客户期望较高。而且原先也没有类似的运作案例。所以在这次活动中也尝试了一些新的方式方法，并且也得到了一些收获和启发。齐心协力、团队合作团队是有着共同的目标，分工明细的组织。邮政商函业务是一个综合性极强的业务体系，它对于市场分析策划、内件创意设计、数据分析筛选、邮政后台处理监控包括各环节的衔接等多方面都有比较强的业务要求。所以简简单单依靠某一名客户经理的个人能力是很难做到尽善尽美的。此次"39度酒吧"商函业务尝试了小型项目组的运作模式。其主要特点是针对有潜力的商函客户打破了传统商函策划制作流程，在短期内集中了公司内部各流程里的优势资源，以2~3人为项目运作单位。从先期的分析策划、邮件创意到后期的数据选取、后台监控、环节衔接都进行了认真细致的分析讨论和明确的分工协作。由于加强了内部沟通，使得整个团队对于客户产品的理解以及邮件创意的统一达到了高度一致。而传统的商函流程式制作，业务员需要通过客户、名址中心、设计部门、后台制作等前后环节不断沟通衔接。在这期间，往往由于沟通的不畅造成不必要的损失，给业务的发展带来了不利的因素。此次尝试的业务协作模式由于加强了内部沟通，使得沟通效率有了显著提升。而且运行起来也是机动灵活，最主要的是能够将每一个人的专业所长发挥到最大化，把集体作战的强大优势发挥到极致。机动灵活、巧选数据二八定律（也叫巴莱多定律，巴莱多定律是19世纪末意大利经济学家巴莱多发现的。他认为，在任何一组东西中，最重要的只占其中一小部分，约占20%，其余80%尽管是多数，却是次要的，因此又称二八定律）。而我们现有的大量名址资源总量十分丰富，完全可以满足客户大规模的寄发需求，但这些名址普遍缺乏个性化（职务、爱好、年龄等其他广泛的潜在营销信息）。而这些信息可以用于识别某种产品的可能购买者，并决定如何接近目标客户群体。在为"39度酒吧"选取目标数据时，为了保证一定的定向宣传面和合理的反馈率，我们尝试了将经典的二八定律引入名址选定的工作思路中。简单地说就是目标数据名址的大部分（80%）是按照目标消费者的集中特征选取，比如私企业主、高级管理人员等。余下两成是严格按照目标消费者的需求特征精细化、逐个挑选。这里值得一提的其中的几百条数据是从公司各业务部门收集整理的客户名片资料以及由客户经理推荐的有潜在娱乐消费习惯的人群得来的。这样的数据选取方式在现有数据库资源条件下也许是有些无奈。但从这次活动客户反馈效果和实际意义来看，已经达到了预期设计的反馈率效果和宣传目标。

后记：通过这次的合作，不仅锻炼了商函队伍的整体策划和包装能力。同时也提升了芜湖邮政商函广告在业界的品牌形象和知名度。"39度酒吧"商函发寄后不久，就有一芜湖地区高档酒楼主动联系商函分局，指明要求制作类似的商业函件进行产品宣传。

另外给客户设计的1000元VIP卡也采用了会员实名登记制，为日后的酒吧VIP客户维护工作埋下了商函业务的伏笔。目前，在此次成功合作的背景下，商函分局正在为"39度酒吧"策划着下一个档期的宣传方案……

[评析]

这是一个成功的渠道选择和宣传促销案例，商函分局通过为"39度酒吧"正确的市场细分和分析定位，凭借商业信函这一有效的宣传方式及相关技术手段，成功地将"39度酒吧"推广到它的正确的客户群中。

案例2：总机接线员的促销意识[3]

这一年圣诞节前午夜时分，南京古南都饭店总机当班的小李，接到某外资公司一位客人的电话，询问圣诞活动预定事宜，并说曾打电话给另一家饭店，因该店总机接线员告之订票处已经下班，于是便打电话到古南都询问。

小李接到客人的电话，尽管此事并非她直接的工作范围，但是脑海中立即意识到这事关饭店形象，做好咨询服务是自己应尽的责任和义务，处理得当还能促进饭店的圣诞销售。小李是一个有心人，平时已将饭店的圣诞活动安排了解得一清二楚，于是她马上热情、细致地把有关情况向客人一一作了介绍。客人听后非常满意，并表示他们公司将平安夜活动就定在古南都了，若中了奖就送给总机小姐。第二天，他们果然来饭店买了160张欢度"圣诞平安夜"的套票。

[评析]

饭店所倡导的全员营销意识就是要让每一名员工懂得，自己工作的好坏直接关系到饭店的形象、声誉和生命，人人做好自己的本职工作就是在促销饭店产品，并在此基础上有意识地针对顾客需求，推销饭店的产品和服务，通过顾客满意来实现最佳的销售效果。

顾客在饭店消费前和消费过程中，往往不是很了解饭店的产品，这也就是常见的信息不对称现象。饭店员工及时的提前了解，主动向顾客推荐介绍有关的产品和服务，礼貌地将选择权交给顾客，从而使饭店与顾客的信息不对称趋于对称，这才是真正意义上的"全员营销"。

7.3 市场营销的定义

饭店营销是一个系列过程，它包括：进行市场调研，分析消费者情况，确定细分市场和进行市场定位，根据市场定位，制定服务产品的特色，进行合理定价，通过合适的渠道找到消费者，对产品进行促销，以吸引足够的消费者和通过交换使双方的需要都得到满足，从而实现饭店的经营目标。

课外研习：

以个人或 2~4 人的小组为研究单位，通过互联网或其他途径查找资料，进行以下问题的研究，做出研究报告，并编制 PPT 文件，在课堂里进行交流分享。

查找一个饭店市场营销的案例。

参考文献：

[1] http://www.binguan123.com/JiuDian/html/HotelCaseStudy/

[2] http://news.bjhotel.cn/hotelnews/html/J5541/200704/10090139.html

[3] http://www.hoteljob.cn/a/20071102/1246607.shtml

第八讲　人力资源（Human Resources）

8.1　人力资源是干什么的——找到并留住员工

当你进入一家饭店任职时，你将会经历以下过程：

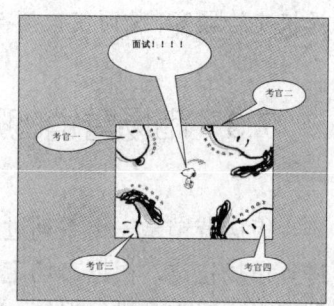

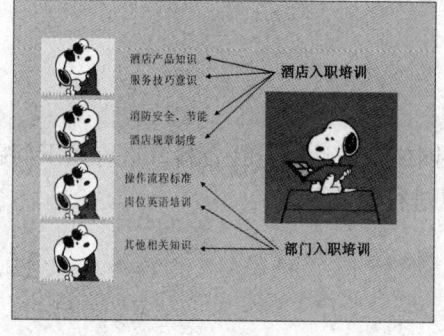

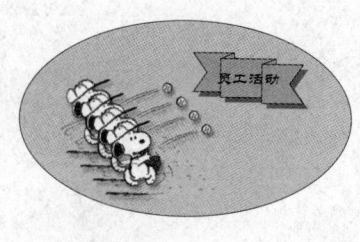
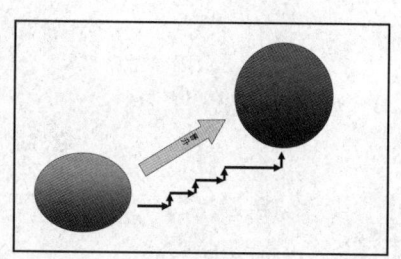

由此，可以大致知道，饭店人力资源部门的基本工作内容是：员工招聘、员工培训和发

展、薪酬福利管理、员工业余活动等。

8.2 人力资源部的工作

客人通过自己所获得的各种服务的质量来衡量饭店的好坏。当服务成为一个企业的主要产品时，员工的态度就变得与员工的能力一样重要了，因为员工的态度也是饭店产品的一个重要组成部分。因此，对客人而言，一个管理良好的饭店应是一个礼貌地提供服务的饭店。客人不仅期望得到专业化、高效率的礼貌服务，而且期望得到更高一层的服务，那就是额外的关心、好客和个性化的服务。饭店的回头客常把热情、好客、友好的服务人员列为他们再次光临的重要原因——尽管一流的设施和环境也很重要。

所以，拥有一批素质优良，忠诚于饭店的员工是一家饭店的核心竞争力重要的组成部分。也正是人力资源部门的重要工作任务。

8.2.1 人力资源管理的理念

例1. 上海波特曼丽嘉饭店提出：We are ladies and gentlemen serving ladies and gentlemen!（让我们的绅士和淑女为绅士和淑女服务!）

饭店将他们的员工当做绅士和淑女来对待，并通过培训将他们培养成绅士和淑女。

例2. 万豪先生的信念——关注员工

"If your Associates are happy, your Customers will be happy and your Customers will come back."（只有我们雇员心情愉快地工作，我们的客人才能愉快地享受服务并且再次光临。）

万豪的核心价值观：服务于我们的客人和员工

- 员工是我们最重要的资产。
- 支持帮助员工个人成长和发展：雇用既懂关心他人也能独立自主，具职业道德可信赖的同事。
- 营造家庭般的友好工作氛围。
- 表扬员工，认可他们的重要功绩。

作为服务业的一个重要特点，面对面的服务是服务产品的一个重要组织部分，即员工素质的高低直接构成产品的质量。而人是有心理活动的，员工保持心情愉快地工作，便成为提供客人享受愉快体验的保证。因此，高度关注员工的发展，将员工的发展当做企业发展的前提和基本条件是饭店人力资源部门及各部门所有管理者的重要工作任务。

8.2.2 人力资源部的工作内容

人力资源管理，就是指运用现代化的科学方法，对与一定物力相结合的人力进行合理的培训、组织和调配，使人力、物力经常保持最佳比例，同时对人的思想、心理和行为进行恰当的诱导、控制和协调，充分发挥人的主观能动性，使人尽其才，事得其人，人事相宜，以实现组织目标。

人力资源需要通过的获取、整合、保持激励、控制调整及开发的过程，起到求才、用才、育才、激才、留才等效果。

人力资源部的工作，简要地说包括以下几个方面：招聘、培训、工资和奖惩管理、员工生产率管理、员工业绩评估和劳资关系处理等。

以下我们用两个有关上海波特曼丽嘉饭店的案例，来解析该饭店为什么会成为"亚洲最佳雇主"饭店的。

案例1：狄高志（Mark-De-Cocinis）　[1]

见到狄高志（Mark-De-Cocinis）时，他拿出了两张名片，代表他正在交替中的两个身份：一张是上海波特曼丽嘉饭店的总经理，另一张是丽嘉饭店有限公司亚太区副总裁。自1999年上任后，上海波特曼丽嘉饭店的业绩直线上升，饭店利润以每年15%的增幅上涨，他个人也得以高升，实现了职业生涯的另一个高峰。

上海波特曼丽嘉饭店成为他最好的履职报告，在过去的四五年间，这间饭店的员工满意度从96%增长到98%，去年更是高达99.9%。狄高志告诉记者，丽嘉正计划进行全面扩张，到2009年，在中国的丽嘉饭店将从现在的2家变成11家；对于丽嘉来说，新一轮扩张最大的挑战，就是"丽嘉式"人才的培养。

但这恰好是他的长项。上海波特曼丽嘉饭店，是上海唯一一家连续三届获得著名人力资源咨询公司翰威特评选的"亚洲最佳雇主"桂冠的饭店。狄高志在谈到饭店成功的关键时直言，优秀的人才是最重要的。而他的员工管理之道，说起来颇为有趣，因为丽嘉一直信奉，将员工培养成绅士淑女。

随身法宝：信条卡

丽嘉人才工程，首先要从高层管理人员着手，这里既包括本土化的管理人员，也包括国外的管理人员。上至总经理，下至每一位员工，每一个加入丽嘉集团的人，他们都将尽快地了解丽嘉"以绅士淑女的态度为绅士淑女忠诚服务"的管理文化和模式。他表示，对于一个成熟的饭店管理集团而言，所谓的扩张，其实就是管理模式的输出。狄高志告诉记者，在波特曼丽嘉工作的每一个员工，都随身携带一张信条卡。说完，他和公关部程雯同时从口袋中掏出了折成便条纸大小的浅黄色信条卡。所不同的是，他的是英文的，而程雯口袋里的是中文的。

在这个员工信条卡里，包括公司的基本信条、员工承诺、座右铭、优良服务的三个步骤、员工基本守则五个部分，其中员工的基本守则是20条。狄高志介绍，学习基本守则中的一条是所有的丽嘉员工的每日功课。当20条学完了之后，再从头学起，周而复始，从不中断，目的是让公司的每一位员工，都将公司的理念深深地印在心中。

狄高志告诉记者，"我们以绅士淑女的态度为绅士淑女忠诚服务"是丽嘉的座右铭。在这句座右铭里，包含两层含义，一是对客户要有绅士淑女的态度，二是员工之间也要有绅士淑女的态度。这已经成为"丽嘉"的管理之道，可以在每一家饭店传承和延续。

150小时的培训

从刚到上海波特曼到现在，狄高志一直坚持面试每一位员工，并且问他们同样的问题：将来的几年里，你希望自己达到怎样的一个水准？他最希望听到的回答是"我希望成为一位主厨"，或者是"我希望成为一位主管"。这样的回答会让狄高志非常兴奋，公司会支持这样的员工进一步在丽嘉饭店发展自己。事实证明，他们往往是进步最快的员工。

他毫不避讳地表示，丽嘉饭店开出的薪水，在整个行业当中是非常高的。因为他们希望有最好的员工，所以给予最好的薪水。不过，金钱并不是绅士淑女们最关注的，他们更希望知道，自己在饭店的未来在哪里？

为了培养这些有想法的绅士淑女，波特曼丽嘉为每一位员工制订了不同的培训课程。既有为新员工安排的入职培训，也有为老员工安排的21天的岗位入职培训、365天培训、3年的培训等。每一位新人入岗的前几天都要进行一个以企业文化为重点的职前培训，另外还包括解决客人投诉等各种专门的培训。平均下来，每个丽嘉员工1年的培训时间长达150个小时。

无论是21天培训还是365天培训，培训的内容基本分成两类：一是饭店反复强调的价值观培训，二是技巧性培训。同时，饭店也非常注意员工在日常工作中的锻炼，把它视为绅士淑女培训的实战演练。程雯告诉我，在丽嘉饭店的每位员工都有的"一流卡"和2000美金的权限。在任何时候，员工可以在"一流卡"上写下你的感谢、道歉、祝福，给你的同事、上级或下级，鼓励员工发现同事的优点。而2000美元则用于对客人服务，比如在发生意外时，为了给客人最好的感受，丽嘉的每一位员工都可以用自己的智慧为他们的客人提供最好、最及时的优良服务，用这笔钱为客人签单或者赠送额外的礼物。狄高志得意地表示，给员工这样的权力，缘自一份尊重，同时信任他会充分为饭店考虑，作出正确的判断，不会乱花一分钱。

为了增强员工的职业技能，波特曼丽嘉还非常重视员工的"内部流动"，如"跨职务培训"和"跨部门培训"等，通过这样的培训，既可以增加员工的职业技能，还可以增强部门间的联系。

PRA考核

经过丽嘉培训的员工，每一位都要接受PRA考核。在波特曼丽嘉，这样的考核一年有两次。考核会给每位员工一个个人目标，根据他们的表现进行评估，使员工按考核的结果和饭店共同发展。

对管理人员和一线员工的考核，标准各不相同。例如公关部，采用的是每周一次的KRA的考核方式，K（Key）是这个周你要完成的最主要的工作，R（Result）是每项主要工作要达到的结果，A（Area）是每项工作完成的截止时间。这样紧凑的考核是为了帮员工及时反省自己的工作，若没有如期完成，就需要分析原因，提出困难和障碍，由上级帮助一起解决。对于长时间不能完成工作的员工，丽嘉会通过"口头通知"、"书面交流"等方式与员工进行沟通，若迟迟不能改进的话，就要考虑工作的流动，甚至是否继续留在丽嘉工作。但这一切，哪怕是中止合同关系，丽嘉都保证是在给予员工最大信任和完整培训的前提下发生，始终体现他们在员工身上坚持的绅士淑女态度。

[评析]人力资源管理是饭店管理的最重要的任务之一。一个成功的总经理首先应该是成功的人力资源管理的身体力行者。丽嘉饭店在国际上被屡屡评为"最佳雇主"，是有其坚实的内部科学管理制度和强大的执行力为基础的。它在人力资源管理上的一系列行之有效的方法和制度真正营造了令员工满意的工作环境，提供了员工个人发展的宽广空间，使员工在为企业贡献的同时，也享受着自己职业生涯发展的快乐。

案例2：万豪饭店：服务于员工[2]

"在这里工作，事业发展机会好大。"万豪国际集团区域人力资源总监（中国·香港）颜洁雯以自己为例，在集团服务14年间，由人力资源经理晋升为区域总监，在多个不同层面历练过。为求突破，她曾毅然接受上司建议，重返饭店干实务，6年间在天津、上海等不同城市替集团开设了5间新饭店，从挑战中拓宽视野，然后更上一层楼。

高层管理人多自内部擢升，是万豪的一个用人特色。

资深员工特别多

华人女性担任饭店集团国际销售区域总监较少见，负责大中华区的吕洁玲年资已届 18 年的工龄。她笑言："工作最紧要开心。集团很照顾 associates（万豪称员工为工作伙伴），我入职时已推行 5 天工作制，比政府快得多。对于前线同事来说，能运用这一天休息充电及家庭同聚非常重要。"要员工服务态度出色，首要善待员工，这是万豪另一信念。在万豪国际集团，资深员工人多势众，三数位高级经理碰面，年资加起来动辄 70~80 年。资深同事多，亦反映出员工流失率低，在转工如衣服换季的今日社会，并非易事。颜洁雯透露："万豪的员工流失率很低，以香港万豪饭店为例，更是低至一个单位数。跟行业平均数相比，有颇大差距。"

凡事遵行 6 大核心价值

所有人力资源架构都是建基于企业文化核心价值，万豪集团的 6 个核心价值分别为：公平、尊重、信任、操守、诚实、关心。颜洁雯说："我们特地找人把它画在走廊上，让所有过路的人都能看见，时刻提醒。"

很多价值都有口号之嫌，但颜洁雯有信心他们是说到做到，就以"最佳员工选举"为例，很多公司都是以管理层的意见作准，但万豪为了尊重公平公正的原则，不惜大花工本，推行一人一票。

一人一票 公投最佳员工

首先是搜罗 Hallmark 感谢卡，放在公用通道上，同事间看到有人做了一件值得表扬的事，可以拿取一张卡，写上赞美欣赏的话送给他（她），同时撕下卡上附有的标识放入票箱，获得最高票数者可自动成为"最佳员工选举"候选人。票箱按工种分为 3 个组别：餐饮、房务、行政。

此外，部门经理亦可提名，每一组最多可以有 5 位候选人。在投票周内，公司会印制正式的选票，置于员工餐厅外，派专人游说，并以抽奖推高投票率，务求人人参与。

为了将公平公正原则贯彻到底，截票后，票箱会交由独立第三者点算，部门自行派人监票。获奖人更可与家属远赴美国总部参观。

培养学习文化

成功有活力的企业，都能紧贴时代脉搏，故万豪规定员工每人每天都有 15 分钟培训，内容由主管负责。平日则提供网上学习，让员工灵活增值，拿取 Passport to Success。

每位主管都需要学懂 15 种重要技巧。每位经理每年均需上足 40 小时培训，鼓励同事自行安排。培训项目针对基层、中层、高层不同的管理及实务需要。每位经理都可争取成为培训导师。

热爱与人沟通分享的吕洁玲，便花了半年时间成为导师，加入集团国际管理培训网络，曾多次飞赴内地及澳洲教授 Navigating Through Change。澳洲那次，饭店刚被万豪接管，忧心忡忡的同事经过两日工作坊后，笑容满面地离开，令吕洁玲有极大满足感。颜洁雯特地补充："每次征用导师，都要机票、假期、食宿等费用。为公平起见，每家饭店每年要为每位培训经理贡献 750 美元。"

新时代对 HR（人力资源）提出了新的要求，颜洁雯的自我提升策略，就是每月出席研讨会，学习国际顶尖 CEO 的管理经验。

今年庆祝 80 周年的万豪国际集团，历来是最佳雇主排名榜的常客，最新荣誉包括：2007 年连续第 10 年获《福布斯》颁发 100 Best Companies to Work For，连续第 8 年获颁 Most Admired Company，获颁翰威特 2007 最佳印度雇主第 3 位。

据其中国及香港区域人力资源总监表示，集团的员工流失率极低，不少人服务满 20 年以上。究竟这家国际饭店管理公司有何招才留才秘密？

偷心绝招

人力资源是一家企业的宝贵资源，万豪国际集团显然对此深有领会，历年为此大花心思：

1. 员工答谢周：每逢 5 月，全球 2800 多家万豪饭店都会同步展开答谢活动，高层下凡，穿起员工制服到前线服务。例如在入口处欢迎大家上班，或者扮大厨招呼员工。

2. 家庭同乐日：饭店视员工为家庭一分子，故开放日会招待员工家属，更会邀请员工子女试穿制服，体验父母日常工作。

3. 伙伴意见调查：每年每位员工皆可透过不记名调查，表达自己对工作情况、工作环境、使用工具、薪酬福利等方面的意见。

4. 沟通无间道：每天 15 分钟的早会，意见直达管理层。部门主管与同事的沟通及管理能力，亦有公开评分。

5. 晋升制度完善：每位经理均需选定 3 位继任人，内部提拔的机会很大。每位新晋升的经理，均可参与 Get on Board 计划，在资深的同级同事带领下熟习工作。

6. 管理人作风亲民：集团董事会主席兼 CEO JW Marriot Jr. 每年都会入住不同国家的万豪饭店，每早 8 点不等经理陪同，便迳自乘电梯探视基层员工，与抹窗阿姐等握手说多谢，深受员工拥戴。

[评析]

这个案例很好地诠释了"万豪的核心价值观：服务于我们的客人和员工"。

课外研习：

以个人或 2~4 人的小组为研究单位，通过互联网或其他途径查找资料，进行以下问题的研究，做出研究报告，并编制 PPT 文件，在课堂里进行交流分享。

查找一个饭店人力资源管理的案例。

参考文献：

[1] http://finance.sina.com.cn/leadership/case/20051027/09282069664.shtml

[2] http://travel.sohu.com/20080403/n256083069.shtml

第九讲 财务（Finance）

财务——资金！利润！

9.1 案例：小王饭店利润的产生

小王饭店本月每天平均率为100%，所以小王饭店本月房租收入为：
  50元/间 ×20间× 30天=30000.00元
小王饭店本月的支出为：
  员工工资：3人×1000.00元= 3000.00元
  水电费：   2000.00元
  物料用品：   1000.00元
  交业主房租：   12000.00元
  税及其他费用： 2000.00元
所以小王饭店每月利润：
30000.00－3000.00－2000.00－1000.00－12000.00－2000.00＝10000.00（元）

对饭店的管理者小王来说，经营活动的最终目的是为了赢利，对饭店的收入、成本费用和利润的核算是饭店经营的重要工作之一。

9.2 饭店的资金运动及经营活动

9.2.1 饭店资金流程图

下面以一个饭店的经营活动的流程来看饭店的资金运动，及通过资金的运动所反映出来的饭店经营情况。

1. 资金的筹集。在一家饭店新建立时，饭店的投资人投入20000万元。同时又向银行借款50000万元。

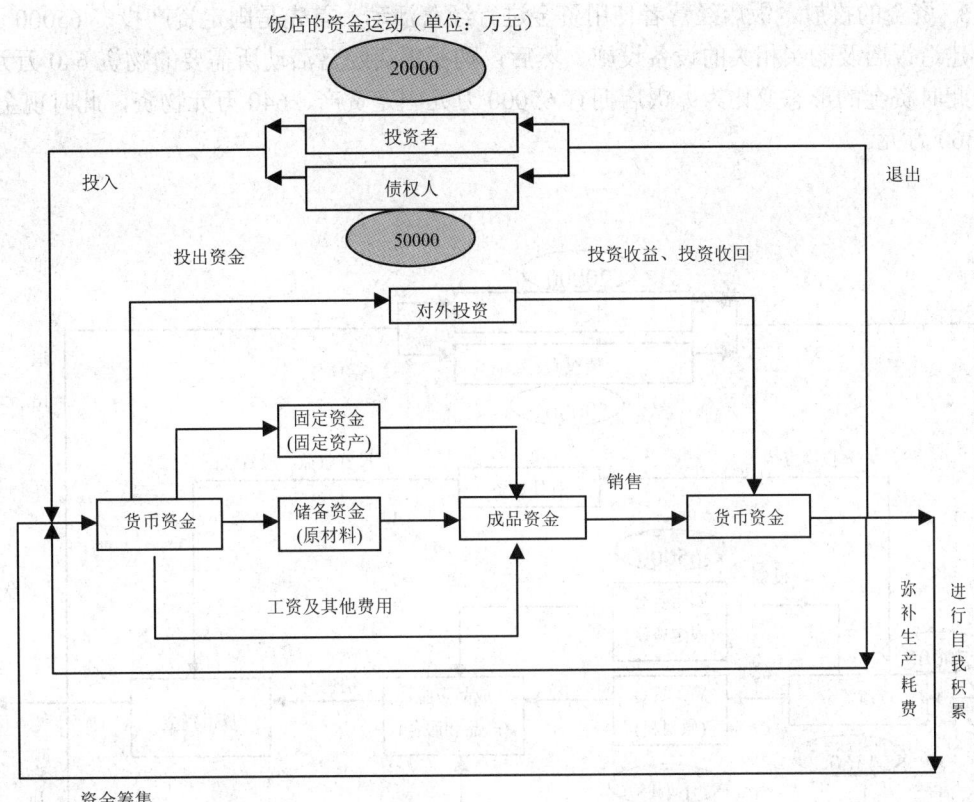

2. 饭店经过筹资，获得了共 70000 万元的资金，目前以货币资金的形式存在于企业中。

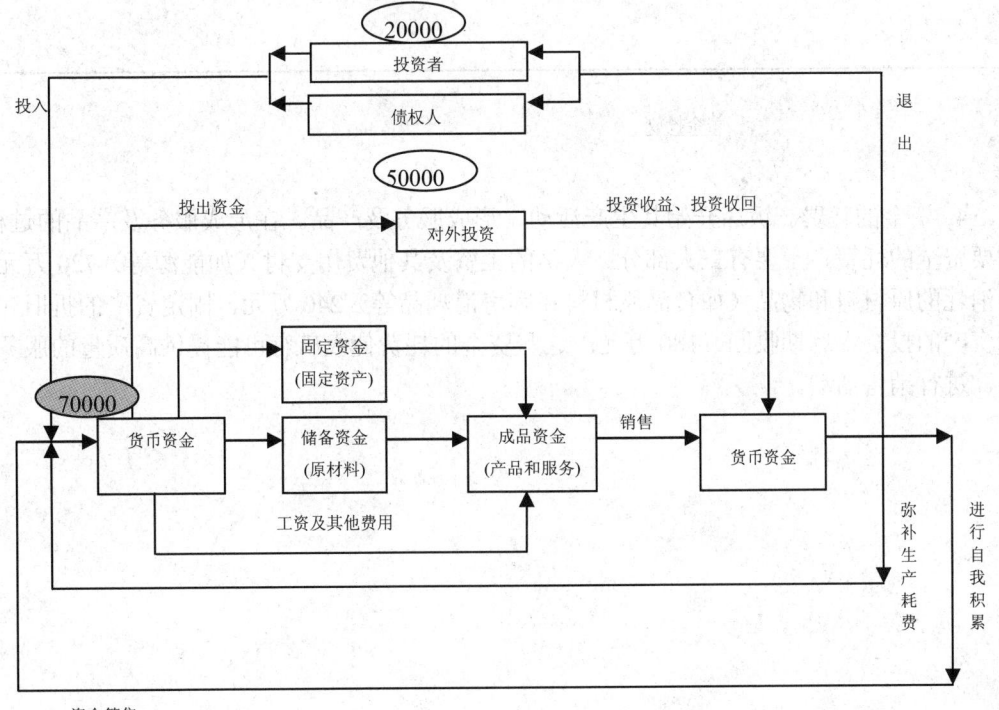

3. 资金的投放。饭店经营者使用资金进行经营活动。首先是固定资产投资65000万元，用于建造饭店及购买相关的设备设施。然后，购买饭店经营活动所需要的物资640万元。

此时资金的形态变化为：饭店拥有65000万元固定资产、640万元物资，此时现金余额为4360万元。

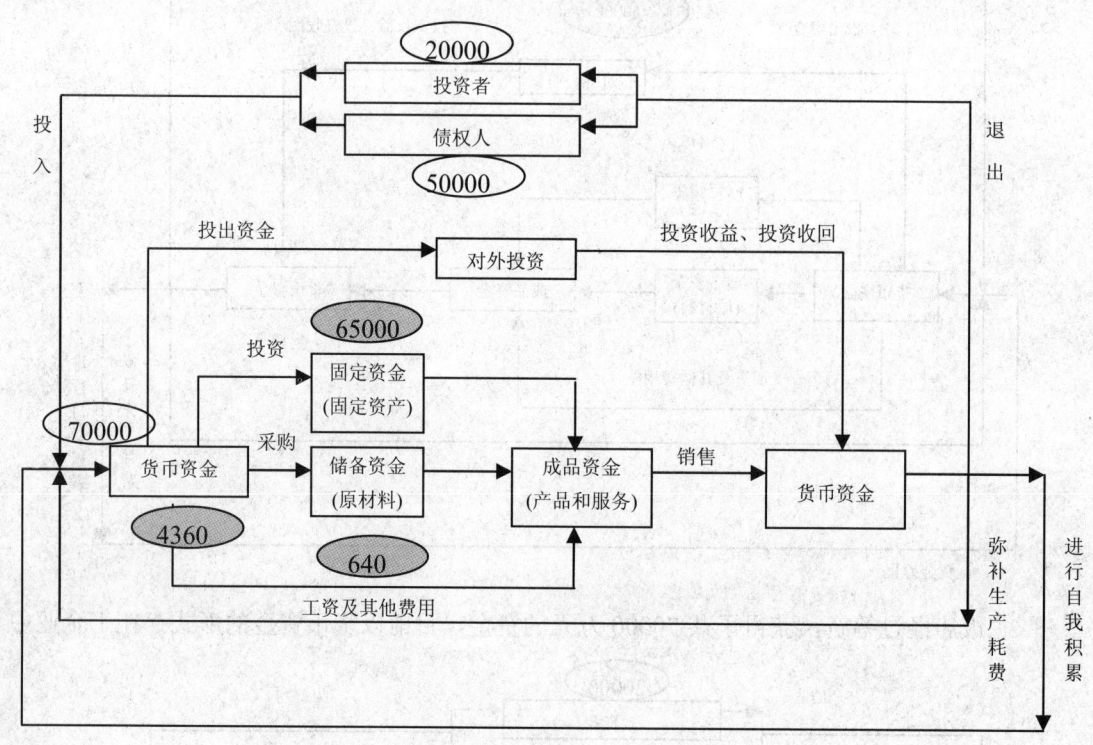

资金投放

4. 资金的耗费。饭店开始其生产活动，形成服务及产品。在形成服务及产品的过程中，需要资金的耗费，主要有三大部分：人员的工资及其他费用支付（如能源等）720万元，直接消耗的原材料和物品（如食品原材料和客房消耗品等）240万元，固定资产的折旧（即固定资产的投资人逐期收回）180万元。这些资金的耗费使饭店有可能提供高质量的服务和产品，进行销售活动。

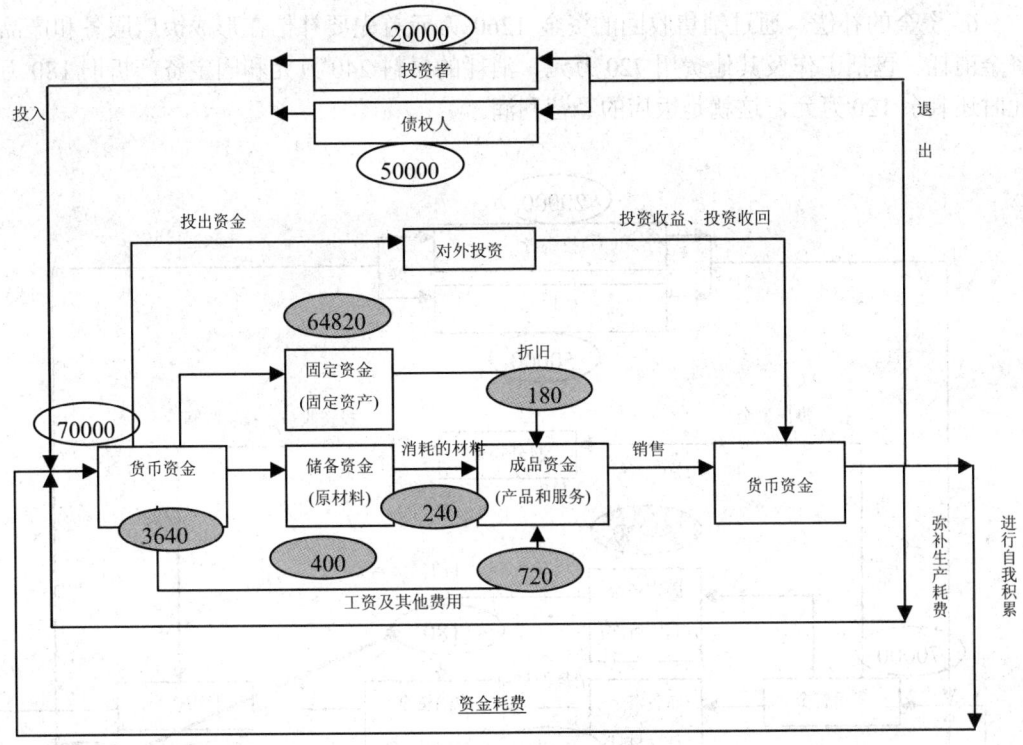

5. 资金的收入。饭店通过销售活动，向客人提供产品和服务，取得销售收入1260万元，资金又重新流入企业。

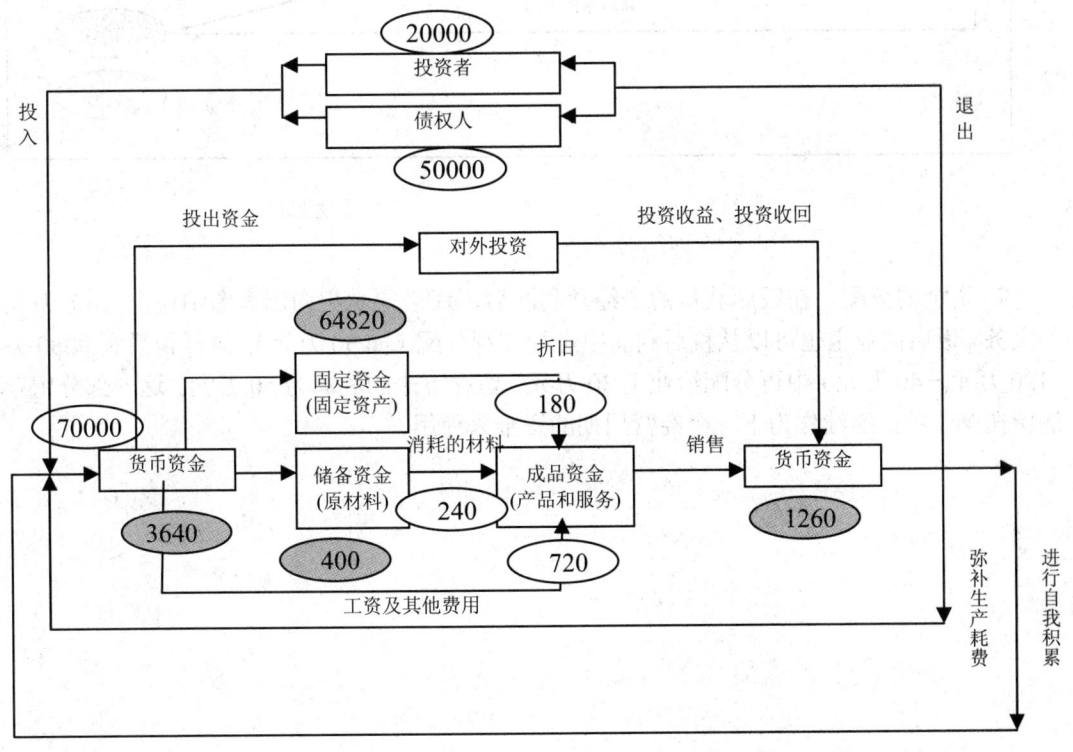

75

6. 资金的补偿。通过销售收回的资金 1260 万元首先要补偿在形成饭店服务和产品时的资金消耗，包括工作及其他费用 720 万元、消耗的材料 240 万元和固定资产折旧 180 万元。此时还剩余 120 万元，这就是饭店的经营利润。

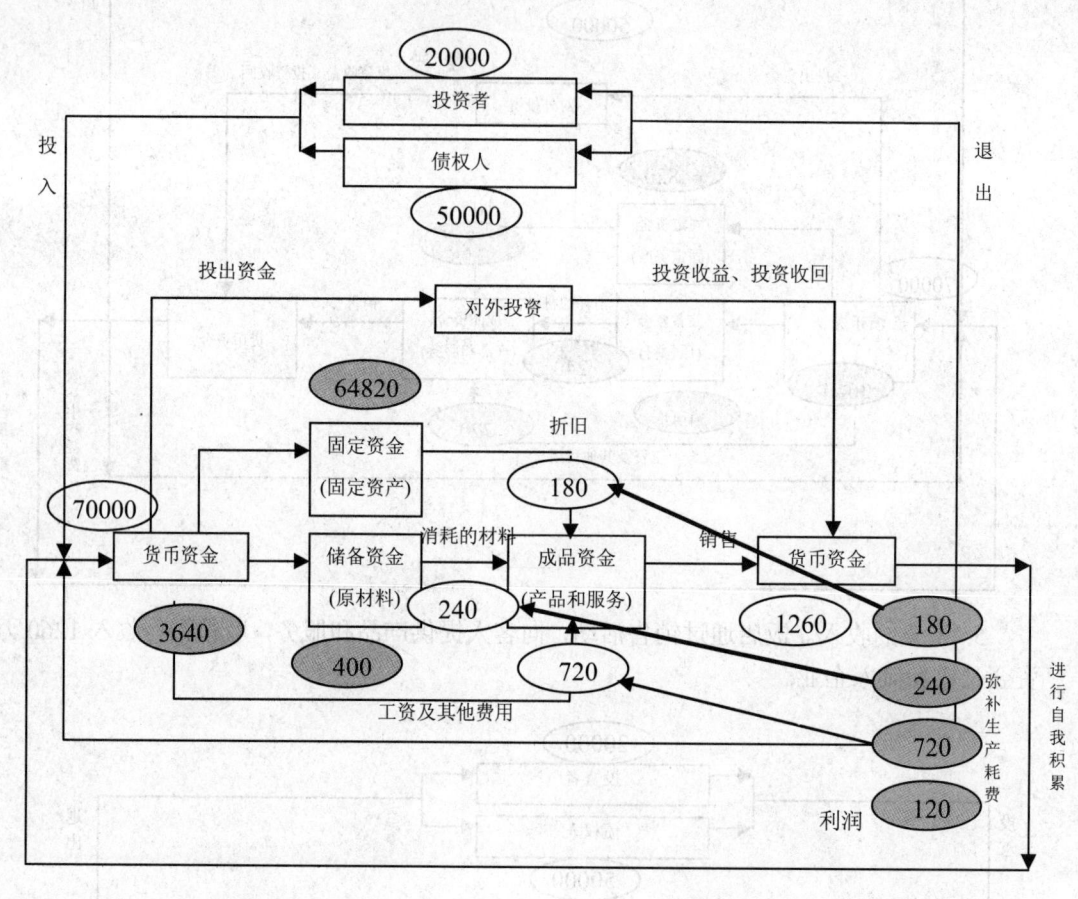

资金补偿

7. 资金的分配。在饭店获得的了经营利润后，还必须承担向国家缴纳税金（40 万元）的义务。饭店的业主也可以从税后利润中进行红利分配（如 30 万元）。这样税后利润 80 万元（120 万元－40 万元）中再分配给业主 30 万元，留存下来的利润为 50 万元。这一部分留存利润留在企业中，继续作为下一个经营周期的资金来使用。

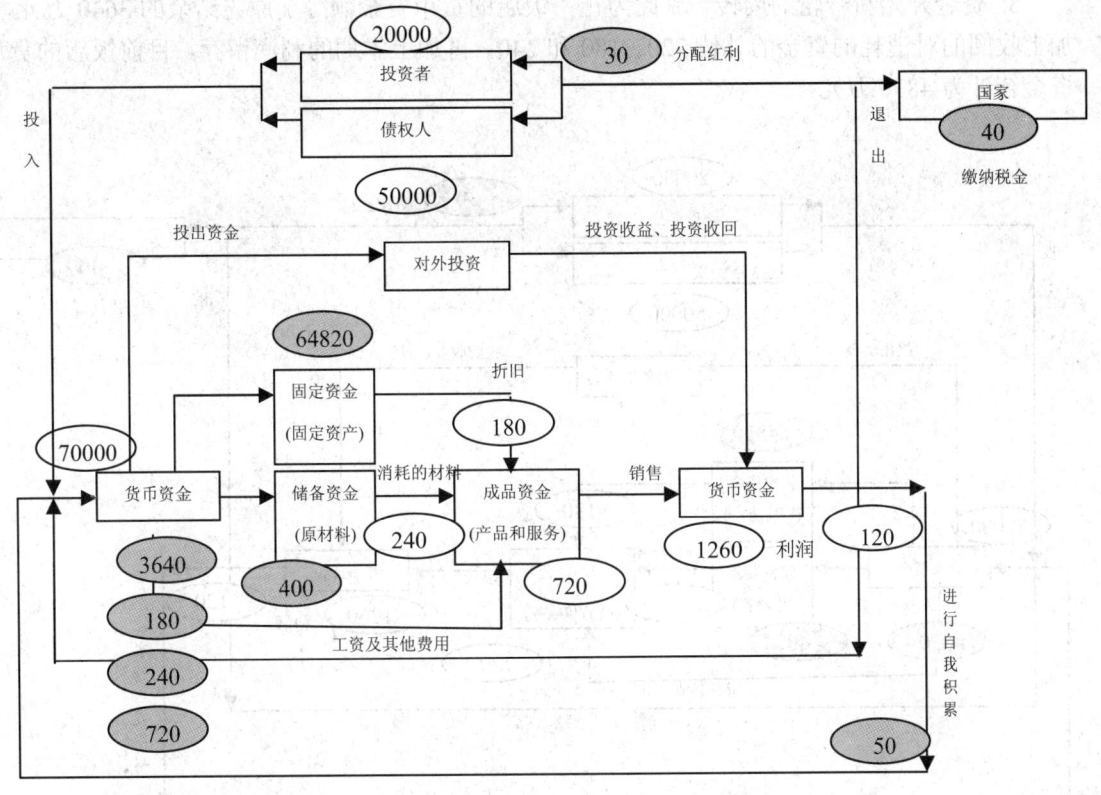

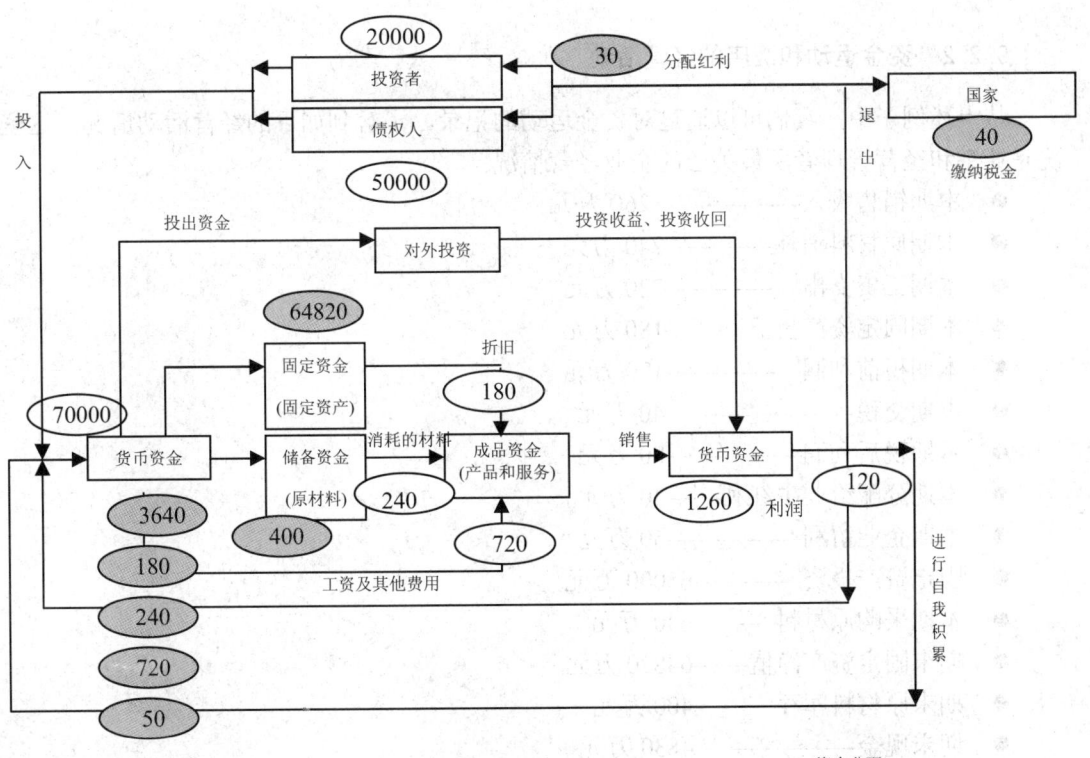

资金分配

8. 资金开始新一轮的周转。到此为止，饭店的货币资金额等于原先结余的 3640 万元，加上收回的对消耗的资金的补偿 720、180 和 240，再加上本期的利润留存，目前饭店的货币资金合计为 4830 万元。

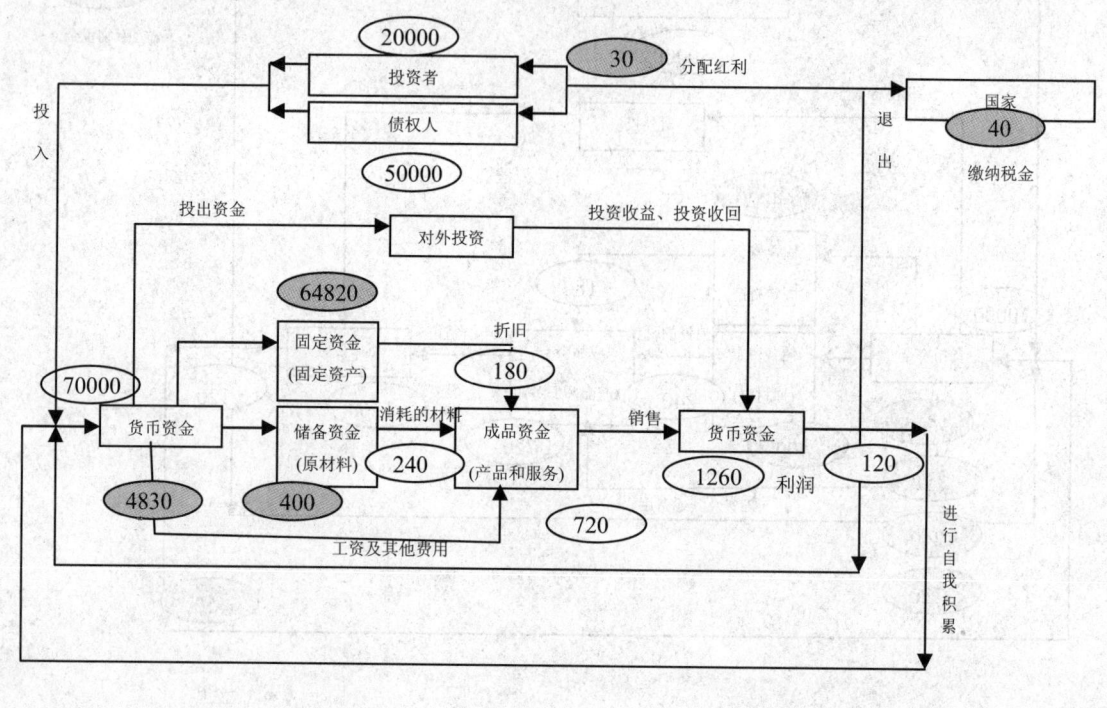

资金分配

9.2.2 资金运动和饭店的经营活动

从上述例子中，我们可以通过对资金运动的记录，了解到如下的经营活动情况，这些情况是业主和经营管理者所最关心的企业经营情况：
- 本期销售收入————1260 万元
- 本期原材料消耗————240 万元
- 本期工资支出————720 万元
- 本期固定资产折旧————180 万元
- 本期税前利润————120 万元
- 本期交税————40 万元
- 本期税后利润————80 万元
- 本期分配给业主红利————30 万元
- 本期企业留利————50 万元
- 固定资产投资————65000 万元
- 本期采购原材料————640 万元
- 期末固定资产净值————64820 万元
- 期末原材料库存————400 万元
- 期末现金————4830 万元

- 业主投资————————20000 万元
- 借债——————————50000 万元
- 本期分配给业主红利 ——30 万元

9.3　饭店的收入、成本和利润

饭店的收入、成本和利润是饭店在日常经营活动中管理层，投资者及企业的其他相关人士最关心的企业运营信息，从上面的对资金运动的记录中，我们可以得到如下信息：

- 本期销售收入——————1260 万元
- 本期原材料消耗—————240 万元
- 本期工资支出——————720 万元
- 本期固定资产折旧————180 万元
- 本期税前利润——————120 万元
- 本期交税—————————40 万元
- 本期税后利润——————80 万元
- 本期分配给业主红利———30 万元
- 本期企业留利——————50 万元

9.4　财务部的基本职能和主要工作内容

饭店财务部的基本职能是：对业务状况做出最新、最准确的记录，制作各种财务报表供总经理及其他管理人员进行业务决策及确定饭店方针政策，为管理者们进行有效管理提供充分的财务信息反馈和指导；

饭店财务工作不仅只对发生的业务进行会计记录，来反映企业已经发生的经营状况，财务管理工作还有一项重要的工作内容，就是直接参与饭店管理工作，履行财务管理的工作职能。财务部将根据饭店的经营业务，在许多重要的经营管理工作环节上执行着诸如计划、控制等重要的管理职能。饭店财务部财务管理的主要工作内容包括：

- 统筹全饭店的预算工作
- 应收账款和信用管理——客人根据协议暂时未付款
- 应付账款的管理——应该付给供应商的货款
- 现金管理——收取营业收入的现金、报销等支付的现金等
- 工资管理——员工的工资等
- 营业收入管理——客房、餐饮、康乐、商场等营业部门的收入
- 餐饮成本控制——餐饮部菜肴的成本
- 库存管理——仓库物品
- 费用管理——饭店各类经费支出的控制
- 其他

案例1：收银程序及规范[1]

1. 上班准备

上班前检察自己的仪表、仪容。面带微笑开始工作；清洁收银台及周边的环境，准备好备用金、零钱、发票等，启动电脑开始一天的工作。"迎接每一位顾客"。

2. 收银程序（收银步骤/电脑操作）

收取顾客的购货小票并核对小票内容是否完整正确。

A. 支票付款方式

（a）尽量让客人自己去银行转账（将公司银行的账号报给顾客）同客人解释这样可以缩短时间，然后马上通知账务人员查核，等接到财务人员邮件或电话通知后账后方可发货。

B. 刷卡付款方式

（a）普通卡刷卡：请客人确认金额输入密码后并签名。

C. 现金付款方式

（a）收银员点钞、验钞、找零（唱收唱付）

（b）收银员在小票上签名盖章并开具发票，留下第一、三联将其他联交给顾客方可。在没客人买单的时候要将单据录入IT系统（购货小票）。

3. 离岗程序

指中途要离岗：收银人员必须在主管的批准并有其他收银员接替其岗位时方可离开（与其他收银员办好交接手续，锁好自己的票据、现金、刷卡单等）

4. 下岗程序（营业结束）

晚班下班前一定核对当天的所有营业额、购货小票、IT录入三个数是否一致。要记住POS机的结算，将所有的现金和刷卡单据、结算单据、备用金、发票等清点好后锁入保险柜中，重要的物件一并锁入保险柜，检查保险柜及其他柜子是否已经锁好，电脑关机后方可离开。

5. 交接班程序

每天早班和晚班进行交接班时，在交接班留言本上写清交接的各项工作内容（包括备用金、发票等）。每天上班前必须看内部文本和留言本，有事要留言，不能口头交接，必须在留言本上写清楚。

6. 结账程序

POS机刷卡：每天营业结束时需打印当天交易结算单，注意：结算单反映的必须是当天交易的全部金额，不得在营业结束前结算当天交易金额。也就是当天交易结算后不可再进行刷卡，以免使银行和公司财务对账困难。

7. 营业款送存程序

大店（指营业金额多的店）的营业款由公司指定的银行上门收取，而小店的营业款由本店两名人员（收银人员和店内主管）在每天下午三点钟之前送存附近的银行。

8. 备用金管理

每个门店的备用金由收银主管负责发放（大店），由收银员自己锁好放在保险箱内。自己负责管理自己的备用金。

9. 保险柜钥匙管理

保险柜钥匙由收银主管安排当班负责人（谁当班谁负责）管理好，不准随便转给他人。否则由当班负责人承担责任。

案例2：饭店店内招待餐标准与签单权[2]

1. 餐厅：人民币120元/每人/次（售价）
2. 酒吧：人民币40元/每人/次（售价）

总经理、副总经理签单不受此限制。

A. 越权审批权限。凡由于工作需要，经理人员须在权限所规定的餐厅外或用餐标准超过20%的情况下，须报主管总经理批准，特殊情况下须经饭店总经理审批。

B. 用餐及签单方法

经理人员在餐厅用餐应：

（a）自选菜单点餐（饮），并报用餐职员餐单。
（b）餐厅服务员应按菜单标价记账。
（c）用餐完毕后，经理人员应签饭店职员餐单并填写用途及招待单位。
（d）如饭店几位经理人员同时用餐，应由职务最高的经理签字。

C. 结算方法

（a）饭店经理用餐的收入不应列入餐饮总收入。
（b）饭店经理用餐的成本应按财务规定，扣除当月相应餐厅的成本。
（c）餐饮成本的摊派办法。

◇ 凡用于以推销为目的的用餐应按成本摊入市场营销费用。
◇ 凡用于其他行政招待费用的，一律摊入本部门费用。

D. 财务部应于每月10日前将上月签单情况汇总后报总经理。

E. 私人宴请

管理人员和普通职员在饭店宴请亲友，总监以上人员（含总监）在店消费每月在3000元以内可享受50%的折扣优惠（不加收服务费），部门正经理在店消费每月在1000元以内可享受50%的折扣优惠（不加收服务费），超过部分按销售价总额收费，同时加收服务费。

案例3：饭店建设费用的主要内容[3]

饭店建设费用主要内容，实际上是就饭店建设投资的构成，或者说饭店建设的投资主要用于什么方面。饭店建设的投资一般划分为下列几项内容：

（1）勘察设计费：设计费通常按投资总额计提，也可以是双方议定。勘察费是为设计提供地质资料的地质勘察费用。

（2）征地拆迁费：是为清理地面房屋建筑物而支付的拆迁费用、青苗补偿费用和三通一平费用。

（3）建筑安装费用：包括土建工程费用，固定在房屋建筑物中的设备及其安装费用。

（4）市政工程费：饭店在利用现有的市政设施或者为满足饭店的需要新建或扩建现有市政设施，所在地区按规定要征收一定数额的市政费，北京地区征收的"四源费"就是其中的一种。

（5）设备购置费：饭店的设备除了固定在房屋建筑上的以外，还有大量的其他设备，例如厨房设备、影视设备、清洁设备、消防设备、安全设备和运输设备等。购买这些设备的费用称为设备购置费。

（6）流动资金：流动资金除了一部分现金外，主要是为开业购置的物料用品，如针棉织品、瓷器、玻璃器皿和食品原料、饮料等的资金。

（7）不可预见费：实际上是一部分机动资金。建一座饭店少则两年左右的工期，在两年左右的时间内情况会发生变化，而且很多的事情是很难预料的，留一部分机动资金就是为了应付突然情况的。不可预见费一般为投资总额的 5%～10%。

课外研习：

以个人或 2-4 人的小组为研究单位，通过互联网或其他途径（如饭店管理模式手册）查找资料，进行以下问题的研究，做出研究报告，并编制 PPT 文件，在课堂里进行交流分享。

查找某家饭店有关财务管理方面的标准工作流程（选取一项即可）。

资料来源：

[1] http://bbs.jdrc365.com/showtree.aspx?topicid=641&postid=828

[2] http://blog.veryeast.cn/u/tongyi/7049.html

[3] http://www.taowe.com/Course/HF/200807/20080702115207_30311.html

第十讲 工程（Engineering）

10.1 酒店的设备设施

酒店的硬件是由建筑物及一系列的设施设备构成，以提供给客人舒适、安全、方便的居住环境和其他服务。酒店的设施设备管理的目的是要使客人得到愉快的经历，员工得到有生产价值的工作场所，业主得到合理的投资回报。投资一所酒店需要巨大的初期投入，日常经营过程中的持续的维护、能耗费用和设施运营所需要的资金支出也将占收入的 10%～15%。所以酒店的设备设施的管理是酒店提供优良服务、降低成本的一项重要工作。

下面介绍酒店的一些主要的机电工程系统：

1. 蒸汽锅炉：提供蒸汽给厨房作为烹调所需要的蒸汽，为洗衣房提供洗衣设备所需蒸汽，并且提供冬季室内的暖气和客房内的热水。

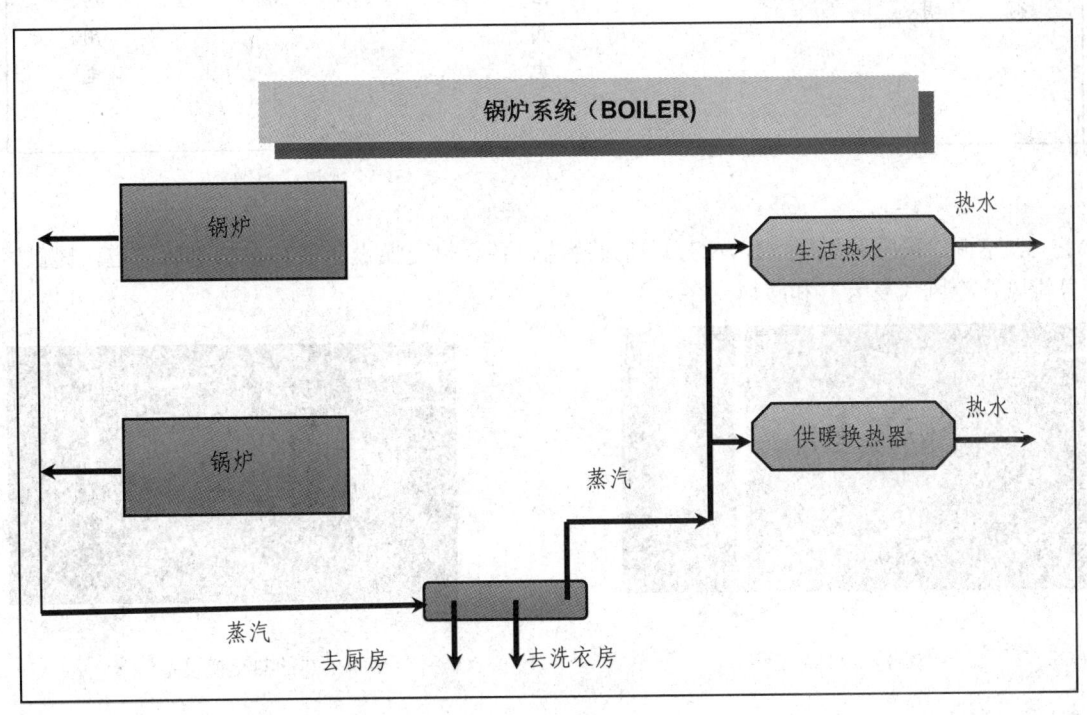

（2）变电所高压开关：通过变配电设备提供饭店各系统设备和各场所、部门的用电。

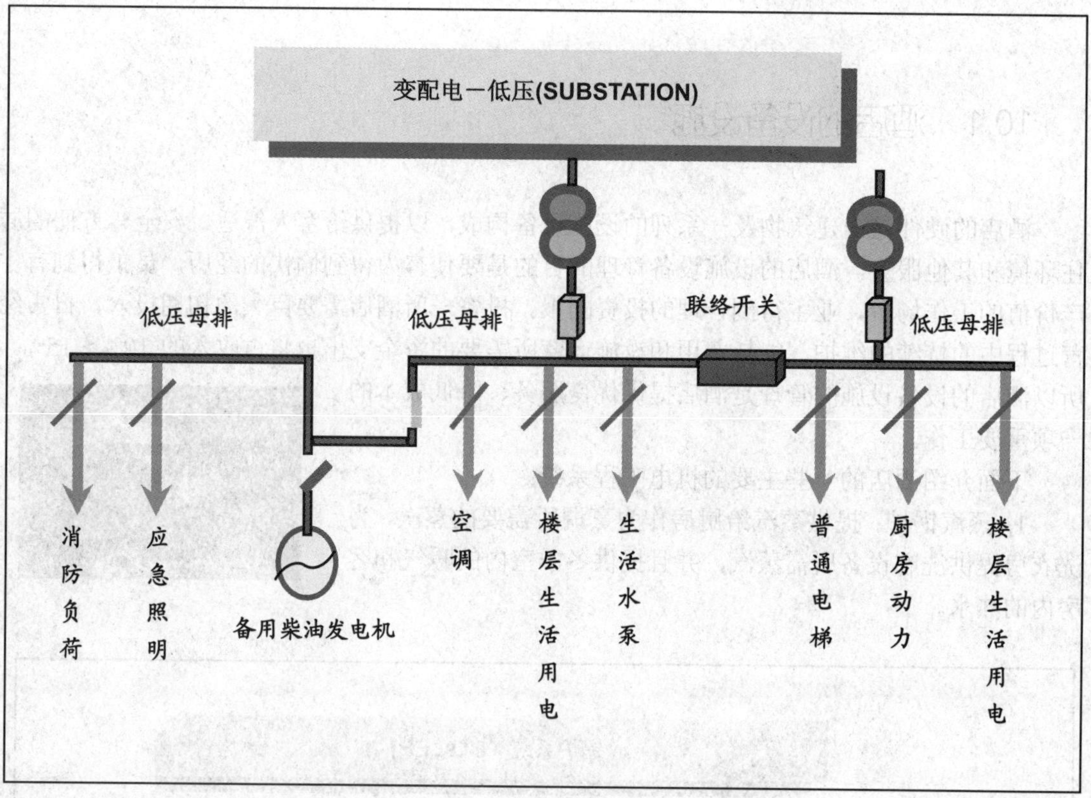

变配电—低压(SUBSTATION)

低压母排　低压母排　联络开关　低压母排

消防负荷　应急照明　备用柴油发电机　空调　楼层生活用电　生活水泵　普通电梯　厨房动力　楼层生活用电

3. 空调，采暖和通风（HVAC）：通过冷冻设备、热交换设备及客房的盘风管道，提供客房新风、冷风（夏天）和暖风（冬天）。

空调冷冻机

冬季供热的热交换设备

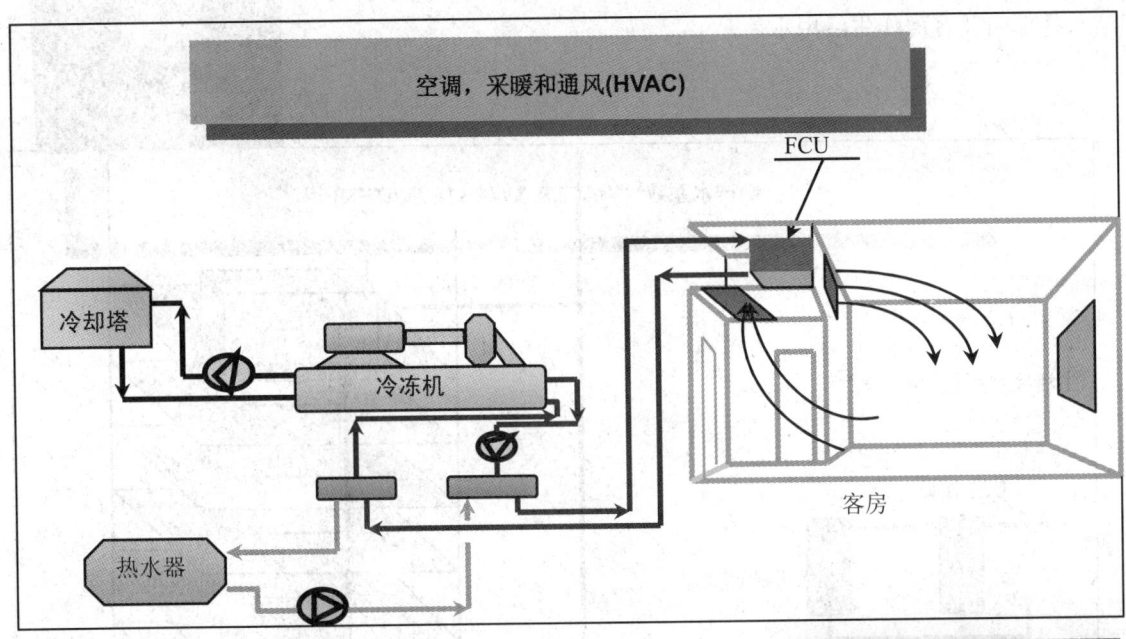

4. 生活废水处理设备：通过废水处理系统将饭店的污水处理成符合国家排放标准的排放水。

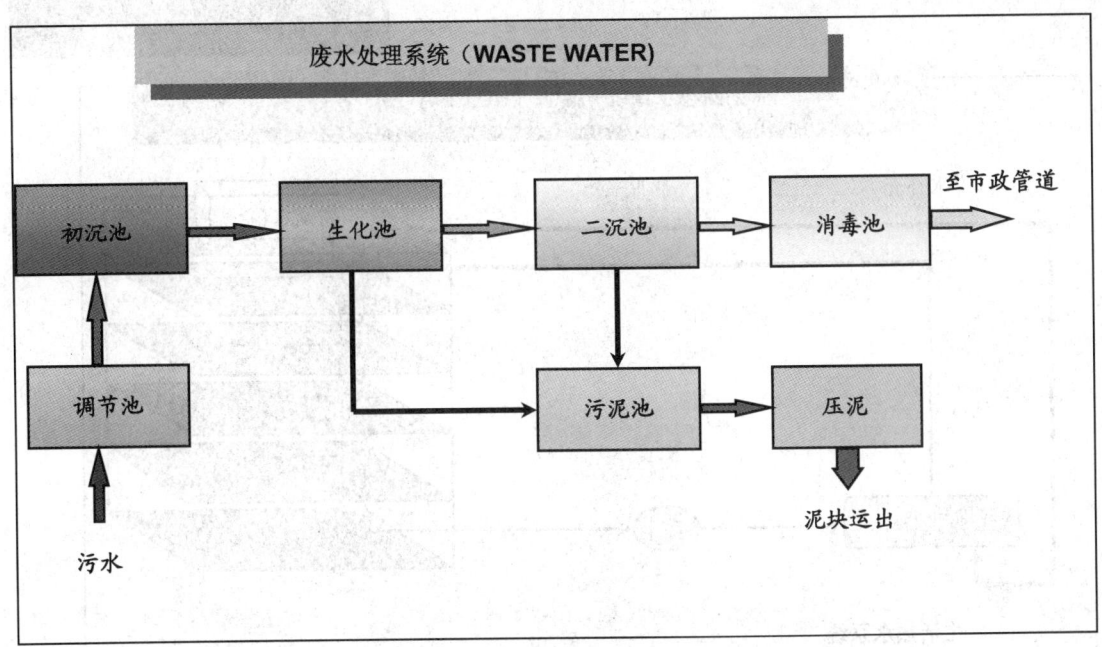

5. 生活水过滤处理设备：通过水过滤处理设备将市政来水送入各部门及客房作生活用水。

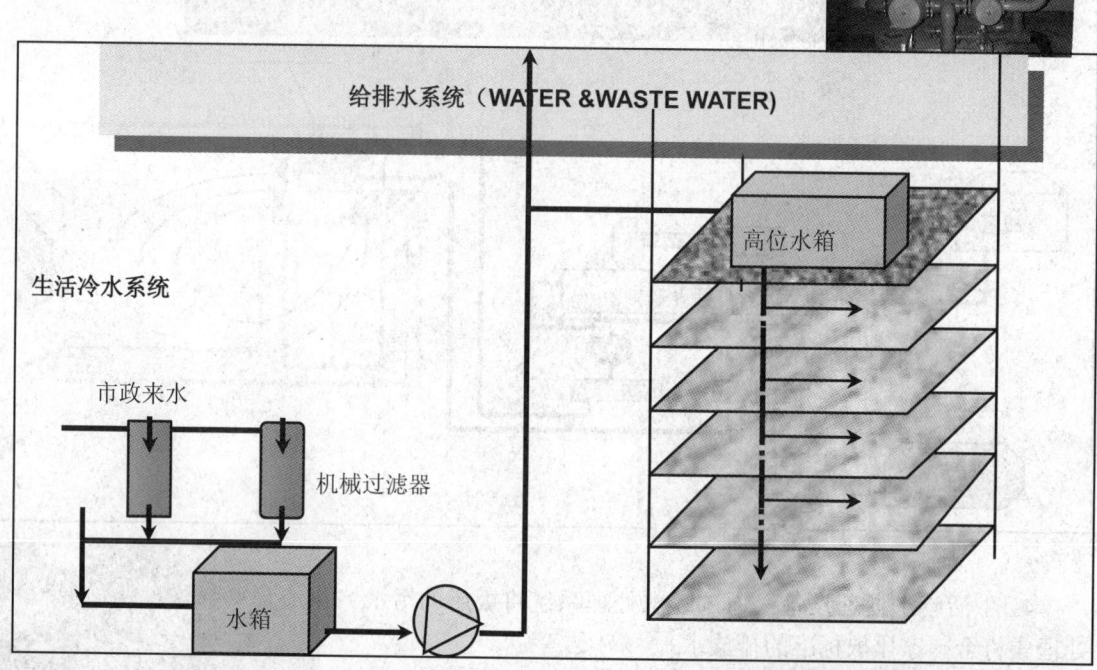

6. 生活热水设备：生活热水设备提供客房及其他部门的热水。

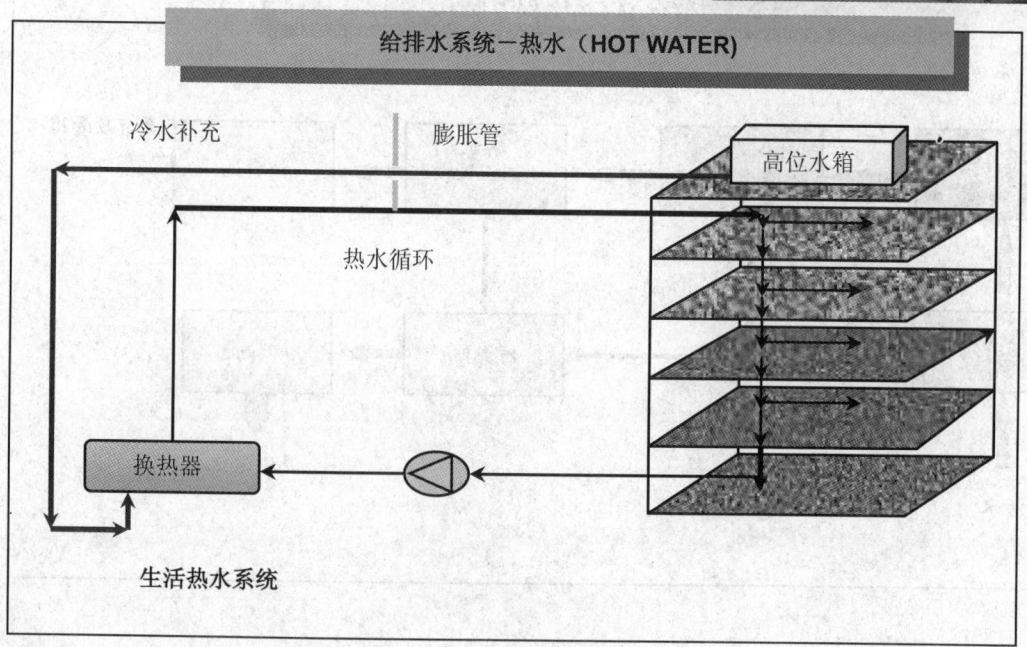

7. 程控电话交换机：提供饭店的各项电信服务。包括外部电话网接入，客房及部门电话传真、留言服务、客人电话计费等。

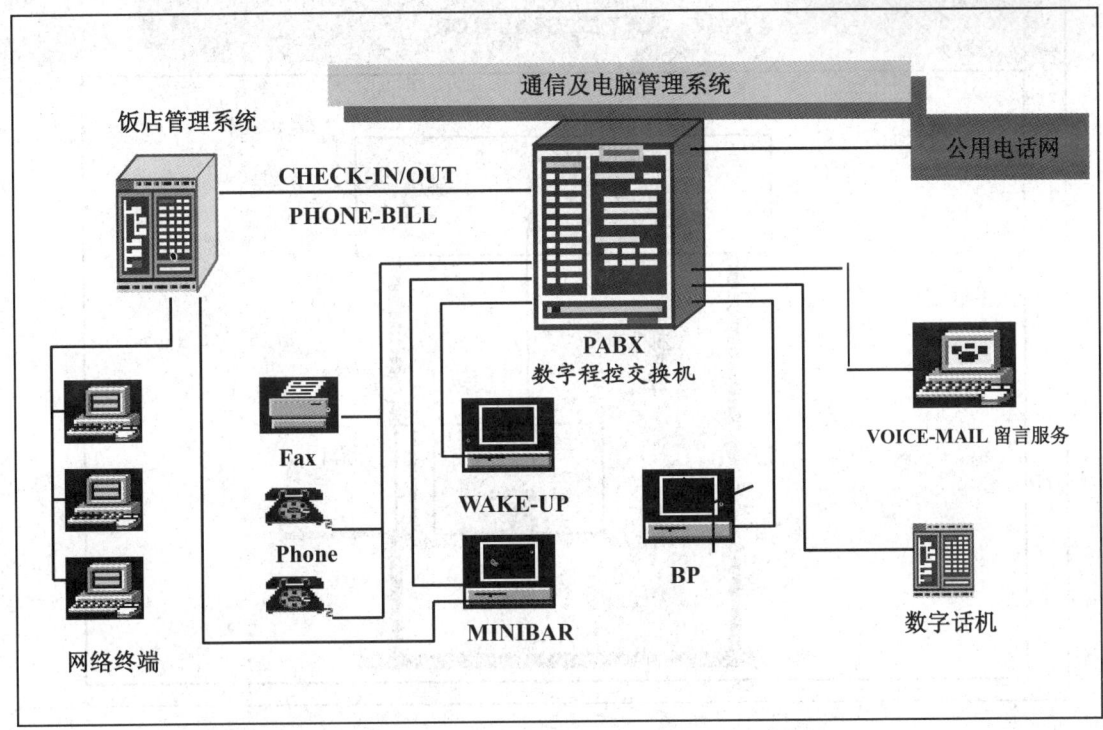

8. 卫星电视及闭路电视：通过卫星接收等设备提供客房的电视广播节目。

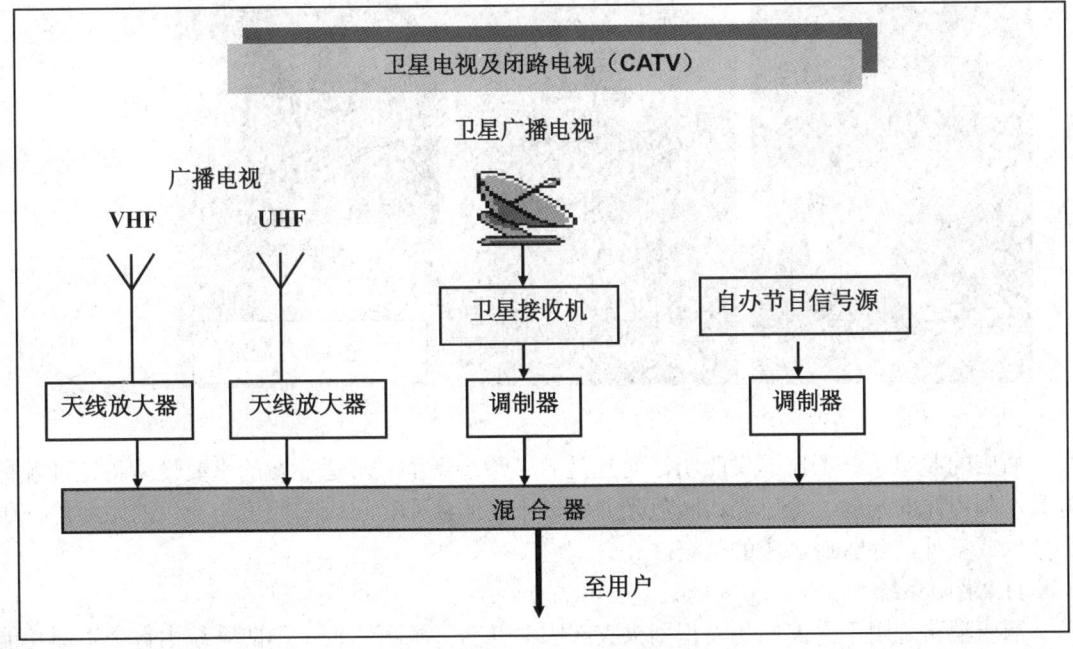

9. 电梯

酒店电梯的分类：（1）客梯，（2）服务梯，（3）消防梯，（4）观光梯，（5）自动扶梯。

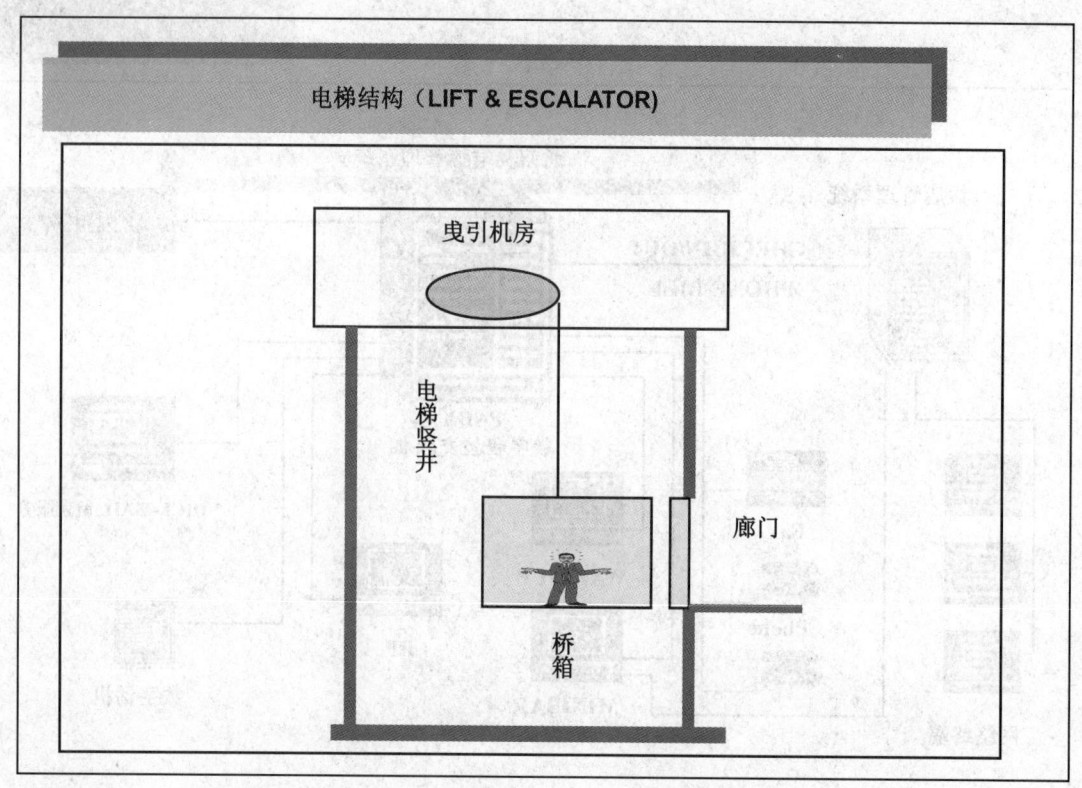

10. 照明系统

酒店的照明系统不仅提供照明，而且是酒店营造豪华或舒适环境的重要设施。通过各种灯具，利用光的强弱、冷色光、暖色光并辅以不同的色彩，可调节照度与光色的照明等，照亮室内或室外，并营造酒店的气氛。

11. 消防系统

酒店消防是用于火灾预防，识别火灾起因，并努力消灭它们。消防系统由数个不同功能的部分组成。第一，建筑物内部空间上的防火分区划分，作用是将火灾控制在尽可能小的区域内。第二，火灾的探测与报警。及时探测发现火灾，并通过声光等信号来通知建筑内的人员及管理人员。第三，火灾的扑救。通过喷淋装置、消火栓、灭火器等设施进行灭火。第四，人员的逃生系统。提供人员快速逃离现场的通道等。

消火栓箱

泡沫灭火系统

10.2 工程部的工作职能

酒店工程部门负责酒店所有硬件设备设施的维修运行、更新改造。如：建筑及室内装潢、营运设施（如厨房设备、洗衣设备、健身设备、会议设备等）、机电工程系统、家具等。

修补地毯

工程部主要负责酒店设施设备的维护和修理，以减缓酒店设备设施的物理损坏；保持酒店所有设备设施的正常运营，给客人和员工带来舒适感和安全感，以保持酒店的形象；进行能源和维护费用控制，使维修和设备损坏的成本降至最少，以节约开支。

工程部有不同的专业技术人员来承担酒店硬件维护和能源管理工作。一般会有锅炉、机修、弱电、强电、暖通空调、木工、泥工等工程技术人员，来保持上述各工程系统及其他设施设备的完好和正常运行。

案例 1：一起电梯"关人"事件[1]

晚饭时分，日本客人山本次郎乘车回到下塌的上海某酒店，这是他在上海旅行的最后一天。美丽的上海给他留下了深刻的印象，然而几天的旅行也使他感到有几分疲惫。在回酒店的路上，他就想好回房后痛痛快快地洗个澡，再美美地品尝一顿中国佳肴，为他在上海的旅行划上一个圆满的句号。

山本兴冲冲地乘上酒店的 3 号客梯回房。同往常一样，他按了标有 30 层的键，电梯迅速上升。当电梯运行到一半时，意外发生了，电梯停在 15F 处不动了。山本一愣，他再按 30 键，没反应，山本被"关"在电梯里了。无奈，山本只得按警铃求援。1 分钟，2 分钟……10 分钟过去了，电梯仍然一动不动。山本有点不耐烦了，再按警铃，仍没得到任何回答。无助的山本显得十分紧张，先前的兴致全没了，疲劳感和饥饿感一阵阵袭来，继而又都转化为怒气。大概又过了 10 多分钟，电梯动了一下，门在 15F 打开了，山本走了出来。这时的山本心中十分不满，在被关的 20 多分钟里，他没有得到店方的任何解释和安慰，出了电梯又无人应接，山本此时愤愤然，再乘电梯下楼直奔大堂，在大堂副经理处投诉……

其实，当电梯发生故障后，酒店很快就采取了抢修措施，一刻也没怠慢。电梯值班工小恽得知客人被"关"后，放下刚刚端起的饭碗，马上赶到楼顶电梯机房排除故障，但电梯控制闸失灵，无法操作。小恽赶紧将电梯控制闸由"自动状态"转换到"手动状态"，自己就赶到15F。拉开外门一看，发现电梯却停在15F至16F之间，内门无法打开。为了使客人尽快出来，小恽带上工具，爬到电梯轿厢顶上，用手动操作将故障电梯迫降到位，终于将门打开，放出客人。

从发生故障到客人走出电梯共23分钟，23分钟对维修工来说，可能已经是竭尽全力，以最快的速度排除故障所能达到的最短时间，而对客人来说，这23分钟则是难熬而漫长的。

[评析] 一起电梯"关人"事件

这起电梯"关人"事件引起客人投诉，问题在酒店内各部门之间的协调和配合不够。主要有以下三点：

第一，缺少与客人的沟通。沟通是酒店管理最基本的手段，与客人的沟通是尤为重要的一环。倘若在接到电梯故障报警后，酒店能以最快的速度与客人沟通，告诉他："我们已经知道发生故障，现正在排除，请稍候。"这样客人感到他受重视，处于被人保护的安全环境之中，也不会因为被"关"住而怒气冲冲了，即使排除故障时间稍长一点也会谅解。

第二，前台后台配合不够默契。酒店部门之间的相互配合，是使酒店处于良好管理状态的重要保证。前台和后台由于分工不同，工作性质也有差异，如果配合不好，彼此缺乏沟通，各自为政，往往会影响整个酒店大系统的良性循环，造成不良后果。像上面这个实例，如果最先得知电梯发生故障的前台在通知工程部之后，立即把消息传递给副理或公关部人员，让他们去与客人对话，这样也可及时解除客人的紧张感和恐惧感。如果后台负责修理电梯的工程部能与前台沟通，相互配合，一面修电梯，一面与客人联系，随时通报修理情况，适当作些安慰，共同处理好这起"关人"事件，那么许多不愉快就不至于发生了。

第三，缺乏对客人的关心。尽力不尽心，只限于做好份内的事，而恰恰缺少酒店工作最重要的一点：对客人的关心。工程部小恽工作态度很积极，饭也顾不上吃，跑上跑下排除故障，其操作程序也符合部门的规定，但他就是没想到通过机房的对讲机与客人通话，或安慰，或通报维修进展；前台也一样，通知工程部维修电梯就完事了，没有想到赶到现场去与客人取得联系。出现这些问题的原因在于对客人关心不够。

课外研习：

以个人或 2~4 人的小组为研究单位，通过互联网或其他途径查找资料，进行以下问题的研究，做出研究报告，并编制 PPT 文件，在课堂里进行交流分享。

查找某家酒店有关工程维修服务的标准工作流程（选取一项即可）。

参考文献：

[1] http://www.310086.com/view/9yIdyeAtxFQ=

第十一讲 安保（Safety & Security）

11.1 案例——饭店安保的工作意义[1]

1. 客房偷盗

刘先生和夫人在"十一黄金周"入住了饭店的 1112 房间，入住的第三天上午购买了些土特产放在了房间。中午就去当地有名的菜馆品尝美食。当小俩口兴冲冲回到饭店，准备收拾行李返家时，却发现房内一片狼藉。有人在他们出去吃饭时进入了房间并洗劫了房间内的贵重物品！刘先生意识到了问题的严重性，立即通知了饭店的安全部门，安全部人员赶到了现场，据刘先生核实，丢失白金项链一条、笔记本电脑一台、人民币 3000 多元，总价值超过了 2 万元。询问刘先生有没有将房卡交给他人，刘先生十分肯定地说就一张房卡，而且一直带在身上，出房间门时还将房门带上了。十一层高的房间，又没有阳台，小偷是从哪里进来的呢？安全人员一边查监控录像，一边对现场进行了勘查，监控录像上显示两名男子是推门而入的。仔细检查，又发现房门上有口香糖的痕迹，安全人员恍然大悟，推断刘先生买完东西回来时就被小偷跟踪，趁刘先生开门后不注意，在房间门的磁卡锁上粘了一团口香糖，刘先生放下东西去吃饭时，认为饭店门上有复位器，就随手带上门，没有核实是否关上门就匆匆离开了。进一步查看录像，画面证实了这一推断：从刘先生入住就有两名男子在楼层闲逛、踩点。刘先生买完东西回来时，尾随其后，趁刘先生不注意时将口香糖粘在磁卡锁上，刘先生认为房门已关上，却不料小偷入室作案……

2. 厨房间的火苗

本年度第二个黄金周，度假村车水马龙，门庭若市，呈现一片喜人景象。

中午，中餐厅高朋满座，后厨间更是忙得不可开交，厨师们穿梭于厨房，为客人们提供精美的菜肴。厨师小郭是负责烧腊间的，他将整治好的 2 只鸭、2 只乳鸽和一大块腊肉挂进了烤箱。为了加快出菜的速度，他用木炭点着为烤箱加温，烤箱内温度在短时间急剧上升，食物受高温的影响，油脂不停地滴入了烤箱的底部。当小郭感觉烤的差不多的时候，打开了烤箱，这时意想不到的事情发生了，只听烤箱"嘭"的发出一声响，继而冒出一阵浓烟。坏了，着火了，小郭当时愣住了，只见那烟雾越来越多，眼看火就要烧起来了。小郭这才回过神来，慌忙去取灭火器。回到烧腊间时已是烟雾重重了，小郭吓得不敢向前，只是用灭火器对着烤箱喷了两下，以为火就能扑灭，不料竟然没有效果。再喷，还是不行。正在这时，收到烟感报警系统报警的消防员小江及时赶到，见状连忙接过灭火器，弯下腰，看清了烤箱的准确位置，对准烤箱的底部，距离 2 米左右喷射，火苗终于被征服了。

以上两个案例告诉我们，饭店作为一个对公众服务的场所，各种人物都可能进出，所以会潜藏着各种安全问题,而饭店又是提供客人食宿的地方,客人的安全是非常重要的,所以饭店的安保部门责任重大。饭店可能会发生以下的安全事故:恶意破坏他人财产行为、火灾、炸弹威胁、入室行窃、偷盗商品、盗用公款、诈骗、盗用饭店服务设施、计算机犯罪等。

饭店经营过程中会出现的人身、财产损害案件,产生这些损害案件的原因会有以下几种类型[2]:

● 顾客过错型。损害案件的发生是由于顾客本人、同伴或其应负责之人的过错行为导致。如,顾客在床上吸烟导致自身财物的烧毁;顾客没有正确使用卫浴设施,滑倒受伤的案件;监护人未尽到监护之责,导致未成年人摔伤案件等等。

● 饭店过错型。由于饭店提供的商品和服务不符合质量要求和保障人身财产安全的要求,从而导致顾客人身、财产损害案件。这里又可分为硬件缺陷和软件缺陷两种。硬件缺陷是指饭店提供的商品和服务设施本身存在质量问题。如,饭店的食品不卫生导致顾客身体不适或者伤害、饭店的康乐设施质量不合格导致人身损害等。软件缺陷主要是指饭店没有履行合理的安全保障义务,未能保证饭店环境的安全性。如,饭店未能采取与其等级相适应的安全保卫设施,包括入宿登记核查制度、保安措施的制定和执行、保安人员的配备以及安全监控设施的安装等等。

● 第三人过错型。来自饭店以外的第三人直接导致顾客人身、财产损害。如,小偷潜入饭店窃取顾客的财物、顾客在房间内被凶手杀害等。这一类型的损害案件一般系刑事案件,社会影响较大,颇受公众关注。

饭店发生人身财产损害案件,不仅给饭店客人带来痛苦,而且影响饭店的声誉,进而影响到饭店的生意,更严重的是它还会将饭店牵扯到法律纠纷中去,给饭店带来重大的社会效益和经济效益的损失。

关于饭店安保的法律义务,国家和地方都有一些法律法规的规定,如:

2003年《最高人民法院关于审理人身损害赔偿案件适用法律若干问题的解释》。其第六条规定:"从事住宿、餐饮、娱乐等经营活动或者其他社会活动的自然人、法人、其他组织,未尽合理限度范围内的安全保障义务致使他人遭受人身损害,赔偿权利人请求其承担相应赔偿责任的,人民法院应予支持。因第三人侵权导致损害结果发生的,由实施侵权行为的第三人承担赔偿责任。安全保障义务人有过错的,应当在其能够防止或者制止损害的范围内承担相应的补充赔偿责任。"

《中华人民共和国消费者权益保护法》第七条:"消费者在购买、使用商品和接受服务时享有人身、财产安全不受损害的权利。消费者有权要求经营者提供的商品和服务,符合保障人身、财产安全的要求。"第十八条:"经营者应当保证其提供的商品或者服务符合保障人身、财产安全的要求。对可能危及人身、财产安全的商品和服务,应当向消费者作出真实的说明和明确的警示,并说明和标明正确使用商品或者接受服务的方法以及防止危害发生的方法。经营者发现其提供的商品或者服务存在严重缺陷,即使正确使用商品或者接受服务仍然可能对人身、财产安全造成危害的,应当立即向有关行政部门报告和告知消费者,并采取防止危害发生的措施。"

饭店的安保义务可以分为以下几种:

(一)法律法规、行业规范规定的安保义务

这种安保义务在法律法规和行业规范中是有明确规定的。例如,《浙江省旅馆业治安管理办法实施细则》中规定了住宿登记制度、门卫会客登记制度、财物保管制度、值班制度、报告制度等，其中值班制度中规定"各旅馆应当实行 24 小时值班"，如果在某个具体的案件中，顾客有证据证明饭店没有履行 24 小时值班制度，则可以认为饭店没有履行安保义务，存在过错。

又如，《中国旅游饭店业行业规范》中第十二条规定："为了保护客人的人身和财产安全，饭店客房房门应当装置防盗链、门镜、应急疏散图，卫生间内应当采取有效的防滑措施。客房内应当放置服务指南、住宿须知和防火指南。有条件的饭店应当安装客房电子门锁和公共区域安全监控系统。"这些内容都是饭店合理限度范围内的安全保障义务。

（二）一般性注意的安保义务

一般性注意的安保义务是指饭店基于诚实信用，以一个诚信善良的经营者角度，符合人们最基本的生活经验和交易习惯，达到同类经营者所应达到的通常注意程度。如饭店通常能够预料到顾客可能不知道浴帘的正确使用方法，将浴帘放在浴盆外面，导致地滑摔倒，故应书面警示顾客。如饭店在招聘员工时，有必要对员工的履历进行一定的调查核实，防止有犯罪前科的人员造成潜在的危险。这类安保义务的内容虽然没有明文规定，但作为诚信的饭店应当能合理预见。

（三）特定情况加重注意的安保义务

这是由于出现了特定的情况，使得饭店较之一般情况下安保义务的加重。由于这种义务往往在一般情况下并不存在，只在特定情况下而产生，因此在特定情况出现后，饭店更应当尽到诚信、善良、尽心的"照料人"责任。例如，顾客在房间内不慎摔倒，后脑肿起一个大包并伴有呕吐。饭店派了饭店医护人员前去护理，但实际上这个医护人员并没有从医资格，故未作出正确诊断而轻率地作了一般摔伤处理，导致顾客未及时送医而死亡。这是一个典型的案例，一般情况下饭店本无提供医疗的责任，但是如果饭店已经去帮助医治，就必须在医疗时实施合理的照料，这时产生的义务和责任就是属于特定情况下的加重。这种加重义务和责任对饭店是公平合理的，因为在特定情况下，饭店是有能力预见损害的发生的，如在本案中饭店应当能够预见到错误的诊断将导致顾客延误最佳治疗时机从而致使损害的发生。又如，对于之前已经多次发生过犯罪分子抢劫伤害顾客的案件，饭店就必须采取及早提醒顾客、加强保安巡逻等必要手段，这种情况下饭店的安保义务是加重的，如果再次发生类似的损害案件，饭店则不能以已经履行了一般标准来搪塞。

综上所述，在饭店人身、财产损害案件中如果是由于顾客或者第三人的原因造成，而饭店已经履行了合理限度范围内的安全保障义务，则饭店无需承担任何违约赔偿责任。

对饭店来说，顾客所希望获得的不仅是舒适的住宿环境和服务设施，更重要的是希望获得同价比的安全性，尤其是对于处在夜间休息放松状态的顾客，安全性显得尤为重要。我国之所以规定旅店、宾馆行业必须经过审批才能取得营业资格，目的就是在于督促其具备保障旅客人身、财产安全所必须的硬件和软件，以保证饭店能够切实履行安保义务。

案例 1：顾客饭店摔伤，餐馆尽安保义务免责[3]

2004 年 3 月，王先生与昔日同窗好友共四人前往石景山区一家餐馆就餐，由于相聚不易，四人饮酒不少。大约晚 10 时 30 分左右就餐完毕后，王先生前往餐厅内卫生间方便，在走出卫生间门口处时摔倒并致伤。王先生由于右内踝、后踝、腓骨下段骨折，右胫距关节脱位，在石景山医院住院治疗 21 天，实际支出医疗费 7447.57 元，且仍在后续治疗中。

王先生认为，餐馆在从事餐饮服务工作过程中，没有在合理限度范围内向顾客提供安全保障义务，由于餐厅地面湿滑造成自己滑倒摔伤的后果。2004 年 5 月，王先生将餐馆诉至法院，请求法院判令餐馆赔偿其医疗费、误工费、交通损失费及精神损失费共计10.6万元。餐馆辩称餐馆卫生间铺有防滑地垫，立有醒目的"小心地滑"的警示标志，已尽到安全保障义务。

一中院经审理认为，餐馆服务场所提供对顾客的安全保障义务，主要在注意和提示义务的履行上，顾客个人的人身、财产安全，最终还要靠个人注意和保障，而不应无限加大餐馆服务场所的责任。本案诉争餐馆卫生间内铺有防滑地垫，立有提示防滑警示牌，已在合理限度内履行了必要的注意和提示义务。而且同上卫生间的人，只有王先生一人摔倒，说明王先生个人注意不够，不能排除其个人酒后身体和行动控制能力下降导致摔倒受伤的可能。据此，一中院做出终审判决驳回王先生的诉讼请求。

11.2 保安部的工作内容

11.2.1 饭店安全管理的目标

- 保护客人和员工
- 保护饭店的建筑和财产
- 遵守政府法规
- 遵守保险条款要求
- 保护饭店免受未来诉讼

11.2.2 饭店安全管理的特点

1. 规范性。饭店安全管理工作要确保饭店运营过程中各部门和各工作环节都要严格按照国家法律法规及企业规章制度行事，以尽可能地避免损害案件发生对客人的伤害，及案发后给饭店带来的声誉和经济损失。

2. 预防性。饭店安全管理工作应体现立足于预防为主的方针。

3. 全员性。饭店的安全工作涉及饭店内的各部门，涉及每个工作岗位与每个员工。因此，饭店安全管理具有明显的全员性。饭店应对全体员工进行安全工作的培训。

4. 服务性。饭店是以服务为宗旨。在开展安全保卫工作的过程中必须贯穿服务的思想。在饭店安全管理的各个环节中，都应体现出以服务为本的宗旨。

案例2："光天化日下的窃案"[4]

实习生小王把值房车停在房间门口，然后按顺序要求清理房间。在清理卫生间时，一位西装革履的青年男子推开值房车进入房间。小王慌忙抬头问好，男子面露不悦："怎么还没有做完？快一点，我过一会儿还有朋友来访呢。"小王本来要向客人索要房卡核实身份，看到客人不满意，害怕会被训斥，就打消了这个念头。男子进入房间一两分钟后，就拿了一只公文包离开，临走时还督促服务员动作快一点。中午时分，外出返回房间的韩国客人突然发现手机、信用卡、现金等大宗财物失踪。因是涉外案件，饭店方面立即报告了公安部门。数辆警车呼啸而至，紧张的调查之后，却没有发现有价值的线索。

[评析]

1. 服务员违规操作酿大祸

案发时，在房间清理卫生的实习生小王未按规定确认进房者的身份，直接导致了犯罪分子冒充客人身份进入客房行窃。如果严格执行有关规定的话，案件安全可以避免。还有一点，客人本是韩国人，理应讲韩语，而犯罪分子明显讲的是汉语，遗憾的是服务员对客人情况一无所知，这也反映了饭店培训的薄弱。

2. 客情通报欠缺

按规范，楼层服务员应基本掌握住店客的主要特征，如国籍、入住期、出游目的和在店消费习惯。这些可以部分做到对犯罪的预先防范。

3. 饭店安全意识淡薄

调查证实，犯罪分子是从饭店正门大摇大摆而进，得手后又原路返回。在这一过程中，门卫、行李员、前台工作人员均有可能注意到这位不速之客，然而由于思想麻痹、安全意识淡薄，使得犯罪分子如入无人之境。作为三星级涉外饭店，却未安装摄像监控系统，为破案带来了极大困难。调查表明，嫌犯曾经在同一楼层长时间徘徊观察，寻找作案机会，如果有摄像监控系统，他决不会如此猖獗。

4. 饭店正成为新的犯罪目标

联想到近期发生在饭店的刑事案件呈上升趋势，且抢劫、贩毒、凶杀等严重犯罪时有发生，可见饭店正在成为新的犯罪对象和场所。据有关员工描述，嫌犯西装革履、戴着眼镜，完全一副老板派头，对饭店相当了解，可以非常老到地冒充客人，可见是对饭店非常了解的惯犯。不法分子之所以把饭店作为犯罪目标，可能基于以下原因：饭店环境开放，客流量大，不引人注目。窃案发生的原因是由于饭店放松了警惕，而客人往往身带贵重物品又不注意存放。

5. 客人安全意识有待提高

本案的直接受害人是一位韩国客商，作为经常身在旅途的商人，理应知道贵重物品应存放于前台，或许是疏忽大意，或许是心存侥幸，或许只是图省事，然而一旦意外发生，一切都悔之晚矣。针对客人麻痹心理，饭店在警示顾客的防范心理方面要加强力度。

11.2.3 饭店安全工作的内容[5]

1. 预防火灾事故
2. 预防安全生产事故
3. 预防刑事案件和治安案件的发生
4. 预防食物中毒
5. 维护国家安全
6. 预防交通安全事故
7. 及时处置突发事件

11.2.4 饭店的安保设施

饭店应使用一些设施来加强安全能力。安保设备的复杂程度不一，最简单的有窗户插销，也有技术上最先进的警报系统。使用何种安全设备及如何设置由饭店决策者确定。饭店的安保设施主要有：

（1）建筑物安全的周边控制——饭店客人需要有效的环境安全设施，以减少他们遭受损害的机会，如门、窗、栅栏等的安全防护功能等。

（2）监视系统——为保护客人、饭店的财产安全而在外围控制方面所采取的措施中，监视也起了一定的作用。

（3）通讯系统——为了对安全情况做出迅速反应，需要有一个快速通知负责安全工作员工的通讯系统。

（4）报警系统——现代饭店使用了各种报警系统，对预防偷盗、火灾等有重要作用。

（5）客房保安设施——如电子门锁、窥视孔、客房通讯、房内安全须知、房内保险箱等。

闭路电视监控系统

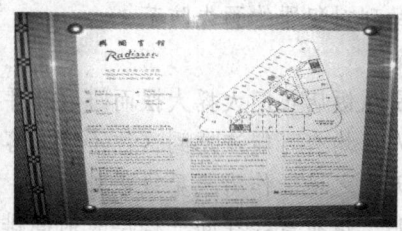

客房内的消防疏散示意图

客房内的消防器材和保险箱

课外研习：

以个人或 2~4 人的小组为研究单位，通过互联网或其他途径查找资料，进行以下问题的研究，做出研究报告，并编制 PPT 文件，在课堂里进行交流分享。

查找一个饭店安保的案例。

参考文献：

[1] http://courseware.dec.ecnu.edu.cn/gsz/gly/gly11/gly1107/al7.pdf
[2] http://www.xingyunlawyer.com/show_hdr.php?xname=RUSCR01&dname=VEGFR01&xpos=63
[3] http://case.laweach.com/Case_6414_1.html
[4] 王大悟 刘耿大，饭店管理 180 个案例品析，中国旅游出版社，2007，第 266 页
[5] http://www.jdsbgl.cn/aqgl.htm

第二篇 饭店类型介绍

第二篇 恐龙骨架化石

第十二讲 饭店分类

12.1 故事：你要订哪类饭店？

我们先来看几个发生在 XYZ 订房中心的预订对话。

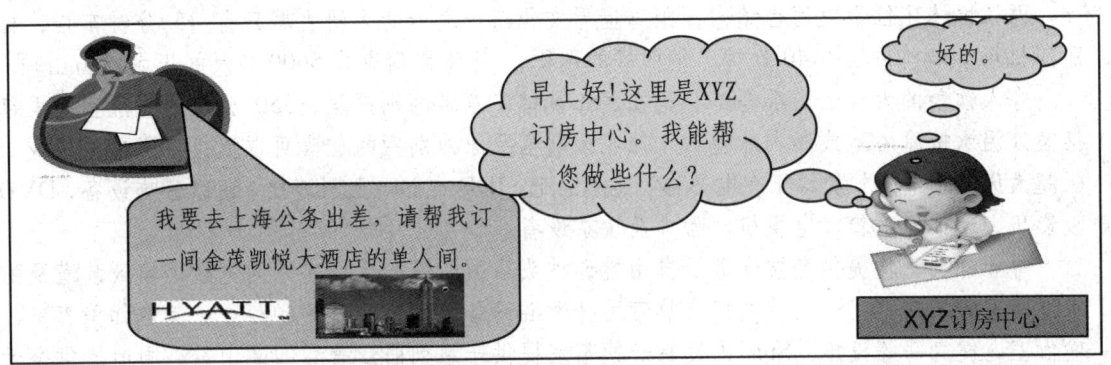

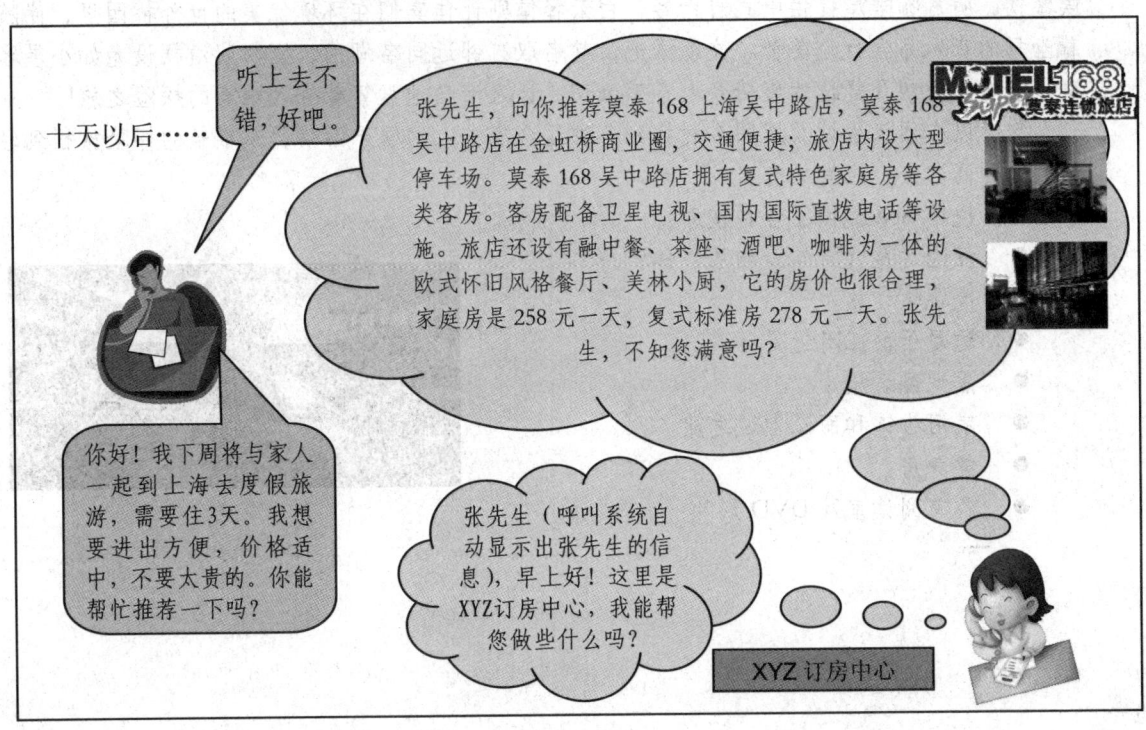

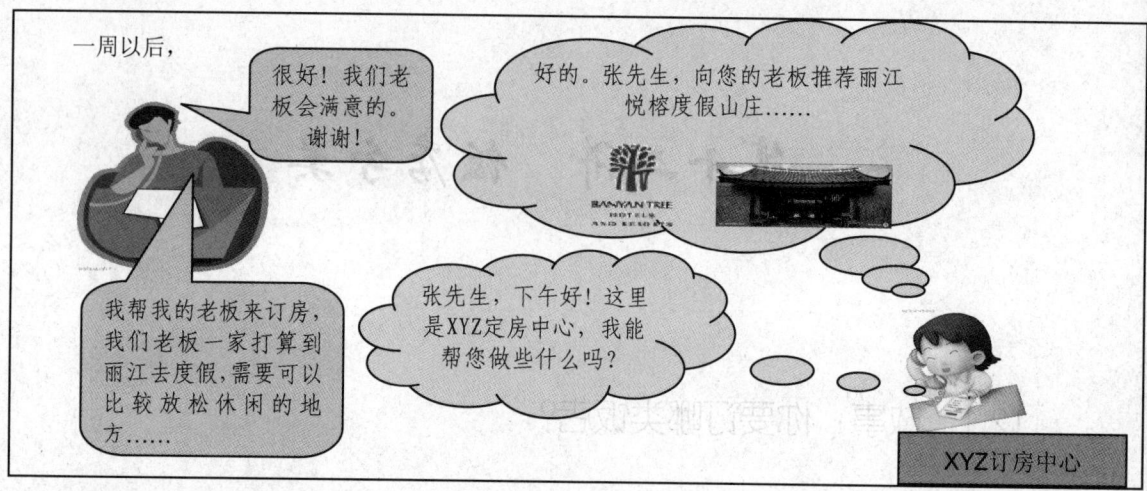

小资料：丽江悦榕庄（Banyan Tree Lijiang）[1]

丽江悦榕庄位于束河古镇内，距离世界文化遗产之一的大研古城只有15分钟车程，自丽江机场搭车前往只需40分钟。纳西式的别墅，可欣赏到海拔5600公尺的玉龙雪山山顶。

令人钦羡的大自然景观全部收集在丽江悦榕庄宽敞的别墅里，350公尺的宽敞空间里包括室外温水按摩浴池或私人泳池。入住花园别墅及泳池别墅的佳宾可以选择二张单人床或一张超大床。每一栋别墅均配有电热器、迷你酒吧、IDD电话、上网连接、迷你音响设备、DVD放影机、迷你保险箱、电视机、咖啡及饮茶设备。

每一栋别墅均提供翻被服务及自由挑选枕头。丽江悦榕庄设有六间宽敞、精致装潢及配有淋浴室的护疗室，一间特别配有热带雨林淋浴设备及沐浴设备的护疗亭。其他如美容室、瑜伽室、健身房等设施。Spa内设有一饮茶室提供一系列丽江著名的高山茶。同时提供全天候餐饮。明月咖啡屋提供中式自助餐，白云餐馆则让佳宾们在环境优美的世外桃园里，伴随着幽扬的音乐品尝一流美食。文海酒吧，其名取自邻近同名湖泊，室内装潢摆设尤如小屋客室，温暖的壁炉及舒适的座椅令人备感亲切，让人清幽地盘算着令人难忘的探险之旅！

您可以在丽江古城及周围乡村找到各种适合您本人的娱乐活动，从艰苦的探险旅程到轻松闲适的高尔夫，应有尽有。

- 悦榕Spa提供了各种按摩
- 探险之旅（有导游相随）和骑马
- 虎跳峡之旅
- 远足于丽江附近景区
- 黑龙潭之旅
- 束河古镇和丽江古城之旅
- 健身房
- 备有阅读室及DVD影片

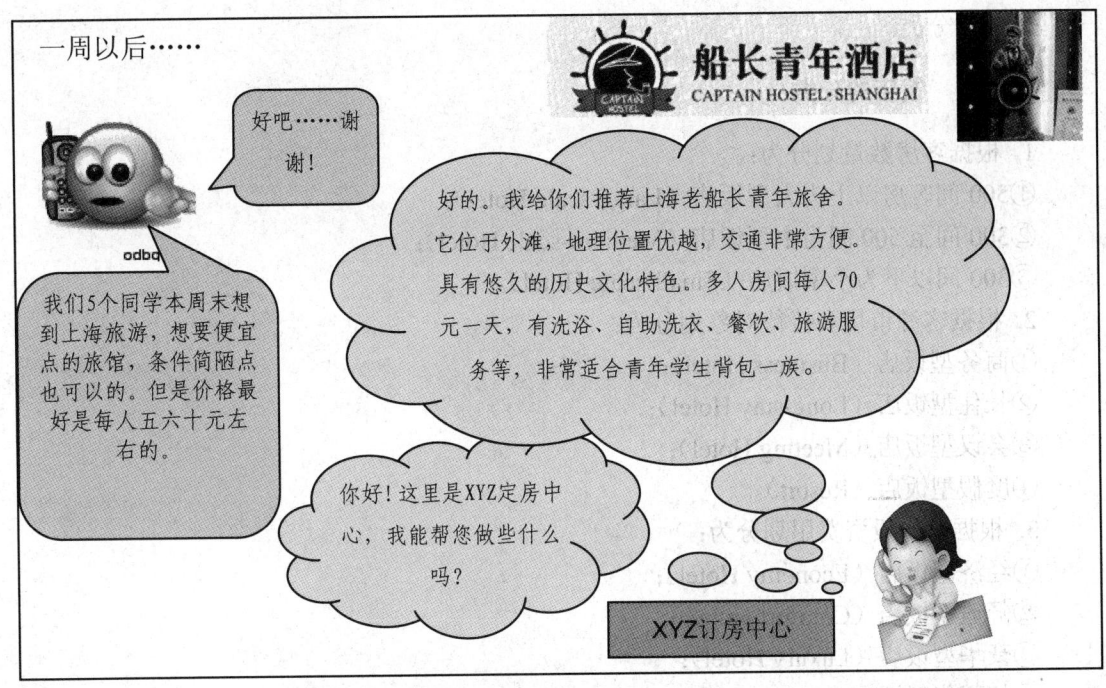

12.2 饭店的分类

从上面的例子中，我们可以知道，由于客人的出行目的不同，所以会有不同的消费需求，为满足不同的消费需求，于是就有了各种不同类型的饭店。饭店的分类有各种标准，以下是一些饭店的分类。

12.2.1 饭店的分类

1. 根据客房数量划分为：
①500 间客房以上为大型饭店（Large-scale Hotel）；
②300 间至 500 间为中型饭店（Medium-scale Hotel）；
③300 间以下为小型饭店（Small-scale Hotel）。

2. 根据客源市场和接待对象划分为：
①商务型饭店（Business Hotel）；
②长住型饭店（Long-stay Hotel）；
③会议型饭店（Meeting Hotel）；
④度假型饭店（Resort）。

3. 根据建筑投资费用划分为：
①经济型饭店（Economy Hotel）；
②舒适型饭店（Comfort Hotel）；
③豪华型饭店（Luxury Hotel）；
④超豪华型饭店（Deluxe Hotel）。

4. 根据地理位置划分为：
①城市饭店（Urban Hotel）；
②城郊饭店（Outskirts Hotel）；
③乡村饭店（Country Hotel）；
④景区饭店（Sightseeing Hotel）；
⑤公路饭店（Highway Hotel）；
⑥机场饭店（Airport Hotel）。

5. 根据经营方式划分为：
①独立经营饭店；
②集团经营饭店；
③联合经营饭店。

6. 根据等级划分：目前，我国的饭店分为五个星级。
一星、二星为经济性饭店；
三星为舒适性饭店；
四星、五星为豪华性饭店。

7. 根据价格形式划分为：
①欧式报价饭店，客房价格仅包括房租，不含食品、饮料等费用。
②美式报价饭店，客房价格包括房租以及一日三餐的费用。
③修正美式报价饭店，客房价格包括房租和早餐以及一顿正餐（午餐或晚餐）的费用。
④欧陆式报价饭店，欧陆式计价饭店的房价包括房租及一份简单的欧陆式早餐即咖啡、面包和果汁。
⑤床位与早餐式报价饭店。此类饭店的房价包括房租及美式早餐的费用。目前，房租含早餐的计价方式已为许多中国饭店所采用。

例1：饭店分类

	分类	国际品牌	中国对应品牌	性质	客源	价格区间
全服务	超豪华(Deluxe)	四季、瑞吉红塔		拥有最高级娱乐设施、时装店或顶级设施及服务，房价非常昂贵	商务与休闲客人各有一定比例，依赖位置的选择，国际客人占有极高的比例	1500元($200)以上
	豪华(Luxury)	洲际	5星+	宽大的房间配有高级品质的浴室、高级娱乐设施，高房价，大多处于大城市或旅游胜地的中心地段	国际商务客人占有很高的比例	1000-1500元($120-$200)
	高档(Upscale)	Crown Plaza	4星 5星—	高级品质、房价相对适中并拥有非常周到的服务，相对超高档来说欠缺些豪华设施	位于都市中心，以吸引休闲客人为主，国际客人仍是高档饭店的基础	500-1000元($80-$150)
	中档全服务(Midscale with F & B)	Holiday Inn	3星— 3星 4星—	充分周到的服务，相对高档，拥有较少娱乐设施，房价相对较低	国内客人为主，商务与休闲各有一定比例	200-500元($60-$120)
有限服务	中档有限服务(Midscale without F&B)	Holiday Inn Express	汉庭商务	相对全方位中档饭店，减少食物、饮料、酒吧及会议室等设施但拥有同等质量的房间产品，房价也有比较性	国内客人为主，商务与休闲各有一定比例	200-350元($50-$100)
	经济型(Economy)	IBS, Days Inn	如家 锦江之星 莫泰168	价格便宜拥有最基本设施的饭店，几乎无多余的娱乐设施	国内客人为主	150-250元($50-$100)
	廉价(Budget)	Super 8 ETAP Formule 1 Motel 6	招待所	价格最便宜，设施简单，最基本的住宿需求	国内客源	150元以下($60以下)

12.2.2 饭店为什么要分类？

饭店的分类是迎合饭店业市场的细分而产生的。因为有不同出行目的的客人，所以就有了不同类型的饭店。目前的旅游者可以分为以下几类：

- 商务散客
- 公司团体客人
- 会议团体客人和协会团体客人
- 休闲旅游者
- 长期居住客人
- 航空公司的客人
- 政府和军队旅行者
- 风光旅游者等

12.2.3 饭店市场细分和品牌化经营

从 20 世纪 90 年代开始，饭店业重视不断创新的经营策略。为了增加市场份额，市场细分成为许多饭店集团的一个重要的策略。事实上，这并不是一个新概念。希尔顿和喜来登集团早在 30 年前就已将其饭店分为"饭店"（hotel）和"客栈"（motel）两种。"饭店"建立在城市，"客栈"则建在郊区、飞机场附近和高速公路旁。

但是到了 20 世纪 90 年代，这种细分已不再只依据位置的选择，而是依据市场需求。1992 年至 1996 年期间，有 25 个饭店新品牌宣布诞生。如前面我们看到的万豪集团的品牌系列，它下面设有多个品牌，每一种品牌对应不同的细分市场。

20 世纪末和 21 世纪初，饭店通过兼并收购及合资使一个饭店集团拥了多种品牌，每一种品牌往往分别是一种类型的饭店，具有自己的经营特色。

课外研习：

以个人或 2~4 人的小组为研究单位，通过互联网或其他途径查找资料，进行以下问题的研究，做出研究报告，并编制 PPT 文件，在课堂里进行交流分享。

查找两三家不同类型的饭店，研究各饭店的产品和服务特点及针对哪些不同的市场细分。

参考文献：

[1] http://www.yuerongzhuang.com/

第十三讲 商务型酒店（Business Hotel）

13.1 商务旅游的发展

商务旅游是发展最快的旅游项目之一，从其规模和发展看，已成为世界旅游市场的重要组成部分，而且仍有巨大的发展潜力。全球每年旅游业收入的 35000 亿美元中，有 4200 亿美元属于企业的商旅支出，占全部旅游收入的 12%，并且随着世界经济的发展和全球化进程的推进，这一比例仍会提高。

全球商务旅游人数占旅游者总数的 1/3，占全球住房游客的 53%，占连锁酒店的 60%。

许多新兴的旅游项目推动了商务旅游的发展，如奖励旅游，目前全球每年约有 11 亿人～18 亿人次进行奖励旅游。国际会议市场也是一个日益增长的市场。据专家估计，全世界每年的会议收入将达到 2200 亿美元之上，且每年以 8%～10%的速度增长。

从近年来海外游客来华的主要目的看，依次是商务、投资考察、旅游观光，各种投资、考察、经商等商务活动大量增加，随之而来的各种规模档次、涉及众多部门和领域的国际会议、年会、研讨会、展览会等。

商务客人促进了中国的高档豪华酒店的日益繁荣。目前中国酒店发展最快、高档酒店最多的地区就是北京、上海、广州、深圳，这四个城市酒店市场的日益繁荣主要得益于商务客人的增多。

13.2 商务客人的特点

商务客人的消费基本上是由公司支付，标准很高，他们一般不重视价格。商务客人因商业目的而旅行，他们通常停留一个或两个晚上。停留期限短，但频繁，商务散客每年通常要入住酒店 15～20 次。全年无淡旺季，他们的目的地大都限于城市。

案例 1：北京酒店莱佛士和美国运通合作 [1]

8 月 1 日，美国运通公司与莱佛士酒店及度假酒店集团，在北京酒店莱佛士酒店正式开启尊贵百夫长套房，这是莱佛士酒店及度假酒店集团在全球最新推出的针对高层商务人士量身定做的百夫长套房系列，它标志着两个品牌间的一次携手合作。

下榻百夫长套房的贵宾将可以享受一系列精致的特色服务：一晚全免豪华住宿（无任何付费项目）及包含豪华轿车接机服务等一整套奢华服务：不仅可以享受由酒店特级厨师亲自为宾客在房间或餐厅准备的丰盛双人晚餐，还有轻松水按摩服务及 24 小时入住服务，套房中还将放置百夫长专有设施,以营造出百夫长卡会员华贵的下榻环境。

莱佛士酒店及度假酒店集团运营总监 Diana Ee-Tan 女士说:"对于此次能够与美国运通国际股份有限公司合作将百夫长套房带至中国的北京酒店莱佛士酒店我们感到非常荣幸,百夫长套房充分展现了莱佛士酒店及度假酒店集团堪称典范的个性化服务,我们诚挚期待着来自全球各地的美国运通百夫长卡会员能够光临下榻北京酒店莱佛士,来感受这座地标型酒店所赋予的神奇魅力。我公司与莱佛士酒店及度假酒店集团此次的友好合作标志着两个品牌之间最自然默契的一次合作。"

美国运通公司高级副总裁、东南亚区域总经理阿塔尔·马沙尔(Atul Mathur)先生说:"百夫长卡会员聚集了全球最顶级的尖端客户,随着北京酒店莱佛士酒店百夫长套房的正式开启,从而树立起个性化对客服务的国际标准,特别是能够在北京酒店莱佛士开启而感到更加荣幸。"

据了解,美国运通百夫长是富人卡中的"贵族",它在世界范围内被广泛誉为最顶级的信用卡,俗称为"黑卡",它正是迎合了上层人士的商旅需要而产生的。百夫长会员仅针对于国际市场上极少部分的人群,从公司白金卡旗下谨慎择选而出的顶级客户,以邀请的形式吸纳成为会员。作为最顶级的信用卡,百夫长卡的会员享受着全球独一无二的顶级个人服务及尊享的优惠。被指定为拥有此套房的百夫长卡会员专属下榻酒店除了中国的北京酒店莱佛士酒店以外,还有新加坡莱佛士酒店、新加坡莱佛士广场大酒店、格林纳丁斯的卡诺安岛莱佛士度假酒店、柬埔寨金边的莱佛士皇家酒店以及柬埔寨暹粒省的吴哥莱佛士大酒店和美国比华利山莱佛士酒店。

案例 2:凯悦集团[2]

凯悦集团(Hyatt Corporation)于 1957 年 9 月 27 日开设了她的第一家酒店,目前凯悦在全世界范围拥有 212 家凯悦酒店和度假村,分别由 2 个独立的公司运营。凯悦国际集团(Hyatt International Corporation)和凯悦酒店公司(Hyatt Hotels Corporation)

上海浦东金茂大厦

上海浦东金茂君悦大堂

1967 年,凯悦开设了世界第一家中庭酒店(atrium hotel),21 层的中庭城堡休息厅的酒店设计颠覆了传统的酒店建筑格局,给酒店业带来了新的生机。这对酒店建筑师们来说绝对是一个挑战,他们不再忽视外部的空间,而是去创造一个大而宽敞的开阔公共空间。

凯悦集团下面有四个品牌:

品牌（Brand）	等级（Segment）	床位	房价（$）
凯悦酒店 Hyatt Regency hotels	现代商务酒店		80-150
君悦酒店 Grand Hyatts	豪华的大型酒店	450-600 个	150+
柏悦酒店 Park Hyatts	典雅的精品酒店	200 多个	300+
凯悦度假村 Hyatt Hotels & Resorts	顶级的度假酒店		

（一）凯悦酒店 Hyatt Regency hotels——现代商务酒店

是凯悦集团的核心品牌，作为五星级豪华商务酒店，其设计融合西方及所在地的本土建筑特色，从巴黎到加德满都遍布世界各地。凯悦酒店以高科技的设施、高效率的专业服务、新颖当代的会议住房设施、精致的餐饮服务、齐全的健身设备及现代的氛围而闻名。凯悦酒店自始至终满足并超越顾客的期望，给与最细致周全的贴心服务。

（二）君悦酒店 Grand Hyatts——豪华的大型酒店

就如同其"Grand"的名称，全球的 Grand Hyatt 即君悦酒店以其服务及设施规模的豪华气派著称。主要坐落于世界各大城市中最新且繁荣的精华地段，临近大型会议中心，它主要服务于中上阶层客源。君悦酒店有着宏伟壮观的建筑外形，气派非凡的跳高中庭大厅、雅致温馨的客房/套房、宽敞明亮的浴室/起居空间、先进齐备的会议设施、华丽独特的宴会场地、多类型地道美食的餐厅和酒吧，君悦酒店呈现豪华的精致质感生活，映衬下榻旅客慧眼独特的高级品位。

（三）柏悦酒店 Park Hyatts——典雅的精品酒店

柏悦酒店位于全球的时尚之都，如东京、雪梨、墨尔本和马德里等城市最顶尖的建筑区内，其典雅高贵的室内空间设计、体贴入微的管家服务、细腻的精致餐饮及设施，尤其适合小规模的会议或晚宴，提供顾客独特且精致的卓越体验，定位为世界顶级的精品酒店。

（四）凯悦度假村 Hyatt Hotels & Resorts——顶级的度假酒店

凯悦度假村营造的是另人心旷神怡的度假风情，从美丽的海滩到世界级的高尔夫球场，从豪华的水疗按摩中心到设施齐全的现代化健身室，从刺激无比的水上活动到登山远足、到专为小朋友而设计的凯悦营地和儿童乐园，凯悦的度假村提供最舒适惬意的轻松享受。凯悦度假村以创新的礼遇、舒适的住宿、多样的运动休闲设施，并融合当地文化特色，让下榻的旅客远离城市的尘嚣。

今天凯悦主要在豪华酒店上向商务旅客提供设施齐全的会议及特别服务。在全球的大中城市、飞机场和度假胜地开设并经营酒店。此外凯悦国际集团正在筹划中的新酒店将为全球创造 2 万份就业机会。

13.3 总结：商务型酒店的特点

1. 高档豪华的设备设施
2. 周到、细致、完备的服务项目
3. 无微不至、优质高效的服务质量
4. 较高的价格

商务型酒店接待的客人一般是高档商务客人、社会名流、政要明星等，也称为豪华型酒店。

13.4　豪华型酒店案例

案例 3：阿联酋 Jumeirah 酒店集团考察报告[3]

今年 6 月，笔者应阿拉伯联合酋长国 Jumeirah 酒店集团的邀请，赴迪拜进行了访问考察。阿联酋是由 7 个酋长部落组成的国家，首都为阿布扎比，国土面积 8 万多平方公里，人口 400 多万，是一个外国人口占多数的国家，外国人和本国人的比例是 4∶1。

关于这个遥远的中东国家我们知道的并不多：只是隐约知道这是一个极度奢侈的国家，这里所有的淡水都是用海水淡化的；种植每一棵树都采用滴灌的方式，种一棵树费用在 3000 美元以上；这里石油蕴藏量居世界第三位，石油比水还便宜；所有高速公路全都架设了路灯；有世界上最大的室内滑雪场，有世界最昂贵的酒店；正在建设着 900 多米的世界最高大楼和世界最大的人工岛———棕榈岛等。

来到迪拜之后才感到以前听到的传闻都是真实的，而且，这个国家不仅仅有钱，还有和谐安定的社会氛围、高度法制化的国家制度、与国际接轨的市场体系等等。但印象最深的还是堪称世界一流的位于迪拜的 Jumeirah 酒店集团。

Jumeirah 是迪拜的一个地名，中国人直译为"久美拉"。一年前 Jumeirah 成为该酒店集团统一的名称。该酒店集团由 Al-Maktoum 家族投资的世界上最豪华的酒店组成，现在拥有 9 家酒店和一个酒店管理学院。近段时间引起广泛关注的阿拉伯塔是它的旗舰店，被称做世界上最昂贵的酒店。该集团高层管理人员———从总裁到各个酒店的总监，几乎全部是来自欧美的酒店管理专家，员工 99% 都是外国人。由于酒店优异的业绩和在全球日益扩大的声誉，集团最高当局决定要在 3 年内把规模扩大到 50 家。包括在中国的上海、北京、广州要各建一家。上海选址在新天地广场附近，年内很快开工。北京的酒店也将在 2008 年奥运会前投入使用。

笔者在 Jumeirah 集团下塌的第一个酒店是 Emirates Tower，翻译成中文为艾米尔塔或酋长塔。这个酒店是一个双塔建筑，远处望去像两把利剑刺向天空，是迪拜的标志性建筑。尽管门前挂着五星级酒店的标牌，但五星级并不能真实证明它的档次。400 间（套）客房最小的面积也在 50 平方米以上，最低房价 600 美金。所以，人们也称它为六星级酒店。该酒店完全以现代风格进行设计装修，处处体现了直线型的简洁明快的艺术形式。4 部客用电梯位于塔楼的中心位置，电梯井全部用玻璃建造。

笔者在 Jumeirah 集团下榻的第二个酒店是 Madinat Jumeirah，翻译成中文的意思是 Jumeirah 之家。该酒店和 Emirates Tower 形成了鲜明的对照，是仿照中世纪阿拉伯城堡的样式建造的，到处洋溢着伊斯兰的民族风情。更让人意想不到的是整个酒店建在一个人造的水城中，客人可以在蜿蜒的小河中坐船游览两岸的风光。河岸上棕榈树婆娑迷离，古色古香的古城堡时隐时现，像置身于天方夜谭的神话世界中。酒店的家具也全部采用仿古风格，甚至连房门磁卡钥匙也做成了古钱币的样子。50 多平方米面积的房间宽敞舒适，卫生间里的双洗手盆更让人感到品位不凡，它的最低房价也是 600 美金。

笔者还参观了闻名于世的 Jumeirah Beac hotel（Jumeirah 海滩酒店）和阿拉伯塔。Jumeirah

海滩酒店从正面望去像是一尊巨大的银色狮身人面像。该酒店是一个典型的海滨度假酒店，也是豪华五星级。拥有598套客房、19套别墅、4个游泳池和33800平方米的专用海滩，还拥有儿童乐园和家庭探险乐园等名目繁多的游乐设施。据接待我们的一位经理介绍，来这里的主要是欧洲度假客人，平均每位客人的逗留时间是10天。该酒店每天的餐饮收入大约为300万元人民币。

与Jumeirah海滩酒店隔海相望的就是世界上最豪华的酒店阿拉伯塔。该酒店建设花了整整5年的时间，两年半用来在阿拉伯海填海造岛，两年半用来建造酒店。建设中使用了9000吨钢铁，并把250根基建桩柱打在了40米深的海底。酒店由英国设计师W.S.Atkins设计，这个远远望去像是一艘扬帆远航的船形建筑一共有56层，321米高，装修时仅黄金就用了40吨，其豪华程度令人叹为观止。客房全部由复式套房组成，最小的房间是170平方米的总统套房，总计有202套。最豪华的套房为780平方米的皇家套房，设在第25层，家具是镀金的，设有一个电影院，两间卧室，两间起居室，一个餐厅，出入有专用电梯。房价最低1600美金，最高18000美金。200米高的可以俯瞰迪拜全城的餐厅、世界上最高的中空式大堂和海底餐厅堪称世界第一。笔者看到，客人直接到各个楼层check-in，每个楼层都设有服务台并有客房管家。该酒店的高科技在服务中的应用也使人耳目一新。它的每间客房不仅在写字台上的公文盒里放置了数码相机和U盘，而且还为客人提供一个掌上电脑。客人可以利用掌上电脑开启和关闭窗帘，控制音响、电视、灯光等。很多来迪拜的游客都希望到阿拉伯塔参观，但是，该酒店是谢绝免费参观的。只有到该酒店消费才可以入内参观。喝下午茶是每人50美金，吃自助餐每人400美金。尽管如此，各国游客还是络绎不绝。听酒店印度籍的房务总监介绍，今年春节，中国客人占了入住客人的30%。然而，入住Madinat Jumeirah酒店和Jumeirah海滩酒店的客人是可以随便进入阿拉伯塔参观的，而且有专用的电瓶车搭载客人在3个酒店之间穿梭行驶。为了保护住店客人的私密及防止竞争对手窃取酒店的知识产权，该酒店几乎所有的公共场所都不允许拍照。Jumeirah集团在经营方面取得了优异的业绩，去年平均开房率达到了85%。

Jumeirah集团不仅注重设施设备的超一流，而且更注重企业文化建设和员工素质的提高。在该集团的后台工作区和员工生活区到处都悬挂着有关企业愿景、店训、员工行为准则的标语。Jumeirah在它的愿景中指出：Jumeirah正在努力开发一个全球化的超级品牌，独具慧眼的、特点鲜明的、令人难忘的名字。我们集团所有酒店的名称都会体现Jumeirah这个品牌的特点，但同时每个酒店都会保留其独特性。我们会坚定不移地保持世界最豪华酒店的这个品牌；同样提供与此相匹配的最优质的服务。我们的目标很明确：待人诚恳，大胆创新；并通过建立世界范围的酒店投资集团，而使其跃居为酒店业的首位。

Jumeirah酒店集团的店训也十分富有哲理：我会第一时间微笑着问候宾客；宾客的请求对我来说永远是正确的；尊重他人，待人诚恳。

该集团所有员工上岗前都要进行企业愿景、团队精神、服务意识等多方面的培训。在岗职工也都有严格的培训制度，每周都安排有员工培训的课程。集团还为每个员工的成长晋升创造条件，集团岗位如有空缺，就及时公布，鼓励员工参加竞聘。对所有晋升或换岗的员工都要进行集中培训。集团的一位培训经理告诉我们，一个员工在同一岗位上两年没有变化，管理人员就会和其沟通。如果这位员工是因为特别喜欢这个岗位，就会鼓励他（她）继续干下去。如果不是这样，就帮助其查找原因，进行教育和培训，使其有更大的进步。

Jumeirah酒店集团员工的待遇非常优裕，普通服务员3人住一间房，领班和迎宾员以上职位人员全都住标准间。在该集团迪拜6500人的员工村里青草茵茵，绿树枝繁叶茂，鲜花盛开，真正是沙漠中的绿洲。健身房、乒乓球室、网吧、咖啡厅、超市、网球场、篮球场、足球场等一应俱全。所有室内场所全部安装了空调。免费供应的员工餐，餐餐都有两种以上水果和4种以上饮料。员工宿舍楼里还设有免费自助洗衣房、公用厨房等生活设施。

阿联酋的Jumeirah集团之行使我们受益匪浅，对超豪华五星级酒店的服务水准和先进的企业文化有了深刻的感受。Jumeirah集团的经营理念、管理和服务经验对中国的酒店业特别是白金五星级酒店的建设有着重要的借鉴意义。

（作者：狄保荣 作者单位：山东旅游职业学院）

课外研习：

以个人或 2~4 人的小组为研究单位，通过互联网或其他途径查找资料，进行以下问题的研究，做出研究报告，并编制PPT文件，在课堂里进行交流分享。

查找并研究一家商务型酒店。

参考文献：

[1] http://news.veryeast.cn/news/l/2007-8/2/078214241971305.htm

[2] http://www.ch-ra.com/pinpai/PPinfo.aspx?id=FB3DBAB1-347C-4471-9327-80879EE5313B

[3] http://www.sunglory.net/Article/ShowInfo.asp?InfoID=390

第十四讲 会议型饭店（Meeting Hotel）

14.1 会议型饭店的市场特点

会议型饭店是针对会议和展览进行服务，把会展客户作为主要服务对象。与饭店其他营利项目相比，饭店会议利润率高，并能有效带动住宿、餐饮、娱乐等其他相关饭店消费。会议型饭店规模较大。其人流物流量大，出入相对集中，客人逗留时间长。客人包括会展主办方、参展商、观众、记者等等，一般团体客人在饭店入住时间为大致为1~2天，但通常一个会展所需的时间约为3~4天，有的甚至超过10天，有着巨大的市场潜力。会议型饭店需要提供大面积的会议场所和展览地，提供数量充足的客房和饮食以及丰富的娱乐设施和其他产品。

会议客源的特征是：各类会议分布于全年各阶段，受时间和季节影响较之旅游团队为小。市场规模较其他市场为大，一些大型的或有影响力的会议往往因为新闻媒介的介入而成为饭店提供宣传的机会。客人的平均住宿时间较长。饭店的附属设施使用率较高，平均消费能力高于旅游团队。会议用房往往"大进大出"，会影响饭店客房对其他客人的销售，由于会展属于在饭店里举行的大型活动，活动内容多，人员多，所以需要饭店有专人全程跟踪协调和服务。

会议客源对饭店产品的要求也与其他客源有区别，它要求饭店有各种规模、档次的会议室、会议厅；要配备会议专用设备，如影音系统、投影系统、同声传译等；能提供多样的就餐形式和菜肴品种，如自助餐、冷餐会、酒会、大型宴会等；附属设施较为齐全，尤其是商务中心功能及娱乐设施。

14.2 会议型饭店的产品特点

会议型饭店按照其所处的区位来分可以分为三类：

（1）市区商务型。该类会议型饭店一般位于市中心的黄金地带，拥有较为稳定的短期会议市场。它的优势是地理位置方便。

（2）城郊度假型。该类饭店与第一类饭店相比，虽然交通距离拉长了，但是其会议规模化和专业化的服务以及相对低廉的价格对于有度假需求的中长期和大中型会议有很强的吸引力。

（3）旅游会务型。该类饭店一般位于旅游资源禀赋突出、旅游发展成熟的国家级旅游区，如三亚亚龙湾、博鳌、丽江古城等,这类会议饭店的吸引半径较大,能吸引到全国范围的公司会议团体、政府公款消费以及团体奖励旅游的客户。

例:会议型饭店类型与特点

会议型饭店类型	举例	特点
城郊度假型	北京九华山庄 杭州第一世界大饭店	● 位于城市郊区,通达性好,距离市区一小时交通圈以内 ● 提供专业的会务服务,服务档次高,价格一般为市区商务饭店的50% ● 客房量充足、会议设施完善、周边环境优越、能提供休闲、度假和会务的一站式服务 ● 多为四星或者准五星饭店
市区商务型	澳门威尼斯人饭店 深圳威尼斯饭店 广州白天鹅宾馆	● 位于市中心的黄金地段,与城市稀有资源相结合 ● 一般是市区内四星级以上并享有较高行业美誉度的饭店
旅游会务型	普吉岛喜来登饭店 三亚红树林饭店 天域度假饭店 丽江官房大饭店	● 位于资源禀赋突出、旅游发展较为成熟的国家级旅游区(如三亚亚龙湾、丽江古城等) ● 会议市场一般能占到整个饭店市场的30%~45%

会议型饭店的特点主要有以下几方面:

1. 规模——较一般商务饭店大

一般而言,会议饭店设定的会议室数量通常较多,这使得会议饭店较相同客房数饭店的建筑面积规模要大20%~35%。例如九华山庄的总建筑面积为31.6万平方米,其中会议室76个,建筑面积约为10.5万平方米,占整个饭店建筑面积的1/3左右。再如位于杭州市郊的第一世界大饭店,有18间从30~3000人不等的会议室,而一般中型饭店,200人左右的会议室只配一个,而第一世界大饭店配置了6个,使其饭店建筑面积规模比起与其客房数接近的其他饭店来大出20%以上。

2. 硬件设施——较一般饭店齐备完整

要成为一家会议型饭店首先是在设施上要比普通的商务型饭店有所超越,比如:上海浦东香格里拉饭店是一家商务型饭店,他们同时也将会议作为他们主要的一个细分市场,因此,他们在所有会议室和多功厅都配备了一流的先进影音设备,包括宽带上网服务、室内同声传译系统、手提电脑、兼具录音服务的麦克风系统、多制式录像机、幻灯机、投影仪、液晶投影仪、实物投影仪、视像/电话会议、视像/数据投影仪等。

如果是一家专业的大型会议饭店,在硬件上会议接待的服务的硬件条件和设施功能就会显得尤其重要,这将包括会议室的数量、格局、分布、厅室的灯光音响配置的专业化程度,有足够的房间数量,和丰富的房间类型,同时具备接待超千人团体餐饮活动和高规格宴会的接待能力。

3. 服务——专业化的会议接待服务

除了会议设施设备外,会议接待的核心产品就是服务,接待一个大会议,涉及到饭店各个部门,所以内外部的协调很重要,比如皇冠假日饭店对此专门了设立了会务总监,手下有多名会议协调员,全职为会议服务,他们的工作从会议报价到会议过程中的协调服务,让会议组织者感到一站式办事特别方便。

会议型饭店和一般的商务饭店相比接待会议团体的比例要高出许多，饭店客源定位的不同决定了他们所提供的服务也不尽相同，典型的会议饭店通常能配备专业的会议服务人员提供专业化的会议服务。一般会设置会展部或专门的会议总监，拥有一支经验丰富的高素质会议服务团队，具有制定会议方案，解决突发事件，全程协助会议进行的能力。此外，会议代表的往来接送、会议期间的餐饮服务、会后的活动安排等等，也有完善的规范服务。

案例1：上海光大会展中心[1]

上海光大会展中心是由中国光大集团出资开发并建造的集展览、展示、会议、宾馆、公寓、商务、健身、娱乐、休闲为一体的大型综合性建筑。它位于商业娱乐中心徐家汇和漕河泾高新技术开发区的黄金节点位置，是上海浦西徐家汇的地标性建筑。优越的地理位置加上

便捷的交通和国际化的一流设施，使其成为上海这座国际经济、金融和贸易中心的一道亮丽风景线。

上海光大会展中心总建筑面积近26万平方米，由东、西两翼组成，并以空中走廊相连接，东馆为三组六幢高30层连体式大型综合建筑，包括3万平方米展览会议场馆，4万平方米四星级饭店以及办公楼、公寓楼。西馆是一幢三层大空间的标准展馆。不仅是展览、商务、交流的极佳活动中心，也是社会各界团体进行休闲、娱乐的理想场所。光大会展中心已成为上海西南地区各类展览展示、国际会议、新品演示、研讨交流、餐饮宴会、休闲娱乐的重要场所。

饭店简介。光大国际大饭店由两幢30层凯旋门式复合型建筑构成，它是浦西规模最大、设施最齐全、服务最周到的专业会议和展览型饭店。饭店拥有701间（套）客房、40个多功能会议室、各种风格的中西餐厅和齐全的休闲娱乐设施。饭店与光大会展中心展馆相连，成为大型会议和商务活动的理想场所。

展馆设施。光大展览中心由东西两区组成。西馆是一座三层标准展馆，25000平米展厅面积可容纳1200个标准摊位。展厅内中央空调、给排水、电力、现代化通信设施、国际互联网以及配合展览期间技术交流的会议室等设施一应俱全。东馆位于会展中心东区连体式建筑群中央。7500平方米的场馆可容纳322个标准展位。其合理的布局使你在一层举办交流展示的同时，可利用二层光大会议中心进行专题讨论或举办宴会。这种"以会带展，以展带会"的特殊布局使"展"和"会"实现了时间和空间的统一。

会议设施。饭店二楼设有多功能宴会厅,1274平方米,备有六声道同声翻译、远程会议转播、电子投影板等系统,可容纳1000人参加各种形式的宴会、会务活动.

饭店二楼另设有60～2700平方米大小不等的会议室40多个,可同时举行各种会议，以满

足不同需求。

餐饮宴会。

客房设施。拥有各类豪华套房、商务客房、高级标准客房704间。

健康娱乐。位于饭店四楼的 8000 平方米的光大运动休闲天地,设施齐全,在此舒展身心,倍添惬意。设有网球场、羽毛球馆、壁球馆、桌球室、室内游泳池、乒乓室、棋牌室、健身房、桑拿、足底按摩、美容美发等。

案例 2.Pattaya Exhibition and Convention Hall 芭堤雅会展中心 [2]

芭堤雅会展中心（Pattaya Exhibition and Convention Hall PEACH） 位于泰国风景名胜地芭堤雅皇家悬崖海岸，俯瞰风景秀美的皇家悬崖海湾。

PEACH 提供各种会议设施和服务,它拥有 31 个不同的会议场所,有可以容纳 10~5800 个人的会议室,共 10000 平方米。人们在 PEACH 可以做到"在天堂般的环境里解决严肃的商业问题"。

在 PEACH 的同一个区域里,有由 4 家饭店组成的皇家克里夫海边度假村,它们面向大海,被郁郁葱葱的花园小径所围绕。

皇家克里夫海边度假村

作为亚洲一流的度假村,皇家克里夫海边度假村由 4 家各具特色的饭店组成,共有 1100 多间客房。它们互相靠近,彼此只有 5 分钟的距离。它拥有一流的各种设施。包括 9 个提供世界各国美味佳肴的餐厅、4 个酒吧、SPA、美容美发沙龙和儿童游乐场。

皇家克里夫海边度假村是体育爱好者的天堂。它有 5 个游泳池、6 个灯光网球场、慢跑小道、带桑拿和蒸汽浴的健身中心、海边的水上运动。度假村有自己的汽艇班船可以到达附近的热带岛屿。皇家克里夫海边度假村还有一个 18 洞的锦标赛标准的高尔夫球场和一个 3 洞的高尔夫练习场。

14.3 会展和食宿综合设施群的特色

由会展场所和多个饭店及休闲设施构成的会展设施群,以满足大型会展对会展规模和专业的需求,以及会展客人对食宿休闲娱乐的多种需求。如泰国芭堤雅会展中心,它既有大型的专业化的会展场馆和设施设备,而且作为配套设施,有住宿、餐饮、休闲、健身待服务等设施和服务,这样就可以同时满足客人的一揽子的需求。北京的九华山庄也是同类的会展和食宿综合设施群。是比较理想的会议和展览的场所。

课外研习:

以个人或 2~4 人的小组为研究单位,通过互联网或其他途径查找资料,进行以下问题的研究,做出研究报告,并编制 PPT 文件,在课堂里进行交流分享。

查找并研究一家会议型饭店。

参考文献:

[1] http://www.secec.com/
[2] http://www.peachthailand.com/

第十五讲　度假型饭店（Resort）

15.1　人们为什么选择度假饭店

人们选择度假饭店，首先是因为在度假饭店中可以提供娱乐，给人带来快乐。度假可以让人暂时逃避现代社会的喧嚣，好的度假饭店就是提供一个逃避现实的机会，让人放松。

其次，在度假的轻松的环境中学习和充实知识是一种快乐的收获。地中海俱乐部让一些平时工作忙的人学习网球之类的个人休闲技能，他们请一些大学生等来做教练。一些老年人在地中海俱乐部里学会了如何使用电脑，在度假饭店这种轻松的环境里学习可以减轻老年人对学习新东西的恐惧。在泰国有学做泰菜的饭店，很多人去学。在夏威夷最好的度假饭店开展讲夏威夷文化、讲故事，客人认为很有意思。度假饭店专门提供运动和体育设施，美国有很多运动员都在度假饭店中训练。

第三，可以提高身心健康。最早的度假饭店就是从温泉发展起来的，温泉饭店可以使人获得身心健康。最新的度假饭店提供全面的健康服务，这是医院与度假饭店的结合。度假饭店里还可以请来保健师，为有工作压力的客人解除疲劳。

人们前往度假饭店的主要原因是以度假忘却工作中的烦恼和焦虑，或者改变一下生活节奏。因此，度假饭店的坐落位置十分重要。受欢迎的选址包括海滨、山岳、沙漠、热带岛屿及其他风景地。这些选址都远离尘嚣。一般来讲，这些地方空间开阔，可以提供诸如滑雪、划船、网球、高尔夫球等户外娱乐设施。

一些度假饭店越来越多地招徕会议团体、公司会议和奖励旅游团体，会议主办方或公司往往将开会与度假结合在一起，因此，也有些度假饭店也有设施齐全的会议设施。

案例1：最美最贵的度假饭店——丽江悦榕庄 [1]

丽江悦榕庄的特色在于其建筑风格、所处地理位置既沿袭了悦榕营造优雅浪漫的度假风

格,但整体建筑风格又非常地方化,建造伊始就按照丽江城市规划要求把丽江古城的建筑风格融会贯通其中,而内部则是五星级的现代化饭店设施。55栋纳西式的别墅均朝东北向,每位佳宾在房间的床上均可欣赏到位于海拔5600米的玉龙雪山山顶。令人钦羡的大自然景观全部收集于丽江悦榕庄宽敞的别墅里,106米的宽敞空间里包括室外温水按摩浴池或私人泳池。其建筑体均采用当地特有建材兴建而成,例如五彩石及纳西灰砖。

在深圳一家著名外资企业任公关经理的李小姐今年把休假地点选择在丽江。不过她没有选择住在丽江古城里,而是入住丽江悦榕庄。"以前也到过丽江,也很喜欢丽江古城的感觉,不过这次纯粹就想放松一下自己,听朋友说丽江悦榕庄能满足我的这一要求。"虽然她在丽江悦榕庄住的房价高达500美元,但李小姐还是准备多住几天,"看一看雪山,做一做SPA,彻底放松一下身体、心理和灵魂。""完全放松,不想回家了。人间天堂也不过如此!"在丽江悦榕庄住了三天后准备离开李文宏夫妇对记者说。三天时间他们几乎都是呆在这个舒服至极的庭院里,不愿出来。这家饭店是度假理念很强的别墅型饭店,平和与放松是这里的主要元素。泉浴治疗以及按摩疗法是饭店的强项,顶级的设备、专业的技师给了他们一次高规格的体验。

其实,悦榕庄的理念很简单:让客人沉浸在欢愉中,离开的时候确保得到"元气"的补充。以营造优雅浪漫的度假环境著称的悦榕庄把浪漫做到了极限。客房设计让客人体验到的也别有情趣:宽大、浪漫、新奇、异域、舒适……想用来形容而一时想不出的美好词汇都可以用在这里,并且早已经没有了卧室、客厅、卫生间、休息区的界线,一打开独立庭院的大门,就可以看到一张大床面朝雪山放在大客房的中间。

大客房的外面就是一个精致的独立小花园和蓝汪汪的个人泳池,推开房门就可以举身赴清池,闭目徜徉水中,盈盈花香浮动,耳畔是轻柔而有节奏的流水声,惬意到像置身于仙境中。高高的围墙围起了一个只属于你或你们的私人空间,无论是想在明艳的阳光下享受浴池的水珠按摩,还是在夜晚璀璨的星空下露天淋浴,或是两个人在花园的亭阁中共享浪漫晚餐,都有绝对清净、私密的环境。这种生活安闲而肆意,得饭店度假之精髓。服务的细节无处不在。悦榕庄给客人提供的一项"特殊服务"就是客人不仅可以在任何一个餐厅、酒吧或自己的别墅内用餐,而且如果客人喜欢,服务生可以在度假村内的任何地方为客人临时摆放餐桌,如室外草坪、游泳池边、水疗馆内等等,让客人倍感家的随意。

砌筑在青石板上的按摩温泉水池,能使人在沐浴时远眺静静的雪山。而雪山脚下,整个建筑群则用丽江独有的建筑语言,勾勒出人与天地共融的和谐一幕。

"四合五天井"内两侧耳房被用作书房,四个"小井"位于书房外部,创造了角落里别致而小巧的景观空间,书房内部搭配富有民俗韵味的家具和布艺配饰,也古意盎然。

用玻璃作为隔断的沐浴空间与庭院相连显得十分通透。浴缸则用云南盛产的大理石材制作而成,其稳重的材质与轻盈的玻璃相搭配,带来空间的灵动感觉。

即便是一个小小的洗手间,在悦榕庄的建筑内似乎也吸纳了天地的灵气,大面积的玻璃窗幕、光滑的大理石地面、圆润的洗手盆造型、精致的民族摆件无不带上了山涧的轻灵和幽远的古意。

案例2:地中海俱乐部[2]

地中海俱乐部的创始人格拉德·伯利兹(Gerard Blitz)曾经是比利时奥林匹克运动队的成员,他和他的朋友们于1950年在法国成立了一个运动协会,即地中海俱乐部。

地中海俱乐部根据旅游活动的发展趋势,在地中海创建一种别致的度假模式,能提供舒适的住宿、体贴的服务、丰富的运动和美味的饮食,并将这一切都包括在一种非常方便的一价全包度假套餐中。

今天，Club Med 一共拥有遍布全球的 90 余个度假村。每一个度假村都致力于为客人带来欢乐并留下难忘的回忆。每一处无以媲美的选址、奢华舒适的设施以及每一种由吸引客人热情参与的活动，都能使人体验到无与伦比的快乐和无微不至的关爱。

地中海俱乐部的经营战略。度假村制定的新战略可以概括为：服务与众不同，压低成本保证收益率，集中资源搞好核心战略，进行更高水平的国际经营，实行新的分销政策和新的金融战略等。

下面是地中海俱乐部的成员饭店巴厘岛度假村的例子。

人们给予了巴厘岛许多名称："上帝之岛"、"世界的清晨"，所有的名称都是在诠释巴厘岛的神秘与魅力。正因为如此，数个世纪以来，巴厘岛吸引着络绎不绝的世界游客。在巴厘岛南部爪哇海湾围绕的世外桃源中，栖息着 Club Med 巴厘岛度假村。这个内容丰富，设施完备的度假地充满了亚洲特色风情，奉献给您一种别致的休闲享受。

身体、思想和灵魂的重生

休闲和慵懒的无尽方式

15.2 度假型饭店的特点

1. 度假饭店的特点决定了饭店的地理位置通常会选择远离城市，风景优美的海滨、山区等，以满足客人逃避现实，充分放松的度假要求。

2. 有比较豪华舒适的房间及其他设施。由于是度假，客人在房间里待的时间比较长，对客房的舒适度的要求就较高。因此度假饭店客房面积应该比较大，房间内的物品也应该比较完备和充分。

3. 有可口的餐饮。由于度假型饭店的客人其他类型的饭店住的时间较长，而且作为度假，客人的舒适度的要求比出差公务时高。可口的食物是构成一个完满度假的重要部分，所以菜单的设计、菜肴的制作及餐饮服务的要求也就比较高。

4. 有丰富多样的娱乐休闲活动。与商务型饭店不同，度假饭店主要服务于旅游市场中的度假和娱乐细分市场、公司会议市场和奖励旅游团体。度假饭店的客人通常是受饭店的声誉、饭店所在地的景物以及饭店提供的娱乐活动的吸引，所以客人往往会将外出度假或是将出差与娱乐二合一。因此，度假饭店需要有丰富多样的娱乐休闲活动，如游泳、骑马、乒乓球、高尔夫、网球、滑雪、帆船、钓鱼等。

15.3 度假饭店案例

案例3：马尔代夫豪华饭店之一[3]

一般游客到马尔代夫度假，都会选择自己喜欢的度假岛作长时间的休息和享受，由于观光业在许多人迹罕至的小岛上蓬勃发展，因此形成此地一岛一饭店的特色，这些充满浪漫色彩的度假岛屿共有70多个，每个岛屿及其饭店皆有独特的风格，其中天堂度假岛算是众岛之最，其饭店因面海及隐密的空间设计而受到游客的青睐。

马尔代夫目前有87个岛被开辟为旅游度假村，供游客居住，其他均为古朴的渔村。这些充满浪漫色彩的度假岛屿形成一岛一饭店的特色，每个岛屿及其饭店皆有独特的风格，上面的设施非常完备。

房间一般有两种，一种是两层楼的独立小木屋，共有四间双人房，每一幢都是建于曲折幽长的小路深处，在翠绿浓密的热带植物间显现，在洁白细腻的沙滩上绵延开来。

另一种是水上屋（Water Bungalow），建在海上，带观海露台，露台上有楼梯直接通进海里。水上屋设施非常很好，正门和露台门打开后空气流通，海的气息充满整个房间，静谧的海景更是超值。涛声鸟鸣、浪花明月，时刻会围绕在你的身边，伴你进入梦乡。正是这些饭店为马尔代夫赢得了蜜月天堂的美称。

马尔代夫希尔顿饭店（五星级饭店）

地址：马尔代夫希尔顿饭店坐落在南爱尔瑞环礁上，距离机场90公里

马尔代夫希尔顿饭店是来热带天堂——马尔代夫访问客人下榻的理想选择。饭店世界一流的服务和设施与马尔代夫传统的待客风格相结合，为客人提供超级的享受。度假村建在两个充满异国情调的小岛——拉格利和拉里芬湖小岛上。两个小岛通过一条长500米、跨越蓝色礁湖的人行桥相互连接。

案例4：全球十大顶级奢华SPA饭店之一[4]
墨西哥 Grand Velas All Suites Spa 饭店

空气中飘满了精油和香薰的气味、悦耳的流水声与轻缓的音乐，窗外是最清新的自然美景，温柔指尖的魔力带领你进入一个久违的天堂——这就是新富们不惜跋涉万里，但求一夕放松的顶级Spa之旅。当SPA风靡万千淑女之时，绅士们说，我们也要对身体再好些。全

球10大顶级温泉SPA，通过触动你五大感官的每一根神经，来舒缓你的精神和每一寸肌肤。体验风格迥异的终极定制SPA，只有选择最适合自己的心身愉悦方式。

墨西哥太平洋海岸的宜人气候和自然风光都是无数旅行者向往的，味道浓郁和颜色艳丽的南美洲花草是当地SPA的一大卖点。而这里的Grand Velas All Suites & Spa又为墨西哥这个古老的国度加入了现代的气息。Grand Velas All Suites & Spa曾获得"最佳spa饭店"称号，它的服务也绝对是名副其实。

饭店有着很高的私密性，为每一位客人配备了5名服务员照顾他们的饮食起居，从挥汗如雨的健身到轻松惬意的减压，再到男士深层面部护理和不牺牲口味的减重饮食计划，应有尽有。这里让人感觉像走进欧洲贵族的大学校园，但没有紧张的考试。客人们可以参加各种训练班，与私人顾问见面，不断练习，并且在短时间内亲身感受各种更加健康的生活方式。

你最短可以在这里待一天，但大部分人都会多待一阵。这里有各种组合式体验套餐，例如整体SPA、普拉提护理以及排毒SPA。大多数人会对这里恋恋不舍，有些人能住到两个月之久。

Grand Velas All Suites & Spa同时拥有五星级饭店、乡村俱乐部和一流健身中心所提供的所有服务。40个设计精美的治疗室随时为顾客提供80多种spa治疗，包括20种全身护理和23种按摩方法选择，26种水疗和19种手部、足部和修饰护理方法。除此以外还有增寿、医疗服务和健身计划等。除非你购买了组合计划，所有的项目都可以按照你的意愿选择安排。不仅如此，入住Grand Velas All Suites & Spa还包括了13项具有异域风格的补充疗法，包括禅道指压、虹膜学（眼部研究）和头部按摩。

饭店还设有大型游泳池、极可意水流按摩浴缸、网球场、沙滩排球场。在附近的陶瓷店，你可以买到墨西哥的传统陶瓷制品，你也可以去山上远足，领略墨西哥的海岸风光。

案例5：颠覆你旅行回忆的七个海滩饭店之一[5]

Amanpuri（泰国 普吉岛）

浅绿、绿、碧绿、浅蓝、蓝绿、蓝、宝石蓝、孔雀蓝、深蓝……你到底能辨别出多少种的颜色？

这里是马尔代夫，这里是普吉，这里是苏梅，这里是巴厘，这里是这个世界上最清澈、最安详的海。我们把你拉到离你最近却又风景最美的海滩，你并不需要飞过大半个地球才能望到一望无边的湛蓝，它们是真正对各国人开放的美丽海滩。但是，同样是一个岛，旅行回忆却千差万别。世界著名的Amanpuri饭店的经理说："很多来这里的人都是不去普吉岛其他地方的，这些人上午打电话来，下午就坐私人飞机飞了过来，第二天又走了。"来了，Amanpuri就用冷水将午后的海滩遍洒，只为让你踩上去也感到凉爽；来了，Amanpuri为你安排早间的海边瑜伽；来了，亚洲最多的游艇收藏能够带你一个人去近

海任一片天地，这些就是海滩饭店的魅力。我们为你选了这样 7 家饭店，它们绝对让你重新认识这些著名的海滩……

当你的车穿越椰林开上半山，天地豁然开朗，你就到了著名的 Amanpuri。但是这里任何一个地方都找不到"Amanpuri"这个饭店业界传奇的名字。双手合十的泰国女孩好像欢迎你回家一样叫出了你的名字，然后把你直接领到房间帮你 Check-in。房间里并没有电视，就像大堂没有电脑，门的钥匙拴着海螺一样，这里的一切都返璞归真。当然，如果你需要，电视可以即刻装好，而你也可以从 Amanpuri 浩瀚的图书馆 CD 收藏找到自己喜欢的音乐。

Amanpuri 是新加坡的奢华饭店集团 Aman Resorts 在全世界的第一家饭店，也可能是最让人难忘的一家。你有可能没听过 Aman 多半是因为它的小巧和隐蔽。所有的 Aman 饭店都只有不多过 55 间房以保证顶级的服务，而每个 Aman 饭店都隐藏在一个非常独特的环境，有的藏在不丹的深山，有的本身就是摩洛哥的古碉堡，而 Amanpuri 则正好倚靠茂盛的椰林种植园，俯瞰一望无边的安达曼海，自然条件得天独厚。Amanpuri 独特、私密，你似乎永远看不到什么工作人员，整个山林整个海都是你的。你发现泳池上漂着冰水，以供随时饮用；当你走到海边，你躺在椅子上，马上有人送来饮料和湿毛巾；天有不测下起雨来，马上又有人开车接你；而夜晚你在就餐的时候，泳池对面却有人奏起泰国的古乐……

Amanpuri 是与世无争的，你只要看看这片椰林在泳池中的倒影就会感叹这里的美丽。Amanpuri 的工作人员说，大部分到 Amanpuri 的游客是到了这里就不出去看普吉岛其他地方的。现在国内也有了专门打着 Amanpuri 旗号的旅行团，只为让你看看这片得天独厚的美丽。

课外研习：

以个人或 2~4 人的小组为研究单位，通过互联网或其他途径查找资料，进行以下问题的研究，做出研究报告，并编制 PPT 文件，在课堂里进行交流分享。

查找并研究一家度假型饭店。

参考文献：

[1] http://luxury.china.com/zh_cn/luxury-house/11060859/20080409/14775666.html

[2] http://guanli.veryeast.cn/guanli/41/2005-2/23/20052231046.htm

[3] http://www.feik.cn/meishiyanjiu/jiudian/2007-10-05/3117.html

[4] http://www.yoka.com/luxury/house/2008/032549734.shtml

[5] http://ly.gdcc.edu.cn/n16040c133.aspx

第十六讲　豪华邮轮（Luxury Cruises）

像泰旦尼克号中杰克一样在船头拥抱罗丝，罗丝张开双臂，迎面吹来海风，头顶星光闪闪，这是每一个人的梦想吧。豪华邮轮旅游度假可以让你轻松把这个愿望变成现实。豪华邮轮旅游度假兴起于欧洲发达国家，最早是有钱一族的"专利"，是上流社会休闲度假的首选。但随着旅游业发展，它渐渐成为平民化产品，并开始风行欧美大陆国家，进而亚洲的中国香港、日本、韩国和新加坡。

邮轮在国外已经有100多年的历史了，差不多在19世纪末和20世纪初，由于飞机长途旅行还不盛行，一些人开始登上邮轮飘洋过海，邮轮旅游由此开始慢慢得以发展。等到飞机旅行盛行的时候，很多贵族已经喜欢上这种休闲的邮轮旅行，因此邮轮的建造越来越豪华，并逐步成为贵族的豪华旅游方式。

豪华邮轮被旅游业界人士称为"海上流动度假村"，乘坐豪华邮轮度假这一高端旅游方式，在我国还未受到消费者的普遍青睐，但已经有消费者开始尝试这一休闲方式。近年来，中国的邮轮旅游人数以8.1%的速度逐年增长，高于国际每年4%的增长速度，而且邮轮旅游的潜在需求巨大。

16.1　豪华邮轮的基本设施和服务

以下以美国著名的嘉年华邮轮公司的豪华邮轮的基本设施和服务为例，了解一下什么是豪华邮轮。

案例1：嘉年华邮轮公司的豪华邮轮[1]

1971年，阿里森在朋友的帮助下，购买了一艘闲置的海轮，起名为"狂欢者号"，成立了嘉年华邮轮公司。

这个目前世界上最大的邮轮公司初创时并不顺利，1972年3月7日"狂欢节号"投入使用时，刚离开船坞就在迈阿密滩搁浅了。在那里整整滞留了24小时。岸边的旅游者都惊愕地看着它，直到它重新漂浮起来为止。

如何应对市场竞争，嘉年华营销总监迪金森进行了深思并得出了结论：人们乘邮轮度假时并不是真的想要乘坐一艘船或到达某一个港口，他们真正的需要是过得开心。

迪金森的解决办法是，在船上提供比竞争对手更多的活动和娱乐。并给他的船取名为"开心之船"（The Fun Ship）。这与传统的航游营销理念是完全相反的。在此之前，一直是以目的地为导向。而迪金森决定让邮轮本身成为旅游目的地。1975年，公司开始盈利，并增添了新的船。迪金森的策略成为现代航游业经营的里程碑。即：乘邮轮旅行不再是富翁们的无趣消费，而是一种普通民众能够负担得起的、快乐的度假方式。

嘉年华邮轮公司现在雇用了大约 3500 个人在岸上工作，大部分员工在公司总部迈阿密工作。嘉年华邮轮公司提供了全球 28000 个工作岗位在它的邮轮上工作。

"快乐之舟"——那就是嘉年华邮轮带给游客的真正含义。豪华的超五星级享受,闪烁的霓虹灯,流光溢彩的环境,那就是嘉年华带给你的一切。嘉年华的服务对象主要是年轻的乘客和他们的会员。

嘉年华邮轮公司旗下拥有荷美邮轮公司、歌斯达邮轮公司、Seabourn 邮轮公司、Cunard 和 Windstar 邮轮公司，它们都作为公司的一个品牌，独立地经营，以更好的服务每一位顾客。

现在嘉年华邮轮公司已经发展成为全球第一的超级豪华邮轮公司。公司现在有 32 条豪华邮轮服务于全球各地。

嘉年华让你尽享生活美味。

1. 贵族般的极致享受[2]

邮轮有各种不同类别的豪华舱房可供你选择，从极其奢华的皇家套房，到前所未有的中庭观景舱房，都足以让您尽情享受舒适与华贵的完美结合。24 小时的客房服务，更让您随时体验贵族般生活的乐趣。

2. 无与伦比的美食体验

在邮轮上，你可以随时享受来自各地的精美食物。无论是享用正宗的法式大餐，还是到意大利式餐厅享受两人独处的亲密时光，或是到岛屿烧烤餐厅，在充满热带风情的气氛中悠闲地享用午餐，都可以让您体验到美食带来的无穷乐趣，米其林三星指南中的知名主厨，更为您精心设计了各种饕餮盛宴。

3. 无限惊喜的购物乐趣

豪华巨轮的中庭位于船只的核心部位，被设计成类似豪华购物中心的多层开放空间，足有四层楼高，两个足球场那么大，这里总是生机蓬勃、充满朝气，这里有出售各种顶级品牌的商店与精品店，从巴黎的珠宝、时装到古巴的雪茄，都让您尽情享受购物的欢乐。

3. 前所未有的安全平稳

超大吨位，15 层楼高的巨大船体，加上世界尖端的电脑平衡技术，让您倍感平稳和安全，在巨轮航行于海洋之中，您可以毫不影响的与朋友们切磋中国麻将或是美式桌球的技艺。

4. 静谧的空间和品位

当您想安静片刻，也有许多气氛融洽的地方可供选择，有各种类型的酒吧，如：啤酒吧与钢琴吧，从这些酒吧可以观赏海上风光与海景。在俱乐部，享用一杯上好的白兰地，香槟吧里品尝一流的开胃酒。您也可以玩扑克牌与各种桌上型的游戏。邮轮上有图书馆。咖啡厅是享用自助餐点的好去处，从早餐到自助餐都有供应。

4. 精彩纷呈的娱乐项目

邮轮上每晚都有种类繁多、精彩纷呈的晚间娱乐节目，美艳绝伦的歌舞表演、专业的水准和一流的音乐会让你误以为自己是在巴黎的红磨坊或是拉斯韦加斯的凯撒宫。赌场的风格是介于拉斯韦加斯与蒙特卡洛之间，此外还有各种不同规模的娱乐设施，在您享受人生乐趣的同时，豪华巨轮已经悄然驶向了下一个人间天堂。

5. 孩子的开心乐园

船上有供孩子们游玩的场所和设施，如儿童游乐室，大型嘉年华游乐设施。让孩子们度过一个"疯狂"的快乐假期。

6. 充满激情的运动

不用为尽享各种美味而担心体形，有众多运动设施和活动可以帮助你挥洒充沛的体力，你可以去挑战世界首创的船上攀岩墙，还可以到运动场打球，或者到溜冰场或慢跑步道上转转。对于高尔夫球迷，则不妨到九洞迷你高尔夫球场去享受挥杆之乐，另外，你还可以充分利用船上的健身中心，那儿有舞蹈教室、伸展课程、举重练习及其他丰富的健身器材。

7. 真正专业的个人护理

游览奇妙的世间美景和参加各种精彩刺激的活动都会消耗你的体力，你如果想来一次全身心的放松，就不妨到按摩浴池享受具有镇静作用的按摩或泥浆浴，或是由专业护理人员给你来一次香熏SPA。配套齐全的各式美容美发服务会令你展现最佳的状态，去参加高贵奢华的正装晚宴，与各国的贵宾觥筹交错、笑语欢颜。

案例2:海洋解放号[3]

世界上最大邮轮"海洋解放号"与其姊妹船"海洋自由号"均由芬兰阿克尔造船厂建造。排水量为15.8万顿吨的"海洋自由号"2006年首航成功后，取代了此前著名的"玛丽女王二世"，成为世界最大的邮轮，而"海洋解放号"16万吨的排水量又打破了这一纪录。

"海洋解放号"2007年初在芬兰建成下水，由全球第二大邮轮公司美国皇家加勒比邮船公司耗资5亿多美元订造，本月开始试航。"海洋解放号"体积巨大，相当于"泰坦尼克号"的3倍，身长更超过了著名的埃菲尔铁塔。船上有1800多间客房，每间都装有等离子电视，可容纳4375名乘客和1360名船员，载客量超过可容纳2620人的"玛丽女王二号"。

人们乘坐邮轮旅游，一定不会忘记带上泳装，但很少人还要带上溜冰鞋和高尔夫球杆。然而，乘坐世界最大的邮轮"海上解放号"，后两者也是必备。"海洋解放号"排水量为16万吨。上面的各种设施不似人们印象中的邮轮，倒更像一个小型城市，它的东家"皇家加勒比"公司的总经理罗宾·肖称它是个令人惊叹的奇迹。

"海上解放号"不但设计有一个真冰场,还有一个 9 洞的小型高尔夫球场、13 米高的攀岩墙、水上乐园以及一个标准大小的拳击台。此外,它还拥有世界上最大的海上体育馆。

如果害怕海面太大,海水太深,游客尽可以在邮轮的水上公园里尽情戏水,邮轮尾部有一个冲浪游泳池,为制造出海浪效果,水泵每分钟能将 154 吨海水打向冲浪者,制造出时速 35 公里的波浪。

游客也可以到船上的日光浴场享受日光浴,以及漩涡水池的惬意水波;邮轮建有 6 层楼高的购物中心,那里商店林立,每晚举行马戏表演。邮轮剧院可容纳 1300 人,游客也可在甲板上的雕塑公园里散步闲聊,这里的环境非常适合举办婚礼。

16.2　豪华邮轮的设施和服务

豪华邮轮被称为"浮动的度假饭店",有许多与度假饭店相同的服务及娱乐休闲设施,但其娱乐休闲设施更为齐全和完备,娱乐项目丰富多彩,也包括教育培训项目。游客更强调快乐体验,所以对服务的要求更高,需要更多的个性的服务和关怀。

豪华邮轮的人员配置。邮轮组织与度假饭店非常相似,但也有其独特的地方。最高首长是船长,直接下属是大副、轮机长和饭店经理。

饭店经理直接领导事务长、餐饮经理、房务总管、航游总管和医师,其中事务长负责财务、信息、人事,餐饮经理负责餐饮,房务总管负责清洁,航游总管负责娱乐和上岸旅游,医师负责医疗。

案例 3:型豪华邮轮"蓝宝石公主号"抵沪[4]

2005 年 4 月 5 日上午,搭载着 2800 名欧美游客的巨型豪华邮轮"蓝宝石公主号"驶抵上海,停靠外高桥码头。2004 年 6 月下水的"蓝宝石公主号"长 290.4 米、宽 48.2 米、高 11 层楼,载重 11.6 万吨,属于美国公主号邮轮公司。该轮拥有大量露台房客舱及水疗按摩中心、综合娱乐会所等设施。这是它第一次来到上海,也是上海开埠以来接待的最大一条邮轮。

"蓝宝石公主号"隶属世界邮轮巨头美国嘉年华公司的"公主号"

船队，也是该船队中体积最庞大、设施最完善的豪华邮轮。"蓝宝石公主号"2004年6月下水，11月正式投入运营，先后航行于南太平洋、澳洲及亚洲等地。上海纳入了"蓝宝石公主号"东南亚中国航线，在外高桥码头停靠2天，接待方上海国旅为游客准备了10多套可供自由选择的旅游节目。

"蓝宝石公主号"堪称豪华。据介绍，船内1337间客舱中有748间设有私人露台，每个房间内都有无线上网装置。

船上有5个不同风格的餐厅，包括4个24小时服务的餐厅。船上还有具备多项功能的综合娱乐会所，可以用作舞池、剧院甚至游戏室，室内的支柱上装有42部高画质影像屏幕，再加上最先进的灯光及音响设备，可以为客人打发空闲时间。船方为了体现豪华服务，还在客房中特设了"尊尚预约服务"，客人只需拨一个电话，即可随时预约船上水疗按摩或各间餐厅就餐等节目安排。

参加"蓝宝石公主号"海上旅行价格不菲。据了解，以16天的"东南亚、中国之旅"为例，内、外舱船票分别是2145美元和2395美元，带露台的则需4175美元。这一价格与五年前同类型邮轮每人每天500美元的"天价"相比已下降了许多。

课外研习：

以个人或2~4人的小组为研究单位，通过互联网或其他途径查找资料，进行以下问题的研究，做出研究报告，并编制PPT文件，在课堂里进行交流分享。

查找并研究一条（家）豪华邮轮（公司）。

参考文献：

[1] http://www.cicj.net/trainingdetail.asp?id=78

[2] http://www.y-trip.com/news_view.asp?newsid=124

[3] http://baike.baidu.com/view/923792.html

[4] http://www.southcn.com/travel/lyxw/200504061570.htm

第十七讲 全套房饭店和公寓式饭店/服务式公寓（All-suite Hotel, Apartment Hotel/Service Apartment）

17.1 全套房饭店

17.1.1 起源和客人特点

全套房饭店（All-suite hotel）概念是 20 世纪 80 年代在欧美发达国家出现的饭店创新产品。在饭店客人的市场中有一类客人，他们的特点是：逗留时间比较长，很少使用饭店里的会议、宴会、豪华餐厅等功能设施。他们希望能居住更多的同行人员（如家庭旅游等）；不喜欢一般饭店的嘈杂，要求相对清静，如一些高档客人，就像社会公众人物、知名企业家、影视明星等等。

17.1.2 设施和服务

全套房饭店在设计上把额外功能所占用的空间分配到客人真正需要的客房中，从而使每个房间都具有独立的客厅、卧室、办公区域，以及开放式的小厨房和吧台。全套房饭店为客人提供了更大的私人空间，其代价是取消了传统饭店的大部分公共空间，如大堂、会议场所及餐厅和厨房等。它更加注重于现代商务和休闲度假客人对现代信息技术和休闲（如：SPA、游泳池、健身房等）的需求。但是一般还会提供免费早餐和报纸等。

17.2.3 竞争优势

全套房饭店有其竞争优势。首先，投资成本低。相对传统饭店偏向于公共区域的投资，全套房饭店主要是注重客房的投资，加上配套服务设施的减少，使得全套房饭店各类管理成本明显低于传统饭店，而且更容易管理。与传统饭店比，选址对全套房饭店不是那么至关重要。这就降低了投资成本。

其次，劳务成本低。由于客人的独立性更强，要求的服务较少，这类饭店的劳动成本往往较低。

第三，价格优。由于客房空间的增大，在价格制定上具有与传统高档饭店同样的市场竞争力。在欧美国家，同档次的传统饭店和全套房饭店在针对不同市场细分目标客户群的价格制定上，针对商务客人的价格基本相同；针对休闲、度假客人全套房饭店一般比传统饭店高出 5～10 美金左右。

案例 1：大使套房饭店 Embassy Suites Hotels[1]

这是一家美国的全套房饭店连锁品牌。它的产品特点我们从照片上可以看到，有较大的带套间的房间，有简单的厨房用品，也有小型的会议室，提供简单的早餐。

17.2 公寓式饭店/服务式公寓

17.2.1 目标市场

公寓式饭店/服务式公寓主要是针对在某地需逗留较长时间的旅游者（一般在一周以上）。比如：万豪公寓式饭店（Marriott Executive Apartments Extended Stay）的客人平均居住的时间是十天左右。

典型的客户群包括：因工作调动需在所在地解决临时过度住所的公司高级职员、被指派到所在地从事评估和统计的工作人员、中短期逗留的旅游和商务客人、家庭旅游者、律师、工程技术人员等。

这些客人既要求能提供家庭式的居室环境，有家庭的私密特质和生活氛围，也有高档住宅的良好环境和专业服务。故许多高档服务式公寓专门聘请了饭店物业管理公司或饭店式公寓管理公司进行管理，满足这个独特客户群的需求。

17.2.2 特点

针对这样一些客人的需求，公寓式饭店/服务式公寓拥有居家的格局和良好的居住功能，客房包括：客厅、卧室、厨房和卫生间，并配有全套的家具电器。由于其客房特征类似公寓房，因此国内把它称为公寓式饭店或延时饭店，或服务式公寓。为中长期商住客人提供一个完整、独立、具有自助式服务功能的住宿设施。公寓式饭店/服务式公寓一般一个星期、一个月起租，直到三个月、半年、一年。

其配套功能设计既包括饭店的配套功能如：大堂、前台、餐厅、酒吧、商务中心等，也包括高级住宅式公寓配备的健身中心、小超市、休闲区域、私密性的社交活动场所、图书馆、儿童娱乐中心、停车场等。

客房清扫每天或是每周两三次有服务员来收拾房间。

案例2：美国公寓式饭店 Extended Stay America, Inc （ESA） [2]

美国的 Extended Stay America, Inc （ESA）成立于1995年。该公司在全美42个州管理经营468家 Extended Stay Hotel，其公寓式饭店产品是全球最有代表性的。该公司属下拥有3个 Extended Stay Hotel 的品牌：Studio Plus Deluxe Studios（高档）、Extended stay America Efficiency Studios（中档）、Crossland Economy Studios（经济型）。

（1）客房设施。有 Queen-size bed 或 King-size bed、斜躺椅、有线电视、因特网接口。每个房间有独立的厨房，包括冰箱、微波炉、咖啡机、厨房器具和餐具等。

（2）服务。饭店为客人提供24小时投币洗衣机和自动售货机服务。每周打扫房间一次，调换洗涤毛巾两次。

（3）配套。该公司不同品牌的饭店，其房间的大小和饭店提供的服务功能也有所不同，如 Studio Plus Deluxe Studios 品牌的起居室有450平方英尺，饭店的配套设施包括健身房、游泳池或SPA。而 Crossland Economy Studios 品牌主要是为追求舒适、经济的客人而设计的。

（4）收费方式。以 Studio Plus Deluxe Studios 为例，每天计价是59美元，每周计价是299美元。其原则是居住时间越长价格越便宜。

案例3:雅诗阁浦东店[3]

总部设在新加坡的雅诗阁集团ASCOTT是亚太和欧洲地区最大的服务公寓连锁公司，其麾下的19000套服务公寓，遍布伦敦、巴黎、柏林、悉尼、墨尔本、东京等40个城市和21个国家。现在占据着中国中高档服务公寓14%的市场份额。雅诗阁旗下现有3大系列品牌——顶级品牌雅诗阁公寓、高档品牌盛捷、中档品牌诗乐庭。

上海雅诗阁浦东店位于发展迅速的有中国"华尔街"美誉的陆家嘴金融贸易区，临近众多国际跨国公司，周边分布着各类餐饮及购物商家；更有便利的交通带客人领略诸多文化风景名胜，让身处安全舒适高尚居住区的客人，也能感受到这个城市旺盛的生命力、蓬勃的商机遇和洋溢的激情。同时也临近举世闻名的上海外滩和东方明珠电视塔，景色宜人。临近景观包括：顶级购物商城、外滩、上海陆家嘴高尔夫中心、东方明珠电视塔、上海海洋馆等。

上海雅诗阁浦东店是该地区首家豪华服务公寓，提供全方位豪华膳宿设施。一流世界品牌的设备及细致体贴的服务，加上无与伦比的宽敞居住空间，为客人创造完美的生活新典范。内设网球场、健身中心、游泳池、桑拿、蒸气房、按摩池、桌球房、超市、餐厅等配套设施。

从单人间至三人间,以及顶楼双层景观套房。间间客房设计精心,风格独特,装修雅致,并备有精品厨房以及先进的通信系统,处处突显国际级精品饭店设计的大手笔。

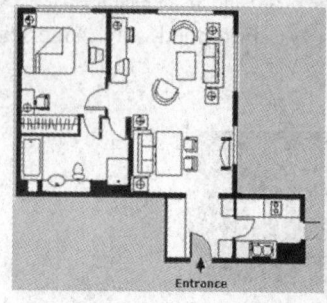  

饭店提供 24 小时保安、家庭娱乐系统、24 小时前台接待、配备齐全的厨房、商务中心服务、会议室、洗衣和干洗服务、每日客房清扫服务、休闲中心、小超市/超市、上网区、阅览室、健身房和体操房、水浴池、蒸淋房和桑拿室、室内温水泳池、室内网球场、烧烤区、儿童游乐室、保姆服务、IDD 国内长途电话、设有语音信箱功能、私人号码、餐厅/酒吧、游戏厅等。

提供房间设施与网络服务:分体式空调、个人保险箱、个人电话号码、无线电话、卫星电视、吹风机、烫斗烫板、热水系统、灶具、碗、餐盆和刀具、冰箱、微波炉、电水壶、烤面包机、洗衣机(配烘干器)。

上海雅诗阁浦东店的房间类型有:高级一房一厅:85 平方米;豪华二房一厅:140 平方米;豪华三房二厅:170 平方米。

课外研习:

以个人或 2~4 人的小组为研究单位,通过互联网或其他途径查找资料,进行以下问题的研究,做出研究报告,并编制 PPT 文件,在课堂里进行交流分享。

查找并研究一家全套房饭店或公寓式饭店/服务式公寓。

参考文献:

[1] http://embassysuites1.hilton.com/en_US/es/index.do
[2] http://www.extendedstayamerica.com/
[3] http://www.the-ascott.com/

第十八讲 精品酒店和主题酒店

18.1 精品酒店（Boutique Hotel）[1]

源于法语的"Boutique"一词原指专卖时髦服饰的小店。精品酒店最初是指起源于北美洲的私密、豪华或离奇的酒店环境，以提供独特、个性化的居住和服务水平作为自己与大型连锁酒店的区别。

这类酒店在装饰环境上强调"小而精致"。它的客房数量不多，但其内部装修极其豪华，别具特色。在服务方面，精品酒店采用的是管家式服务，服务人员与客房的比例是 3∶1，甚至 4∶1，而在星级酒店，这个数字通常是 1∶1，最多是 2∶1。这类酒店面向的客户群体是高收入、高品位的极少部分人群。

在精品酒店里，顾客能得到特别的关注。顾客的名字无人不知，酒店的员工了解顾客的口味和偏好，真正做到了"了解顾客之需，了解顾客需要的时机，了解顾客需要的程度"。

自诞生以来，精品酒店以其良好的市场表现和消费发展趋势，赢得了众多投资者和管理者的青睐。喜达屋集团（Starwood）和万豪集团（Marriott）都创立了自己的精品酒店品牌。一些为商务客服务的精品商务酒店，整合各种商务科技用品，笔记本电脑、MP3、CD 音乐播放器、打印输出、网线以及客房手机充电器等都能立即连接；可升降调整的人体多功能座椅，体贴工作辛劳的商务客；37 英寸数码液晶电视，搭配 DVD 家庭剧院，笔记本电脑画面可切换到液晶电视上，或用随身携带的音乐播放器连接到 5.1 声道环绕音响，享受绝佳的影音效果；具备打印、复印、扫描功能的多功能事务机 24 小时待命。

案例 1：世界精品小旅馆联盟（SLH Small Luxury Hotels of the World™）[2]

SLH 是由遍布 70 多个国家 440 多家精品小酒店组成的一个酒店联盟，这些精品小酒店具有各种各样的风格，提供给客人以不同的卓越体验。它可能是一个市中心的避难所，也可能是一个具有悠久历史的乡村宁静处，是田园风光的私人岛屿，也可能是非洲腹地的一个偏远的旅行者小屋。无论你的爱好口味如何，都能找到一个适合你的具有独特风格的迷人的小饭店。

SLH 提供给其成员网络预订的服务，对加入的成员饭店进行质量监控以保证 SLH 的品质。以上案例 1 中的 Langshott Manor 小旅馆是 SLH 的成员之一。

案例 2：上海璞邸酒店[3]

2007 年 6 月开业的上海璞邸酒店位于最具上海特色、最具品味的地区（旧法租界，也是首批上海风貌保护区）——卢湾区。座落在雁荡路步行街与南昌路交界的街角。毗邻有着近百年历史的法国园林式公园——复兴公园。距离复兴公园内的官邸、PARK97 等新潮酒吧，繁华的淮海中路商业街，上海新天地等上海最时尚的休闲购物场所，以及淮海路上的顶级写字楼区域，仅步行5~10分钟的路程。闹中取静，地理位置相当骄人。整个街区笼罩着悠然自在的气氛和老上海生活的影子。是讲求生活品质和品位，期待感受到老上海情调，同时又不愿放弃新上海活力的人们，尤其是高级知识分子如科学家、教授、学者以及广告、设计、创意工作者等人士商旅居停的不二之选，也是对私密性有最大要求的大明星们所满意的居所。

酒店8层楼高，共有52间欧式客房。酒店入口隐秘，不设大堂，一切皆从保护客人的隐私、让客户不受到任何打扰的角度考虑。非酒店客人是禁止进入酒店的，而酒店会员则有一份访客名单以便会客。酒店的服务宗旨，是对入住的客人提供接近于管家式的服务，这一极富原创性的服务特色，有一个温馨的别名，叫"心语馨苑"，意思是经过专门培训的酒店人员，会用一种自豪感和热情，为客人提供一份灵动、周全的、温馨的、融汇了东西方待客之道的殷勤服务。

酒店客房的设计和装饰都极具品味和东方意韵。酒店独家将SPA理念引入到客房沐浴中，为客户提供的"沐浴管家"服务。特别订制的按摩浴缸、五种芳香疗法沐浴露，让客人能够在自己房间内一洗旅途和工作的疲累，使身心得到全然的放松。

酒店针对高端商务人士旅途办公的私密特点，在每一个房间都设有独立的办公区域，各类文具井然有序，细致到连三角尺都备齐，不管是影印打印等的文书工作，还是通信传真的外联沟通功能，都可以在房间内完成；酒店的92平米的璞邸套房与八楼会员廊，也是适合少数人会议或机密商务会谈的地方。无论是在房间还是在会员廊，上网都是免费的。

在璞邸，每位入住客人都会得到入室登记（In-Room Check-in）的礼遇。房间里有诸多可以细数的舒适，无论是人体力学的办公椅，还是靠窗的鸵鸟皮贵妃榻，到可以随心选择的睡枕菜单，入浴前Bath Master配好钟爱的芳香配方，240支棉的特制浴袍……多数的服务费用已经包含在房费里。对多数客人来说，这些都是意料之外的舒适。

优雅的艺术感也是酒店的特色之一，每间客房内有6~7件可出售的由中国当代青年画家绘制的原创作品。另外，酒店会安排携带宠物的客人入住专门设计的宠物客房。

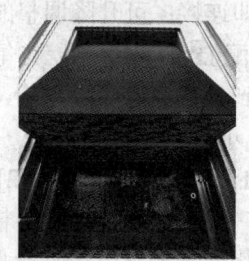  

海外商务客或是精英旅行者通常对酒店的服务设施与入住体验都有很高的舒适度要求。上海璞邸酒店在设施与服务上对细节有很高的追求。

18.2 主题酒店[4]

主题酒店是通过某一特定的元素或风格，融汇进酒店的建筑、形象、服务和文化中。它与一般酒店的最大区别就是具备了一个主题，这个主题可以是人文的，也可以是自然的，只要特色鲜明，就可以归入"主题酒店"。独特性、新颖性、文化性是主题酒店生存与发展的基础。

主题酒店是市场竞争的产物,最早出现在美国,1958年,加利福利亚洲的Madonna Inn首先推出了12个主题房间,随后发展到109间,成为最具代表性的主题酒店,比如以"美国丽人"为主题的美国丽人玫瑰房,就赢得了不少女性的青睐。

Madonna Inn

主题酒店可分为:

1. 人文景观主题酒店。这类酒店通常以历史悠久,具浓郁地方特色的城市为蓝本,截取具代表性的局部,用微缩仿造的方法再现城市风彩,中国首家主题酒店威尼斯酒店就属于这一类,酒店以著名水城威尼斯为主题,利用众多反映威尼斯文化的元素,充分展现水城的迷人风彩,仿佛带人走进地中海,感受夏日风情。

2. 自然景观主题酒店。这类酒店依托独有的自然景观,用放大、夸张的手法,让人慨叹自然界的伟大之余,留下难以抹灭的记忆,或把富有特色的自然景观搬进酒店,营造一个身临其境的场景。如位于野象谷热带原始雨林的深处的西双版纳树上旅馆,房间建在参天大树上,它的主题创意来源于科学考察队为了更深入的观察野象的生活习性。津巴布韦的沙漠宾馆,人住在沙丘里面,白天也要点灯。

3. 历史文化主题酒店。设计者在这类酒店建筑了一个古代世界,以时光倒流般的心理感受作为吸引游客的主要卖点。顾客一走进酒店,就能切身感受到历史文化的浓郁氛围。如玛利亚酒店推出的史前山顶洞人房,抓住"石"做主题性文章,利用天然的岩石做成地板、墙壁和天花板,房间内还挂有瀑布,而且沐浴喷洒由岩石制成,浴缸也是石制的。

4. 名人文化主题酒店。以人们熟悉的政治或文艺界名人的经历为主题是名人文化酒店的主要特色,这些酒店很多是由名人工作生活过的地方改造的。如西子宾馆,由于毛泽东27次下榻于此,陈云从1979年到1990年每年来此休养,巴金也曾在此长期休养,推出了主席楼、陈云套房和巴金套房,房间里保留着他们最爱的物品和摆设。

5. 艺术特色酒店。凡属艺术领域的音乐、电影、美术、建筑特色等都可成为这类酒店的主题所在。Madonna Inn就有以电影《美国丽人》为背景的一种美国丽人玫瑰房可供选择。位于八达岭长城脚下的公社酒店则以独特建筑取胜,它是由亚洲12名建筑师设计的11幢别墅和1个俱乐部组成的建筑群,公社每栋房子均配有设计独特的家具,训练有素的管家随时可以为客人提供高度个性化的服务,住客可以在此充分体验亚洲一流建筑师在这里展现的非同寻常的建筑美学和全新的生活方式。

6. 移植主题酒店。这类酒店本身缺乏自然景观,又没有合适的人文卖点再现,就根据市场需求,创造、培育、移植一个主题,比如海南三亚的仙人掌酒店,以仙人掌为主题,从大堂的主题雕塑,到游泳池的景观造型,甚至卫生间的门牌都延续这一主题,让两个不相干的元素组合焕发出崭新的魅力。

案例 3：拉斯维加斯的酒店[5][6][7]

拉斯维加斯曾以博彩业闻名天下，而今天酒店住宿、休闲娱乐、零售观光以及会议展览等非博彩业收入已经占到了总收入的一半以上。

目前全世界主题酒店最集中的应数拉斯维加斯，林林总总的酒店，都分别有自己的主题，每个酒店都在演绎着一个独特的故事，吸引着万千游客趋之若鹜。

"威尼斯人大酒店"，号称是世界上客房数量最大的酒店，据说有 6000 多间。在拉斯维加斯的时候听到一个故事，说是某个酒店，可以让客人免费住，条件是客房全部住过，而这家酒店有 5000 间以上的房间，就是说至少要十三四年才能住完。"威尼斯人大酒店"就是以威尼斯为背景建设的。宾馆内有人造小河，河里有船工在摇"Gondola"。那些船工，不但长得像意大利人，而且还会高水准地唱咏叹调或意大利民歌。

"威尼斯人"里的天花板上的画

酒店里海神波赛东的雕像和古罗马式的装饰

18.3 设计酒店 [8]

"设计酒店"的形式始于 20 世纪 80 年代中期，源于世界著名设计师 Phillippe Starck，他可以将牙刷变成艺术品，将电视变成玩具。

1990 年，酒店业怪杰 Ian Schrager 请 Phillippe Starck 为纽约的派拉蒙酒店（Paramount Hotel）进行全面设计，由大堂的桌椅到房间的床柜到浴室牙刷，里里外外，全都出自 Starck 的手笔。客人住在派拉蒙酒店，就像住在 Starck 的设计产品陈列室一样。Starck 的名气加上其风格独特的设计使派拉蒙酒店成为世界顶级的经典"设计酒店"。从此"设计型酒店"成为酒店业的一个前沿概念。

"设计酒店"是指采用专业、系统、创新的设计手法和理念进行前卫设计的酒店。具有独一无二的原创性主题，具有与众不同的系统识别，且不局限于酒店项目的类型、规模和档次。

"设计酒店"敢于挑战现有观念,树立休闲新坐标。Ian Schrager 在美国和英国拥有数家"设计酒店"连锁店,但每间酒店的设计风格截然不同。洛杉矶的蒙德里安酒店(Mondrian Hotel)位于好莱坞日落大道,力求简约(minimalist)和宽敞,抽象的几何线条充分体现着蒙德里安绘画风格,其中的"空中酒吧(Sky Bar)"是好莱坞名流经常出没的场所。纽约的 Royalton Hotel 具有强烈的怀旧艺术氛围,酒店的外观就是一座剧院,艺术长廊型的大堂横跨一个街区,向世界传递着"酒店即剧院"和"大堂社交艺术(lobby socializing)"的革命性创新理念。迈阿密海滩上的德拉诺酒店(Delano Hotel)则因其独特的半露天式大堂成为建筑经典。伦敦的 Sanderson Hotel 被誉为世界上最具嬉皮风格、最性感的酒店。Phillippe Starck 的天才设计体现了浓郁的个人风格,使这些酒店成为充满魅力、乐趣和惊喜的所在。

"设计酒店"由此成为酒店业的一种潮流,许多酒店巨子如 Andre Balazs,Chris Blackwell,Bill Kimpton 等纷纷投资"设计酒店",以吸引高品味的商务住客和设计爱好者们。

"设计酒店"追求时尚(boutique)、前卫(edging)、精致(sophisticated)和创造性(creativity),这也给设计家们提供了发挥天才的舞台。例如,美国新奥尔良的阁楼 523 酒店(Loft523Hotel)体现着著名建筑师 Frank Lloyd Wright 的"有机建筑"的理念;纽约的 Mercer Hotel 具有强烈的波希米亚风格,以吸引 SoHo(Small Office, Home Office)一族的光顾。一些历史悠久的酒店,如建于 1911 年的英国艺术之家酒店(Art House Hotel)也请名家设计,改建成博物馆型的"设计酒店"。国际酒店连锁集团也意识到"设计酒店"的重要性,纷纷斥巨资专门请名建筑师设计,如 Ritz-Carlton 酒店在西班牙的巴塞罗那艺术酒店(Hotel Arts Barcelona),由建筑师 Frank Gehry 将酒店的外观设计成泛着金属光泽的鱼形,矗立在蔚蓝的海滨,使其成为酒店业和建筑业的经典。

国际酒店订房公司也注意到"设计酒店"的价值和独特吸引力。五大国际性订房网站之一的 Travel Intelligence 在订房的分类中专门有一项 Design Hotels,包涵全世界的"设计酒店"信息,以吸引那些重视独特体验的住客。1993 年,美国国际网络订房巨头 Syn Xis 公司成立"设计酒店"公司(Design Hotel Inc.),创建了 Design Hotel(r)网站,第一个月的总订房量就增加了 30%,充分说明了"设计酒店"的市场潜力。

案例 5:W-Hotels[9]

W Hotels 是喜达屋集团下的一个全球时尚风格酒店品牌,目前在全世界最具活力的城市中有 22 家激动人心、引领风潮、独具创新、极具影响力的酒店。

从开业伊始,W 酒店一直致力于打造将特色风格、舒适度和文化完美结合的空间设计。W 酒店随处流露着创新设计、极致舒适以及时尚、音乐、艺术文化精髓的完美融合。每家 W 酒店有各自的独特设计和风格体验。有各具特色的餐厅和 SPA 等。

W 酒店凭借其体贴周到的服务、焕然一新且时尚休闲的住宿体验、特色餐厅、酒吧和水疗中心等设施满足旅客的所有需求,并已成为世界上发展最为迅速的豪华酒店品牌。

随着 W 酒店遍布全球,它将以独特的方式向旅客展现现代的旅游和生活方式。

下面是两家 W 饭店的照片,与传统饭店不同的是,虽然在同一品牌下,但每一家饭店都有自己的设计风格,每一间房间也具有其个性化的风格。也有将这一类饭店称为设计酒店。

W Dallas - Victory

W-The Court's

案例6：Hotel Fox[10]

在丹麦首都哥本哈根，有一个被誉为最有生命力酒店的地方。它有由21个艺术家设计的61间客房。每个房间都是一个个人艺术展。风格从怪诞滑稽到严谨平面设计；从街头艺术到日本漫画：童话、友好的怪物、幻想的生物、神秘拱顶……体验Hotel Fox，也成了很多人来哥本哈根旅行的目的。近几年，代表着全新生活方式的艺术设计酒店已经成为一种时尚潮流。Hotel Fox无疑是其中最成功的一例。

位于哥本哈根市中心的Hotel Fox，与哥本哈根最美的奥瑞斯特兹公园相对。它原本只是一间毫不起眼、名为The park hotel的青年旅馆，但随着大众汽车公司新款车型Volkswagen Fox 21的发布活动，世界各地的平面设计、城市艺术以及插画艺术家聚集到哥本哈根，竟把这里变成了世界上最有激情和创意生活方式的酒店。

从改造的最初，Hotel Fox的定位就明显的与众不同。缔造者找到了一个介于豪华酒店和廉价酒店之外的定位，选择将艺术设计元素融入普通三星级酒店当中，让一个毫无特色的青年旅馆，摇身一变，成为了生活方式酒店的先驱，也让这个堪称跨界（汽车与饭店）经典的品牌从一开始，就散发出独一无二的魅力。从此，Hotel Fox不再只是一个普通的酒店，而是一种代表着艺术设计的生活方式。

与艺术同眠，跨越想象力的设计空间

通常酒店的房间规格划分为标准间、单人间和套房，但在艺术家的建议之下，Hotel fox跳出了传统的划分法则，而是用一种类似于时装的尺码把客房划分为四种规格：X-Large（加大）、Large（大）、Medium（中）、Small（小）。XL共17间，L共20间，M共18间，S共6间。这样的房间格局暂定维持五年，五年之后会再考虑新的风格，并邀请其他艺术单位及艺术家加入再重新翻修。

这种大胆的设计给房客带来了一种超乎想象全新体验，并将每个房间都演化成一个个人艺术展。新的设计并未增加新硬件或改变原有功能，而只是对床单、墙壁和天花板等软环境进行了加工，让每一个房间都与众不同。酒店网站上附有每一间房的图示，既有设计艺术家的个人信息，也有房间的设计说明，客人便可以根据自己的心情和爱好来选择房间的风格。

房间风格包罗万象,从华丽浪漫到荒诞怪异,从朴素大方到庄重典雅,应有尽有,酒店拥有61间独特的客房,每个客房风格迥异,反映每个艺术家的理念:设有铺着天鹅绒巨型床的房间、墙上彩绘有森林魔法精灵的房间,充满梦幻的气氛;客人睡觉时,巨大的多毛怪物守护一旁;有些房间里还有小矮人和国王,或是墨西哥摔跤选手、日本艺伎和阿尔卑斯山的漫画。

例如 Small 规格的房间 103,利用二维的绘画在某个三维空间中抽象的发挥,令人感觉浮游在宇宙的空间中。对此 Hotel Fox 的经理莲·拉森表示:"因为是刻意借助 2D 艺术家的手画在 3D 的墙面上,Hotel Fox 的空间因此产生了一种奇特的效果,而这奇特效果已经超越了现有设计酒店所曾经尝试过的领域,这使得 Hotel Fox 具备独特的魅力。"这让很多人都会忍不住会感慨:这不正是我梦想中家的样子吗?

每位顾客都会在这里获得独一无二的体验,这就给了旅行者一个重复住这个酒店的新理由。Hotel fox 对顾客的重复吸引来自客房的精心艺术设计,顾客能够从中获得梦寐以求的超凡体验。即使是第61次入住的顾客,也毅然会觉得新鲜无比。

此外,Hotel Fox 酒店提供的服务也显得有些异类。有可以当作电脑显示器的纯平电视,在社交场合专为客户提供的迷你手袋。在 Hotel Fox,随处都可能看到专为商务旅行者而设置的服务选项。在这里,你可以租赁自行车环城观光,甚至可以租赁风靡全球的 iPod,这无疑给那些音乐发烧友增加了一个选择这里的理由。

此外,关于哥本哈根林林总总的美食、购物、运动、音乐的所有资讯也全都难不倒 Fox 酒店的领班,无怪乎这个酒店会受到旅行者的百般拥戴。

渠道跨界传播的典范

在传播渠道上,Hotel Fox 则又是谱写了一个跨界传播的经典案例。其实,在最初 Hotel Fox 创立的目的,只是大众汽车公司 Volkswagen 为推广新 Fox21 轿车而举办一系列的项目"Fox project"当中的一个宣传活动环节。2005 年 4 月,德国大众汽车公司推出新型 FOX 汽车,目标消费群是首次购车以及无力购买豪华车款的年轻人。

于是，Volkswagen 和哥本哈根 Brochner 酒店的管理层邀请了全球 13 个国家的共 21 位平面设计师、城市艺术设计师和插画艺术家来参与每个房间的设计，共同改造原有 3 星级的 Park 酒店。

设计师们被赋予的概念便是：旅店内的那些不同背景的客户只有一个交集——停车场。而要求只有三个：

1. 房间内必须要有张床；
2. 房间设计不得带有色情成分；
3. 不得出现含有政治倾向的字句。

于是，一所仿如艺术展廊的酒店便诞生了。艺术家们把这个酒店演绎成了全世界最有设计感、最独一无二的创意生活方式酒店。

Fox 项目的艺术总监 Kim Porksen 介绍："虽说是 21 位艺术家，事实上却共有 40 多名，大部分艺术家都参加了不同的小组和建造工程。"试想一下，21 个设计团队，40 多个不同背景的设计师，在毫无设计方向、规则主题、甚至预算的前提下，任意挥洒他们的豪笔，让每个房间都变成一个自成一体的艺术空间，也难怪会被业界封为最有生命力的酒店。

与汽车推广项目相结合，从这个角度看，Hotel Fox 一开始的营销道路就与传统酒店不同。它从最初就吸引了媒介的关注，成为跨界传播的一个典范被广泛报道，不光汽车界、酒店业、甚至艺术界、设计界、传播界，都无不对它拍手称快。到最后，很多人来哥本哈根旅行的目的只为了体验 Hotel Fox。

生活方式酒店的必然趋势

追求个性化的需求已经日渐抬头，而酒店的建筑形态、装修特色、服务人员礼仪等等，都将成为消费者选择的标准。在这样的社会趋势下，一个代表了全新消费者需求，并以一种别具一格面貌呈现的生活方式酒店便应运而生了。借助跨界的策略和传播，Park 酒店的转型（跨界）酒店行业，加入了设计师元素，变成生活创意型酒店 Hotel fox，成为一种生活方式的潮流模范。

现在，Hotel fox 的客房价格为每晚 1120～1620 丹麦克朗（折合人民币为 1301～2230 元），接近欧洲平均房价水平，略高于哥本哈根大部分三星级酒店的房价，但其对视觉上的刺激远高于许多拥有盛名的五星级酒店，因为其房间少而且都独具风格，顾客有时甚至需要提前一个月才能预订到自己满意的房间。

18.4　精品酒店、主题酒店和设计酒店的特点[11]

当标准化的毫无特性的酒店产品使酒店顾客厌倦了的时候，顾客们愿意为差异化的酒店产品支付较高的价格。精品酒店、主题酒店和设计酒店所具有的独特风格和个性，对客人的高度关注，满足了具有猎奇心理和追求文化体验的顾客需求。

由于产品差异性的存在，精品饭店或主题饭店表现出了良好的经营业绩。与传统酒店相比，平均房价收益要比常规的酒店高出 15%～20%，开房率通常高于酒店业平均水平。

精品酒店、主题酒店和设计酒店虽然有其各自的特点，但这些酒店具有如下一些共同特点：

第一，鲜明的文化特色。通过引入人类文明的某些基因使酒店从外型的建筑符号、装饰艺术到内涵的产品组合、服务品位，能够与传统酒店产生差异、形成特色，对消费者的视觉感官、心理体验造成冲击。如果将"氛围"理解为有形的设施和无形的构成特殊酒店经历的要素的总和，那么"氛围"或许是精品饭店、主题饭店和设计酒店区别于其他类型的酒店的最重要因素。"氛围"包括装饰、环境、情调、个性化服务，管理和服务人员的态度，以及所有创造真实的亲密关系的要素。

第二，张扬的个性特征。和传统酒店相区别，精品酒店、主题酒店和设计酒店注重差异性地营造，力求在酒店建设、产品设计与服务提供各方面创新、出奇，因而突破千店一面的传统格局，张扬酒店的个性特征是这些酒店追求的一种效果。如对设计酒店来说，年轻、不受拘束、时髦、冒险和别致是目前很多设计酒店的追求目标。如主题饭店以历史、文化、城市、自然、神话、童话故事等作为饭店借以发挥的主题，营造出的独特魅力与个性特征，一般是其他饭店所无法模仿和复制的。客人能从中获得富有个性的文化感觉，留下难忘的体验。

第三，高质量的消费对象。由于具有鲜明的文化特色与个性特征，除少部分的猎奇者以外，吸引来的消费者绝大多数是对生活有较高品位的客人，体味特色，感受氛围成为他们购买酒店产品的重要动机。酒店实际上成为爱好相同、兴趣接近、具有共同语言的人群集聚地。人们到此消费，除满足基本的生理需求外，更注重精神上的享受与共鸣。

细分市场是酒店产业发展的必由之路。精品酒店、主题酒店和设计酒店将凭借着其特色和服务理念，赢得更大生存发展空间。

课外研习：

以个人或 2~4 人的小组为研究单位，通过互联网或其他途径查找资料，进行以下问题的研究，做出研究报告，并编制 PPT 文件，在课堂里进行交流分享。

查找并研究至少一家精品小饭店和一家主题饭店。

参考文献：

[1]http://baike.baidu.com/view/1375526.htm?func=retitle

[2]http://www.slh.com/

[3]http://travel.elong.com/hotels/

[4]http://knowledge.ocn.com.cn/Information/2009118849.html

[5]http://club.hinews.cn/read-htm-tid-100942-keyword-.html

[6]魏小安 赵淮旺，主题酒店，广东：广东旅游出版社 2005.11

[7]http://bbs.pcgames.com.cn/topic.jsp?tid=950542

[8]http://travel.sohu.com/20081127/n260879610.shtml

[9]http://www.starwoodhotels.com/whotels/about/index.html

[10]http://blog.u0756.comu47733304.html

[11]http://www.tianya.cn/publicforum/content/travel/1/173671.shtml

第十九讲　青年旅舍和家庭旅馆

19.1　青年旅舍（YOUTH HOSTEL）

19.1.1　青年旅舍的由来和发展[1] [3]

一百年前，德国一名叫理查德·希尔曼（Richard Schirrmann）的教师带领学生徒步旅行，途遇大雨，只能在一个乡间学校里以草铺地当床，度过了艰难的一夜，彻夜未眠的教师，萌发了建立专门为青年提供住宿旅舍的想法。

理查德·希尔曼认为，教育不应只在学校里，而应该走出校门，通过郊游旅行，培养独立自主的能力，亲近自然，体验各地的文化领域。他带着这一想法四处游说，最终为人们所接受。

1912年，世界上第一所青年旅舍——Youth Hostel（YH）在德国一个名叫Athena的废弃古堡中诞生。从此奠定了青年旅舍的基本模型，即以"安全、经济、卫生、隐私、环保"为特点，室内设施简朴，备有高低床、硬床垫和被褥、带锁的个人储藏柜、小桌椅、公共浴室和洗手间，有的还有自助餐厅、公共活动室等。青年旅舍从一开始就受到了青年人的广泛欢迎，并在欧洲形成了以回归自然为主题的"青年旅舍运动"。1932年，国际青年旅舍联盟（International Youth Hostel Federation IYHF）在荷兰的阿姆斯特丹成立。今天，青年旅舍已成为当今世界上最大的青年旅行住宿联盟组织，ITHF在全球各国拥有4500多家青年旅舍，共有35万个床位，每年接待住客约3300多万人次，新增会员400多万名，年营业收入总额为12亿~14亿美元，受薪工作人员约3万人，义工不计其数。青年旅舍在全球分布相当广泛。目

Altena　世界第一所青年旅舍

前全球有59个青年旅舍会员国协会、13个附属会员国组织、19个认可业务代理，它们广泛分布在90多个国家和地区。其国际总部目前设在英国，是一个被联合国教科文组织承认的国际非牟利组织。

现在，世界青年联盟已经遍布各个国际旅游区的中心地带。各地的青年旅舍有各种不同的规模和外观，代表着不同地方的文化风格。有的是专门建造的，也有的是改建的。它们的

房间从20间到600间不等。它们的地理位置有的在湖边,有的在海边,有的在山区,也有的在闹市。

除了传统的接待对象学生和青少年外,今天青年旅舍的客人则很多是在30岁左右的年轻人,他们或是开车出行的自驾一族,或是独自出游的背包一族。

青年旅舍的理念是:"通过旅舍服务,鼓励世界各国青少年,尤其是那些条件有限的青年人,认识及关心大自然,发掘和欣赏世界各地的城市和乡村的文化价值,并提倡在不分种族、国籍、肤色、宗教、性别、阶级和政见的旅舍活动中促进世界青年间的相互了解,进而促进世界和平。"该联盟致力于为全世界会员,特别是青年和学生旅游者提供"安全、卫生、友善、舒适、经济、环保"的住宿服务,鼓励青年热爱旅游,热爱自然,广交朋友,从而达到促进青年间的文化交流和推广自助而健康的环保旅游的目的,进而为社会培养青年的社会意识、自律意识、文化意识、多元化意识及环保意识等提供一个场所。

青年旅舍向人们提供的不仅仅是一条干净的床单,它旨在于提高对世界各族青少年的教育,鼓励他们更多地了解、热爱和关心郊野,以及欣赏世界各地的城市和乡村文化,另外提供没有种族、国籍、肤色、宗教、性别、阶层或政见区别的环境,以促进青少年对本国和国外更深的了解,同时向人们展示是一种健康、回归自然的生活方式,如每晚与来自八方的青年联欢、交流;每天清晨清理"旅舍杂务";在当地考察,自己动手打理生活;不使用一次性用具;戒烟、戒酒, 这种生活方式有利于改善生活在城市里的孩子们的心理和生理水平,也教给青年人朴素、自律和关心他人的美德,在青年旅舍生活、睡觉、吃饭使得住客们必须考虑他人的需要,并爱护"他们"旅舍的公共财物。

青年旅舍的组织与服务管理水平也不断提高。国际青年旅舍联盟每年举行一次年会,用英、法、德、西等四种文字出版的《青年旅舍指南》已经成为欧美青年自助旅游的必读工具书。青年旅舍还拥有全球订房网络系统,旅行者可以在任何一台终端机前预定全球任何一家联网的青年旅舍,而且可以以当地货币付款,马上拿到入住的收据。大部分青年旅舍还设有专门的信息台,互相介绍客源。

1999年9月6日,中国第一家青年旅舍协会——广东省青年旅舍协会正式成立,广东省青年旅舍协会是国际青年旅舍联盟附属会员。目前我国各地已建立了100多家青年旅舍。初步完成了覆盖全国主要旅游城市的青年旅舍网络。同时,中国已有数万名持国际青年旅舍联盟发行的HI卡会员。他们正在用自己的行动去努力实现"行万里路"的梦想。

青年旅舍在中国的建立,不仅为中国青少年的出游创造了条件,它还为不同民族、不同地区、不同国家的青年人提供了一个相互学习和交流的平台。青年旅舍更为世界各国青年了解中国提供了一个窗口,在短短几年间,青年旅舍共接待了全世界一百多个国家和地区的数十万背包旅游者。同时，各地青年旅舍开展的丰富多彩的交流活动，如环保活动、户外拓展活动、文化交流活动等，不但推广了青年旅舍的理念，也受到广大青少年的欢迎。青年旅舍的入住人数逐年递增。

19.1.3 青年旅舍的设施和服务[1]

青年旅舍有符合其服务对象需求的设施和服务。以下几幅图分别简要地介绍青年旅舍所提供的基本设施和服务。

案例1：德国的 JEVER 青年旅舍[1]

这家青年施舍地处市中心，附近有河、港、湖、滑雪区、游泳池和购物中心。

主要设施及服务：家庭房间、床单洗换、无障碍设施、早餐、电视房、团体迎接、公共房、自行车出租、互联网上网、接受信用卡、咖啡吧就餐、游戏房、迎接个人游客、行李保管、无烟房、小卖部、花园、自行车停车场。

案例 2：上海老船长青年旅舍（Shanghai - Shanghai Captain）[2]

老船长青年旅舍建造于 20 世纪 20 年代。是一个具有艺术风格的建筑。它成为国际背包旅行者的温暖的家。它提供 50 元到 100 多元的各类房间床位。

它靠近黄浦江边，离上海的著名景点外滩和南京路都只有几分钟的路程，离人民广场和豫园也很近。周围有各类博物馆和美术馆，和各类休闲场所。

有电视、自助厨房、公共活动室、自助洗衣机、自行车出租、互联网、餐饮、外币兑换、行李寄存柜、无烟房等。

案例 3：国际青年旅舍联盟（IYHF）[2]

1932 年，国际青年旅舍联盟（IYHF）成立，现总部设在英国，注册为一家非盈利性机构。其**标志为一蓝色三角图案**，是一枚国际性的注册商标，三角内的冷杉的尖顶小屋是 1961 年联合国制定的青年旅舍专用路标，并允许其进入国际公共交通标志系统。

国际青年旅舍联盟的会员卡是一张名片大小的硬纸片，不必贴照片，只有会员的名字、性别、身份证号码、国籍、出生日期。简朴的会员卡体现了青年旅舍的环保观念。

到国内任何一家青年旅舍，学生 40 元人民币，成年人 60 元人民币，即可申请入会。如果没有会员卡，在入住时，多交 8 元人民币购买一张欢迎卡，累计达 8 张时，就可换一张会员卡。会员卡在一年内有效，可以预定全球 4500 家青年旅舍的床位。有些青年旅舍还与博物馆、公园、航空公司等机构有联系，凭卡有优惠。大多数青年旅舍对会员的年龄没有限制。

（第二版会员卡正面图案）

（会员卡背面）

19.2 家庭旅馆

19.2.1 B&B 的发展

家庭旅馆是以家庭为经营主体的旅馆，一般是利用自己的住宅改造为旅馆，成本低、价格低、规模小。它是国外广泛流行、国内近年来蓬勃发展的新兴客居服务方式。

所谓家庭旅馆，是指以接待住宿旅客为目的，以家庭合法拥有的空置房为基本接待单位，以个体管理服务为主要形式的小型旅游住宿接待设施。

早餐加床位（Bed-and-Breakfast,简称B&B）的居家旅馆在欧洲已经流行多年，最近几年在美国变得越来越受欢迎。它除了提供房间住宿外，还提供早餐，餐费包含在房租里。

不少旅行者喜欢住B&B，因为这类旅馆比一般的饭店和汽车旅馆便宜，又小巧别致，富有亲切感；因为这类旅馆的主人比一般的完全商业性的住宿企业更加亲切，更加热情。这类旅馆现在已经得到了极大的发展，从简单的带洗手间的卧室，到几乎可以同大饭店差不多豪华的客房，各种各样，应有尽有。

案例4：两家美国的B&B旅馆[4]

1.Rose Gate Cottage B& B

- 423 Western Avenue   Findlay OH 45840 USA
- Phone: +1-419-424-1940Fax: +1-419-424-1940
- Toll-free:+1-877-614-4577Innkeeper（s） John & Belinda Nesler
- Rates: $70 - $85

Merhaven Bed No Breakfast

- 16 Halsey Street Charleston SC 29401 USA
- Phone: +1-843-577-3053Innkeeper（s） Ayal & Hawk Hurst
- Rates: $95 - $135

案例5："藏式"小旅馆 [5][6][7]

藏式小旅馆是拉萨旅馆的一种独特标志，自由居住创造了旅游者之间的自在关系，拉萨兼容并蓄的气度在那里得到充分体现。

沿拉萨最热闹的街道一路走过去，招牌并不显眼的藏式小旅馆就隐藏在那些花花绿绿的店铺之中，它们都有不大的门面，中英文两种招牌和很明显的"藏式"标志。藏式小旅馆与普通旅馆的明显区别在于其馆舍建筑式样和外部装饰上是藏式的，一般是两三层的阁楼，楼梯狭长房间较小，这使得旅馆本身具有较多的公共场所，如院坝、过道及面积不算宽敞的餐厅。

拉萨有名气的藏式旅馆不下十几家，它们大多是在只有几个床位的小旅店的基础上发展起来的，与草原牧民经营的"藏家乐"有着天然的血肉联系，又同时具备了欧美小旅馆的自由风范，在这里可以喝到纯正的酥油茶和地道的苏格兰咖啡，房间的布局特色是藏式的，居住方式却是欧式的，两者相得益彰的结果是使枯燥的旅途居住变成了饶有趣味的文化享受。

八廓街附近几家特色鲜明的藏式旅馆，坐落在拉萨市的繁华地段，与附近几家三星级宾馆相比生意毫不逊色。其中攀多旅馆是一名叫攀多的藏族女子与老外合开的，这种合作本身令每一位远道而来的中外游客都在这里找到了家的感觉。笔者采访时正是旅游淡季，从苏格兰远道而来的英格兰姆女士已经在这家小旅馆住了近两个月，她说藏式小旅馆最初吸引她的是低廉的价位，现在她在这里找到了更重要的东西——旅途中的归属感。

"在氛围独特的藏式小旅馆里文化和传统都不再是相对保守的概念，人们在狭小的空间里更容易相处，藏式居住布局让人觉得西藏不再那么遥远神秘，两种文化的碰撞变得随意和亲切，感觉很妙。有时我一连几天不出去，就在小旅馆里看书、找人聊天，能在一个遥远陌生的地方找到旅途中的归属感实在值得庆幸。"像英格兰姆一样，许多人带着冒险的激情来到拉萨，结果却发现这座城市首先给予他们的是一种安详和平和，很多人从此爱上拉萨。

这些藏式旅馆更多体现了旅游者之间的一种"自在关系"，使旅游真正成为一种生活方式，也使拉萨多了些与众不同的味道，成为背包客的集散地，在这里很容易找到志同道合的游伴。

走进八朗学旅馆，首先映入眼帘的就是山地旅馆所特有的海报栏，上边贴满了各式各样旅游的信息，尤其是拼车旅游的信息很多，老外很喜欢自助游，所以这里的老外很多，在海

报栏前叽里咕噜盘算着。

不少游客乐于入住藏式家庭旅馆感受藏族风情。在拉萨市八廓街的曲折巷道里,不少带有天井的四合院都被开发成家庭旅馆。夏季旅馆的入住率都在80%以上,顾客以进藏旅游的国内外散客为主。上海游客韩端对旅馆的环境和收费非常满意,她说独立的藏式小院和房间内的藏式装修让人"耳目一新",并且"一个双人间每天收费80元也很便宜"。

从成都骑自行车来拉萨的学生何红军说,他入住的家庭旅馆对学生很优惠,饮食有地道的酥油茶和糌粑等藏族食品,晚上院子里还有藏族舞蹈表演,"住藏式旅馆还能了解不少藏族人文风情"。

西藏自治区旅游局的统计数据显示,目前西藏拥有非星级宾馆772家,其中有相当一部分为藏式家庭旅馆。西藏旅游界人士认为,旅游旺季,很多星级宾馆的住宿价格有所上涨,进藏旅游的散客,特别是学生可以选择价格偏低的家庭旅馆,入住其中不仅经济负担会有所减轻,而且可以领略独特的藏式民居风情,享用地道的藏餐。

案例6:阳朔的家庭小旅馆[8]

1. DIY家庭公寓

地址:阳朔新西街旁边的民俗风情走廊楼上。距离西街步行时间:3分钟左右。房间配置:均配有宽带、2套标准间、2套夫妻间、2套四人间、1套五人间。可同时接待二十几人下榻\热水、空调\独立卫生间\彩电。部分房间配有冰箱,每个房间的装修、设计、装饰细节做得非常好。曾经有一些明星住过。大厅有电脑可用。

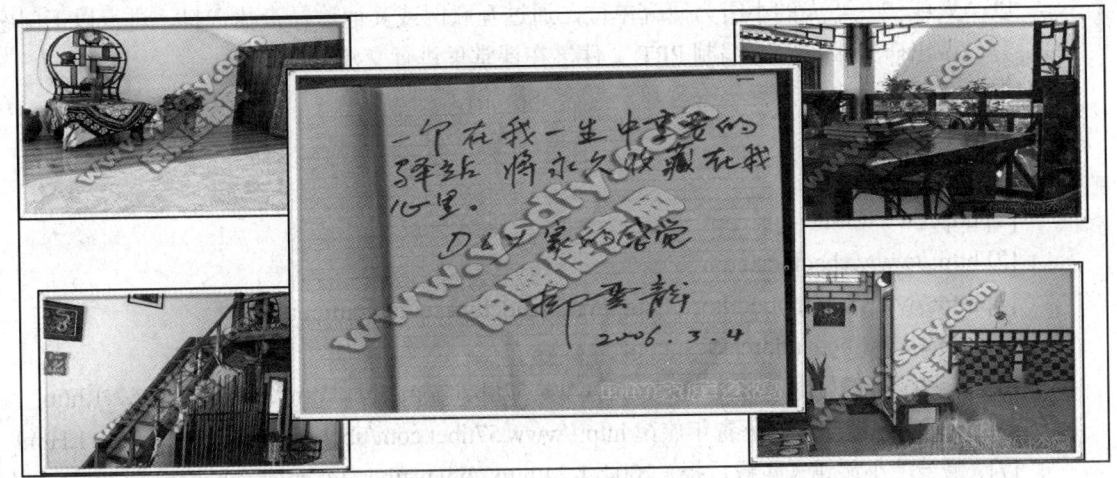

19.2.2 家庭旅馆的特点

- 规模很小,一般十几间房;
- 价格便宜,国内几十元至一百多人民币左右,美国几十元至一百多美元,欧洲为几十至一百多欧元;
- 温馨,真正的"主人—客人"关系,亲切友好;
- 文化交融,与当地文化近距离接触;
- 网络营销,一般加盟家庭旅馆网站进行营销。

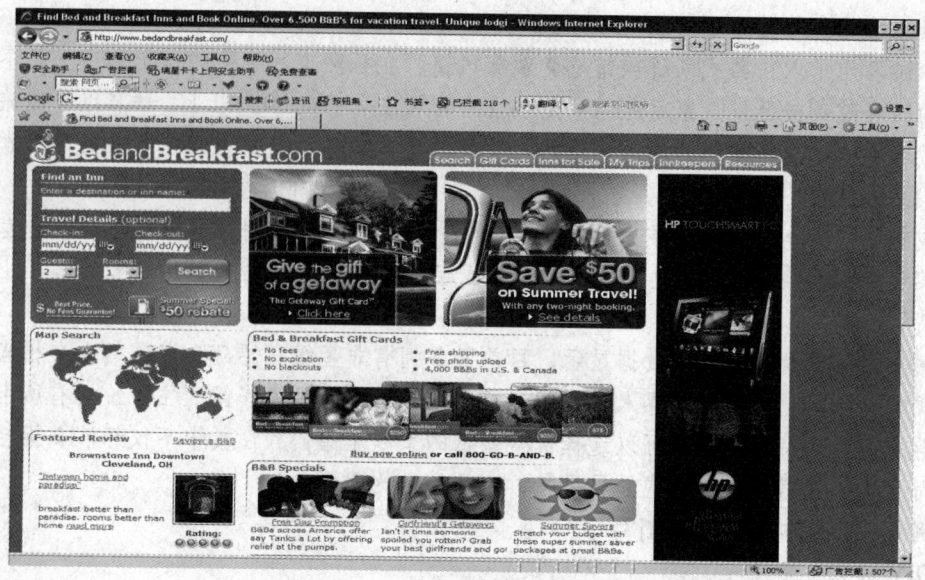

B&B（bed and breakfast）的预订网站

课外研习：

以个人或 2~4 人的小组为研究单位，通过互联网或其他途径查找资料，进行以下问题的研究，做出研究报告，并编制 PPT 文件，在课堂里进行交流分享。

查找并研究至少一家青年旅舍和一家家庭小旅馆。

参考文献和资料来源：

[1] http://www.hihostels.com

[2] http://www.yhachina.com

[3] http://www.berlinyouthhostel.com/mainlandchinese/international.htm

[4] http://www.bedandbreakfast.com/

[5] 进藏游客偏好藏式家庭旅馆 ttp://www.57tibet.com/tibet/Html/200782215357-1.html

[6] 八朗学旅馆——拉萨青年旅馆 http://www.57tibet.com/tibet/Html/200552822111-1.Html

[7] "藏式"小旅馆《西藏日报》2004-4-24 http://www.tibettour.cn/cms/bencandy.php?fid=41&id=1295

[8] http://www.ysdiy.com/

第二十讲 经济型连锁酒店

20.1 起源与发展

在 20 世纪 30 年代，随着美国大众消费的兴起以及公路网络的发展，汽车旅馆开始出现。而城际高速公路网络的发展则促进了汽车旅馆的风行。"二战"后的大众旅游，引发了对中低档住宿设施的大量需求，对产品和服务采取标准化管理，在短短 10 年时间里，汽车旅馆沿着公路网络迅速发展起来。

60 年代初到 80 年代末期，是经济型酒店蓬勃发展期。连锁经营开始取代传统的分散经营模式，一些发展得比较成熟的经济型酒店开始并购、整合单体酒店。到 80 年代末期，经济型连锁酒店已经成为欧美发达国家成熟的酒店业态。

案例1：美国的经济型连锁旅馆概况[1]

美国经济型旅馆约有 6 万家，约占全美旅馆总数的 75%，客房平均出租率 70%，经济型连锁旅馆的营业收入约占美国旅店营业总收入的 65%。

美国一些高档豪华饭店集团也开始涉足这一领域，如假日饭店集团的"假日旅馆快速店"、希尔顿饭店集团的"希尔顿花园客栈"。

美国经济型旅馆选址一般在高速公路的出口处、机场和车站附近、城市边缘地区，或其他交通便利的地方，往往是几家甚至十几家旅馆汇集在一起组成经济旅馆群，各种品牌的连锁旅馆都有自己独特醒目的标志，外形建筑风格及颜色基本一致，客人找店住很方便。经济型旅馆的周围一般都有餐馆、商店、加油站等服务设施。

美国经济型旅馆目标市场为中小企业商务人士、休闲及自助游客。

美国经济型旅馆的服务风格为便利性、经济性、简单化。它的主要设施特点为：

- 大堂一般不大
- 大堂里放置旅店周边的各种交通图、餐饮、购物、旅游及娱乐的广告介绍册
- 地面一般用地毯或磁砖铺成
- 前台只有一两名服务员
- 有一个很小的休息区和一个提供早餐的小餐厅
- 每层楼都放着一个较大的制冰机和自动售货机
- 客房宽敞明快，每间客房的面积约为 30 平方米，一般分为吸烟房和无烟房，房间干净整洁
- 提供洗发液、肥皂、吹风机、咖啡壶等基本能满足住客日常需要的物品
- 绝大多数经济型旅馆都提供免费停车、免费早餐、免费上网等项服务

美国经济型旅馆采用连锁经营或特许经营模式,即向品牌特许经营商支付一定的费用后就可以使旅馆有品牌、客源、管理质量的保证。集团向获得特许经营的旅馆提供个性化的特许经营支持,包括战略性营销与广告计划、房间预订服务、员工持续培训、旅馆用品统一采购供应等多项服务及严格的质量保障检查系统。

案例2:宜必思(Ibis)在欧洲[2][3]

宜必思创建于1974年,是雅高旗下在欧洲最大的经济型连锁酒店,目前在全球已经超过了750家。它不仅为商务及旅游客人提供便利,舒适的服务,同时也以其经济实惠而享誉世界。以下是匈牙利布达佩斯宜必思ibis酒店经营情况:

匈牙利布达佩斯宜必思ibis酒店经营情况						
开业时间	地段	规模	出租率	4至9月(旺季)	房价(旺季)	经营利润率
1996年	繁华地段	322间	65%	80%	69欧元	60%
1996年	近机场	139间	65%	80%	62欧元	60%
1998年	繁华地段	126间	80%	90%	88欧元	70%
2003年	近火车站	84间	70%	85%	75欧元	65%

注:淡季低15欧元左右

茹饶·雷盖尔女士曾在3家宜必思工作过,现为距离布达佩斯东火车站只有800米、2003年开业的宜必思的经理。

茹饶·雷盖尔女士在分析宜必思为什么能获得良好经营业绩时,总结了以下原因:

一、经营特色赢得了中小商务人群及休闲游客的青睐

首先,宜必思的价位不高,同时可以在价格上对协议公司、旅行社给予8%~30%的优惠;

第二,酒店选址不错,无论是自己驾车,还是搭乘公共交通工具,住宿出行都十分便利;

第三,服务优质,能提供舒适、干净、安全的入住环境;

第四,客房设施齐全,都能无线上网;都附设停车场、小餐厅、24小时服务咖啡吧。

二、精打细算,控制成本

在各个环节上精打细算,如床头灯、电视机"小巧"而不占用太大空间,家具能采用"板式"结构绝不采用"柜式"结构。房间的装修、装饰、装备,既做到了简洁、温馨、实用,更做到了节约成本、利于维护。

宜必思在"用工"上也极为节省,全部员工只有16人:茹饶·雷盖尔女士是经理,6人轮班负责前台、咖啡吧及停车场,3人负责小餐厅,1人负责设备的维护与保养,5人负责房间的卫生清理,客房数与员工数之比低于5:1。

案例3:徐祖荣的故事——锦江之星[4][5]

徐祖荣,拥有二十余年的酒店管理经验,曾先后担任上海龙柏饭店、上海国际饭店、锦江集团美国加州公司总经理。1997年起,创建中国第一家经济型连锁旅馆,任锦江之星旅馆有限公司董事兼总经理,并将它发展成为中国规模最大的经济型连锁旅馆公司之一。

现在,中国越来越多的旅游者和商务人士发现,除了高档的星级酒店和低档的招待所外,他们在住宿上有了新的选择:这里没有奢华的装饰,但有卫生舒适的客房环境;没有昂贵的

进口家具，但空调、彩电、淋浴等设施样样齐全；没有迎来送往的管家式服务，但一二百元的低廉价格却颇具吸引力——这就是正在蓬勃崛起的经济型连锁旅馆。越来越多的投资者也注意到，中国突破1000美元的人均GDP，以及3.4万公里高速公路网络，已经为这种新型旅馆业态的发展创造了巨大空间，经济型连锁酒店正在成为中国市场的投资新宠。以下是媒体对徐祖荣的采访。

【徐祖荣】奢华容易，你要把它做好很容易，你只要把钱扔下去就可以了。简约难，你要把它做得既符合市场的需要，符合住店客人的需求，又不奢华，投资控制在一定的范围里面，那个就不容易。那么我们是比较早地感觉到这是个市场很大的一个机遇，但是也没有想到做出来，一下子就这么受欢迎。

比方说一些娱乐的设施，一些大的会议的功能，或者大堂的面积我们缩小了，其他的一些比方说像卡拉OK啊，像什么桑拿啊，像一些什么舞厅啊，像这些功能全没有了，他住客房很主要的就是一个床，还有一个卫生间，那么锦江之星在这个方面是花了非常大的功夫。比如床，我们的标准是达到三星以上，因为我们用的被褥啊，床垫啊，枕头啊，都是好的东西。他洗澡走进卫生间，感觉非常舒服，淋浴喷头喷出去有一定的距离，劲要大，让客人洗澡洗得舒服。我提供的就是这么一个可以非常舒舒服服地睡上一觉，洗好一个热水澡，你又会感觉到是非常干净、安全的这么一个住宿环境。

【媒体】如果从大的来讲，你这个建筑方面本身如果是一个新的，你们怎么去降低它的成本？

【徐祖荣】首先我刚刚说的那些功能没有了以后，它的成本已经一下子就降低下来，我们在做房间的时候，就考虑能够省尽量地省，要考虑到今后的运营成本。你可以去看我们的这个客房，你把床拉开来，下面这个地板就不铺了，水泥就露出来了，那么，100个房间，200个床，或者150个床的话，这样好几间屋子的地板就省下来了，我们不铺地毯，在南方我们也不铺（木）地板，就是铺的那个叫Armstrong的一种，特殊材料做的一些地板，很耐磨，我们第一个店用这种材料八年（店）开下来，这地板还是这样，你如果铺地毯的话，可能已经多少次换过了，如果是用（木）地板的话，可能也要换过两次，你可以看到我们房间有一条线，中间隔了一条线，这个墙是比较容易弄脏的，那么我们隔一段时间都要粉刷一次，一粉（刷）的话，整个房间从下面一直到天花板上面都要粉（刷），而隔了一条线以后，仅粉刷经常容易弄脏的地方就可以了，也不影响整个房间的美观，那就为后面的运营省下了非常多的钱。

为了降低运营成本，锦江之星在许多细节上都煞费苦心。比如，客房里不给客人提供电热水壶，而代之以普通暖瓶，客人必须自己到走廊打开水喝。因为这个烧水壶呢，有些客人文明程度可能低一点，有些客人在里面泡速泡面，在里面煮牛奶，你把它洗了，它味道还在，所以我们不提供烧水壶，也有客人反应这个取水不方便，但是我们感觉还是这样比较好。

【媒体】拖鞋啊，牙刷啊，小香皂啊这些你们怎么办，提供还是不提供？

【徐祖荣】我们也知道国外是怎么做的，我们也希望能够放进这么一种理念在里面，比方说我们是经济型的，我们不提供（这些东西），但是呢，事实上做下来，像这么一个层次的一个客人，他是非常需要这方面东西的，就是说你不放是不行的。

【媒体】成本上这个会给你带来影响吗？就说提供这些一次性的用品？

【徐祖荣】那肯定，但是我们反复在这个上面动脑筋，比方说我们一块肥皂，（客人）他这个肥皂一般用好，它都有剩余的，那么我们就把这个肥皂圆的中间挖空一点，空心的，但你用起来不影响；像这个梳子，它这个柄，我们考虑可以裁掉一点，不影响它使用，那么这样的话，我可以跟供应商谈，你再给我降两分（钱），是这么在做。

在锦江之星，一切运作都围绕一个"省"字：棉织品洗涤、公共区域清洁、机电设备维护等都尽可能多地利用社会化服务；采购及工程方面充分发挥连锁企业的规模优势；还在相同城市的不同店面间开展降成本竞赛，不仅能够查漏补缺，还促进了降低成本措施的创新和推广。

【徐祖荣】配置精简的员工队伍，一岗多职、一专多能是锦江之星的显著特点。同样是200个房间的规模，一家三星级宾馆需配备员工200人左右，而在锦江之星，人员的数量被压缩到了60到80人。

【媒体】传统的酒店当中呢，做房管的，做财务的，做餐饮的，做什么维修的，至少有五六个部门都是必设的，你们现在做经济型酒店，怎么样一个管理架构？

【徐祖荣】我们没有部门下面。

【媒体】什么叫没部门？

【徐祖荣】下面没有部门，就是一个店经理，一个助理，然后下面就是几个主管，管整个一个店。直接就管了。如果这个店餐饮规模比较大一点，比方说我们有的锦江之星里面设锦江大厨，那么它有200个餐位，或者甚至更多的餐位，那么这样的话呢，我们设两个部门，一个部门管前台，一个部门管后台，前台部门叫营业部，你这个经理既要管餐饮，又要管总台，又要管客房，又要管市场，管销售；还有一个部门叫管理部，他管后台，办公室的职能，对外联络的职能，维修，保安，发工资全是这个经理负责，那么我们对人的要求也是非常高，你这个经理自己会用电脑做工资、发工资，自己会面试员工，会给人培训，安排保安值班、巡逻，还有对外打交道，又要会写东西，还要包括采购，外面买东西，有些全是他管。

【徐祖荣】你造一个店，200个房间就是200个房间，我说它的产量是有限的，你的发展也是有限的，而且像这样的做品牌的话，你一定是做连锁的，把它的这个网撒开来，我不可能在上海做几百家、上千家，集中在一个地方，我连锁一定是形成一个网络的。

20.2 中国经济型连锁酒店的发展

由于经济型酒店这种新兴业态对市场的广泛适应性，中国本土的经济型酒店品牌也同时开始发展起来。自1997年上海锦江集团开始酝酿旗下的经济型酒店开始，中国的经济型酒店品牌雨后春笋般破土而出。据初步估计，迄今我国经济型酒店连锁品牌近100个，开业店面已经超过1000家。

20.2 经济型酒店的特点

1. 市场特征。定位于对价格较为敏感的普通消费大众、中小企业商务人员和学生群体，价格适中，一般在人民币300元以下，一些青年旅舍甚至只需要几十元。

2. 服务特征。经济型酒店提供的是相对于中高档酒店的全套服务（Full-Service）中的有限服务（Limited-Service），主要体现在以提供住宿服务为主，同时有规范化、专业化的酒店服务，如标准化的服务制度和服务流程，这是与现存大量的社会旅馆的本质差别。

3. 组织特征。经济型酒店组织构架简约化，服务和工作程序倾向于扁平式，管理层次少，管理跨度和协调范围大，机构精简，这就决定了在人力资源的规划配置方面必须做到科学灵活。在经济型酒店，从管理人员到服务人员都受过严格的训练，通常是一人多岗。星级酒店的客房数与员工数的比例通常在1∶1.2以上，而经济型酒店为1∶0.3～1∶0.4，大大节约了人工成本。

4. 经营特征。经济型酒店摒弃了星级酒店豪华的大堂，未设洗衣房、游泳池、康乐中心，重点设施是标准化客房、停车场和小型餐厅。因此通常是一两千万人民币的投资额，重视设备的简单实用，经营活动在低成本的前提下进行，突出核心业务，把非核心业务实施外包。因此，经济型酒店不需要拥有豪华酒店般的大笔启动资金和日常开支，为其经济实惠的价格提供了可能。

20.3 经济型酒店经营的关键成功因素

英国曼彻斯特大都会大学的Bob Brotherton通过问卷调查，确定了英国经济型酒店经营的关键成功因素（CSFs）。

1. 品牌性很强（Strongly branded product）。由于经济型酒店店小房价低，所以它必须采用规模经营的方式来获利，即大量的采用同一品牌的小饭店。这样每一个小饭店可以分享同一品牌带来的市场推广效果，获得广泛的市场知晓度，来吸引客源。这在市场营销上具有很好的经济性。

2. 地域上覆盖面很广（Extensive geographic coverage of the hotel network）。由于小饭店数量广众，不可能挤在同一地区，自相竞争；同时也为了更好地为本品牌的客人的外出的住宿服务，所以应在地理上要广泛地分布于各地及各国。

3. 交通方便（Easily accessible）。交通方便是饭店经营取胜的重要因素之一。

4. 有中央预订系统（Centralized reservation system）。集团（联盟）应该自己的中央预订系统来为自己品牌下的各饭店进行预订工作，这也是集团（联盟）经营的重要动因，因为各饭店小及价格低，一般没有自己的营销力量，必定要借助集团的市场营销渠道。而由于集团品牌经营的规模效应，集团的中央预订系统也会有很高的经营效率。

5. 标准化的单元建设和客房格局以及设施。（Standardized unit construction and guest bedroom layout/facilities）。标准化是品牌建设的基本要求，它使得客人无论在什么地方住宿同一品牌的连锁饭店，都会得到同样标准的产品和服务，从而建立起对品牌的信任和忠诚。

6. 价格基本固定，仅在促销时变动（Fixed, or only promotionally variable, room rates）。低廉的价格既是经济型连锁酒店的经营特征，也是它的品牌特征之一，应保持一贯性。

7. 服务相对有限（Relatively limited service）。由于经济型饭店价格低，所以成本要控制在较低的水平，这样只能提供相对有限的服务，而同时，因为客人支付的是较低廉的价格，他们也对服务的要求相对低些。

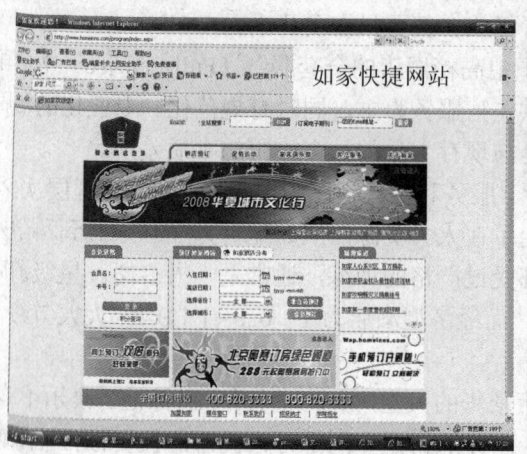

如家快捷网站

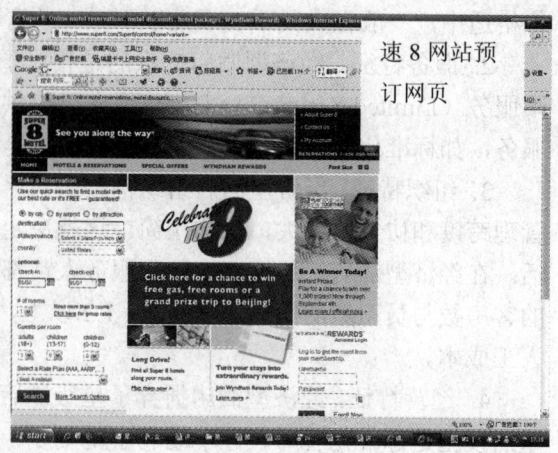

速8网站预订网页

课外研习：

以个人或 2~4 人的小组为研究单位，通过互联网或其他途径查找资料，进行以下问题的研究，做出研究报告，并编制 PPT 文件，在课堂里进行交流分享。

查找并研究至少一家经济型连锁酒店。

参考文献：

[1]美国经济型酒店价格低廉分布广 http://www.becod.com/article_1033.html

[2]李满 严恒元 王宝锟 孙健 高伟,国外如何经营经济型旅馆,经济日报, http://www.51766.com/wenzhang2006-06-30 11:00:08

[3] http://www.ibishotel.com

[4]徐祖荣：奢华容易简约难,中国经营者, http://finance.sina.com.cn 2006-01-05

[5] http://www.jj-inn.com

[6]2007年中国经济型酒店发展绿皮书 http://travel.people.com.cn/BIG5/41636/41644/5943774.html

第二十一讲 饭店集团

21.1 饭店集团化管理的概念

饭店集团化经营就是以经营饭店为主的联合经营的经济实体，它在本国或世界各地以直接或间接形式控制多个饭店，以品牌经营的模式，在一个品牌下，以相同的店名和店标，统一的经营程序，同样的服务标准和管理风格与水准进行联合经营。

为了满足不同消费者的需要，扩大企业市场份额，目前国际饭店业的趋势是一家集团通过收购等方式，同时经营针对不同市场的多个品牌。

案例1：万豪国际集团 MARRIOTT[1]

万豪国际集团是全球首屈一指的饭店管理公司，业务遍及美国及其他67个国家和地区，管理超过2800家饭店，提供约490500间客房（2003年）。万豪在2003财年的营业额达到90亿美元。该公司的总部设于美国首都华盛顿特区，共有员工128000人（2003年）。万豪还被《财富》杂志评为饭店业最值得敬仰企业和最理想工作饭店集团之一。万豪国际集团在纽约及美国其他证券交易所上市。

万豪国际品牌市场细分介绍（2003年）

品牌（Brand）	市场（Segment）	饭店数
万豪饭店 JW万豪饭店	全面服务饭店	472
丽思卡尔顿饭店 Ritz-Carlton	豪华级饭店	63
万丽饭店 Renaissance	优质饭店	126
万怡饭店 Courtyard	高中价饭店	616
Residence Inn	长租饭店	449
Fairfield Inn	经济型饭店	524
SpringHill Suites	高中价套房饭店	110
TownePlace Suites	中等价位长租饭店	111
万豪行政公寓	高级饭店式公寓	13
万豪 ExecuStay	有家具的公寓单位	37
万豪高尔夫球场管理公司		26个高尔夫球场
Marriott Vacation Club, Horizons Ritz-Carlton Club, Marriott Grand Residence Club	度假式饭店	49

其中特许经营占53.1%，委托管理42.3%，带资管理及其他4.6%

万豪旗下的国际品牌

万豪的豪华品牌

豪华的品牌有四个：丽思-卡尔顿(Ritz-Carlton)、JW万豪(JW.Marriott)、万豪(Marriott)和万丽(Renainsance)。丽思-卡尔顿的豪华是传统意义的至尊豪华，这个品牌与四季饭店、半岛饭店有类似之处；JW万豪的豪华品味也很高，但不刻板，饭店虽不设管家式的贴身服务，但却可以随心所欲地享受饭店各种服务；万豪和万丽是同档次的饭店，在价格、服务和质量上没有区别，都是服务商务客人，但所不同的是，前者更加强调一致性，客人可以从任何一家万豪饭店得到相同的期待，而万丽则更适合年轻的商务客人，他们追求新奇和变化，将休闲和工作融为一体，通常万丽饭店在健身和餐饮设施上都比较标新立异。

万豪国际集团的发展起源于1927年，由已故的威拉德·玛里奥特先生在美国华盛顿创办了公司初期的一个小规模的饭店，起名为"热卖店"，以后很快发展成为服务迅速、周到、价格公平、产品质量持之以恒的知名连锁餐厅。其成功经验的关键是自公司成立之日起，就以员工和顾客为企业的经营之重。

第一家万豪饭店的成立。首家万豪（Marriott）饭店于1957年在美国华盛顿市开业，在公司的核心经营思想指导下，加之早期成功经营的经验为基础，万豪饭店很快得以迅速成长，并取得了长足的发展。

新加盟的饭店从一开始就能以其设施豪华而闻名，并以其稳定的产品质量和出色的服务在饭店业享有盛誉。

到1981年，万豪饭店的数量已超过100家，并拥有40000多间高标准的客房，创下了当年高达20亿美元的年销售额。

万怡（Courtyard）饭店的创立。80年代，万豪根据市场的发展和特定需求，精心设计并创立了万怡（Courtyard）饭店。1983年，第一家万怡饭店在美国正式开业。由于万怡饭店是在广泛听取商务客人的意见，经过精心设计而推出的中等价位客房并保持高水准服务的饭店，万怡饭店一问世，即获成功。很快，便成为其他同业中的皎皎者。

　　J.W.万豪饭店（J.W.Marriott）的创立。1984年，以公司创办者的名字命名的J.W.万豪饭店在美国华盛顿市开业。J.W.万豪饭店品牌是在万豪饭店标准的基础上升级后的超豪华饭店品牌，向客人提供更为华贵舒适的设施和极有特色的高水准的服务。

　　收购"旅居"连锁饭店（Residence Inn）。1987年，万豪公司收购了"旅居"连锁饭店（Residence Inn），其特点是：饭店房间全部为套房设施，主要为长住客人提供方便实用的套房及相应服务。

　　经济型饭店（Fairfield Inn）和万豪套房饭店（Marriott Suites）。同年，万豪又推出了经济型的费尔菲尔德酒店（Fairfield Inn）和万豪套房饭店（Marriott Suites）两个新品牌饭店。至1989年末，万豪已发展到拥有539家饭店和134000间客房的大型饭店集团。

　　收购丽嘉饭店（Ritz-Carlton）。

　　收购万丽饭店（Renaissance）和华美达饭店（Ramada International）。在1997年，相继完成了对万丽连锁饭店公司（Renaissance）及其下属的新世界连锁饭店（New World）以及华美达国际连锁饭店（Ramada International）的收购。此举使万豪国际集团在全球的饭店数量实现了大幅增长，特别在亚太地区，一跃成为规模领先的饭店集团。

万豪的全球销售网络。万豪集团在全球主要国际中心城市共设有 27 个全球销售机构，负责为 2800 家万豪饭店销售进行客户联络和客源组织。2003 年，万豪全球销售机构共计实现万豪全球总销售间夜约三分之一的客房销售和 40 亿美元的销售额。

万豪的 MARSHA 预订系统。万豪的营销网络 2001 年就已与主要航空公司和旅行社的全球分销系统相连接，2003 年，经过 MARSHA 预订系统，产生了 6200 万次预订，实现了 1.45 亿间夜的客房销量和 172 亿美元的客房收入。由此，万豪集团建立了世界领先的住宿业万豪网站，并发展成为世界上最大的旅行网站之一。它一个月可获得 800 万次网上访问量。

万豪国际集团预订系统 MARSHA 可以借助全球电子系统，包括全球分销系统（GDS）、免费电话号码、电传、传真以及互联网等，实现信息实时互通。万豪国际集团通过这个系统的订房量占所有销售的 40%。万豪国际集团全球会员有 2000 万人，在会员中实行积分奖励计划，是全球最大的会员奖励计划。

万豪国际集团是第一家提供在线交互式地图和定位系统的公司。这项独特的服务是围绕着一个庞大的数据库而设计开发的。该数据库里有关于饭店、健身俱乐部、画廊、高尔夫球场、旅行代理商、购物中心等信息。上网浏览的宾客可以利用这种地图系统，确定美国国内任何一家马里奥特成员饭店的具体位置。一旦确定位置，宾客可以任意放大或缩小所需的画面。

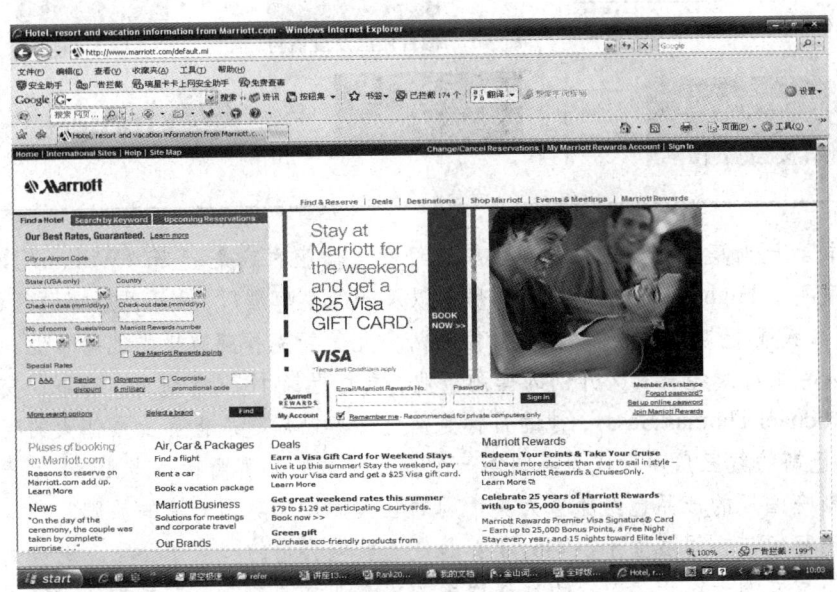

《远东经济观察》2003 年评选的亚洲前二十位最佳雇主企业中，万豪集团有 5 家饭店入选。分别排序为：

1. 上海波特曼丽嘉饭店
2. 新加坡丽思卡尔顿饭店
13. 曼谷 JW 万豪饭店

14. 香港丽思卡尔顿饭店
20. 吉隆坡丽思卡尔顿饭店

万豪国际集团于 1997 年进入中国饭店业市场，并于此后快速发展。万豪国际集团旗下的丽思—卡尔顿饭店、JW 万豪饭店、万豪饭店、万丽饭店、万怡饭店已经进入中国。

案例 2：洲际饭店管理集团 InterContinental Hotels Group[2] [3]

英国洲际饭店集团 PLC（在伦敦股票交易所和纽约股票交易所上市）是拥有众多品牌、拥有最多客房数的饭店集团。2006 年初洲际饭店集团旗下拥有、管理、出租或托管的饭店达到了 3600 多家，客房 539000 多间。

集团拥有七个饭店品牌，包括洲际饭店及度假村、皇冠饭店及度假村、假日饭店及度假村、快捷假日饭店、Staybridge Suites、Candlewood Suites 和 Hotel Indigo。

巴斯酿酒公司。巴斯集团以酿酒立身，由原来经营运输业的威廉·巴斯（William Bass）创建。1777 年威廉买下 High Street 东边的一栋房子以及一间小啤酒厂，拉开巴斯啤酒厂（Bass Brewers）的序幕。威廉·巴斯 1787 年过世后，他的两个儿子麦克和威廉接手他的事业。威廉接手货运业务，麦克则继续经营其父开创的啤酒事业。麦克巴斯 1827 年过世，将事业交给儿子迈克汤玛斯（Michael Thomas Bass），他的目标是将巴斯啤酒厂建成世界上最伟大的英国麦酒公司。1876 年巴斯的红三角商标成为英国第一个登入记载的品牌商标。当 1884 年麦克汤玛斯过世时，巴斯啤酒厂的产品已经随着大英帝国的壮大而成为英国一流的品牌。

洲际饭店。洲际饭店公司成立于 1946 年，是泛美航空公司的一家子公司。泛美是在罗斯福总统的号召下成立的一家子公司，为促进南美的旅游业和商贸业，并且加强与南美的外交关系。第一家饭店开在巴西贝鲁，然后迅速遍及拉丁美洲和加勒比地区。

20 世纪 60 年代早期，饭店是为不断增长的航空公司的旅客服务的，这些旅客来自欧洲、亚洲、非洲和太平洋地区，他们都是为了商业或者纯娱乐目的而来的。在亚洲，洲际饭店是第一家建立在印度尼西亚巴黎岛的饭店。同一时间，第一个中东的洲际饭店开在了黎巴嫩，而且迅速建立起了它在当地的领导地位。1964年又开始向东欧进军。20世纪80年代，洲际成了那个地区国际性饭店集团的市场领袖。20世纪70年代是洲际快速发展的时期。

假日集团。假日集团始创于1952年8月，美国田纳西州孟菲斯城。它的创始人是凯蒙斯·威尔逊（Kemmons Wilson）。1951年，凯蒙斯·威尔逊率家人外出旅行，乘兴而去却扫兴而归。旅途中遇到诸多烦恼，而最令人不满意的是住宿饮食问题。大多数饭店设施低劣简陋，卫生条件很差，价格又格外昂贵。威尔逊先生从这次不愉快的旅行中看到了住宿业是一个潜力巨大、尚待开发的行业，而驾车旅行度假的家庭真正需要的汽车饭店正是一个空白。

1952年威尔逊先生从银行贷款30万美元，在通向孟菲斯城的主要通道——夏日大道上建成了一个拥有120个单元房的汽车饭店，取名为假日饭店（Holiday Inn），意为适合于家庭旅行者使用的温暖的小客店。假日饭店还特别地配备了一个餐馆和游泳池，这是许多别的饭店所少见的。

继第一个假日饭店之后，威尔逊先生又相继在进入孟菲斯城的其他三条公路上建立了另外三家假日饭店。凯蒙斯·威尔逊强调地理位置的重要性，创业时饭店多沿高速公路分布，面向中产阶级，依据中档大众市场的消费水平与需求设计饭店，突出洁净、舒适、卫生与安全。

到1957年，假日公司共拥有汽车饭店7个，出售特许经营权18个。同年8月，更名为美利坚假日饭店公司（Holiday Inns of America），为扩大规模，开始向公众出售股票，最终纯收益达102.6万美元，这成为假日饭店公司真正崛起的起点。

假日饭店公司的华莱士·约翰逊（Wallace Johnson）发现作为以汽车旅游者为目标市场的假日饭店与海湾石油公司建立联合信用卡有巨大优势，两者可以互相推销。海湾石油公司为假日饭店的扩张提供大量资金，假日饭店也支持海湾公司在假日饭店旁边建立加油站。假日集团从海湾石油公司获得1000万美元的贷款和2500万美元的抵押贷款，15年以后海湾公司在假日饭店旁边建造起加油站500多个。

双方商定，海湾石油公司发行的海湾信用卡也可以在假日饭店使用，以支付食宿等费用，这个合作使假日公司有了充裕的财源。海湾信用卡持有人在假日饭店使用海湾信用卡支付的费用达1.2亿美元。这一阶段假日集团的扩张速度达到高峰，连锁方式发生改变，要求缴纳每日经营费，约占毛收入的6%，然后兼并长途汽车公司、轮船公司、餐馆等相关企业，使之成为饭店业的巨头。

假日饭店从此开始迅速发展。到1968年8月，该公司在德克萨斯的圣安尼奥建立起第1000个假日饭店，而后，几乎是每2~3天就有一家新的假日饭店开业，每36分钟就有一间假日饭店的新客房出现。每年要求加入连锁的申请多达10000个，而假日集团每年只接受200个左右作为其新成员。"大招牌"工程的运作及Holidex计算机预订系统的安装使假日集团迅速膨胀。至此，假日饭店在美国家喻户晓，建立了在全美的饭店网络。

进入80年代后，为了适应市场的变化，假日饭店公司决定采用新战略，把目前的饭店分别分成六大类采用不同的名称、拥有不同的设施、提供不同的服务、服务于不同对象的不同档次的饭店。这六大类分别是：

1. 假日饭店（Holiday Inns）：它是假日饭店公司的主体部分，早在世界享有盛名，是价格适中、服务全面的饭店。

2. 大使套房与皇家大饭店（Embassy Suite & Granda Royale）：它是全套房型饭店，主要面对停留时间较长的公务旅游者市场。

3. 汉普顿饭店（Hampton Inns）：它是一种新型的经济档住宿设施，面向中档市场的最低层,平均房价比大使套房与皇家大饭店低20%。

4. 假日皇冠广场（Holiday Inn Crowne Plazas）：它是一种大城市市区饭店,一般为四星以上的豪华级饭店,而且必须符合3个条件：①开设公务楼层（concierge floor/Executive club）；②有一个风味餐厅；③有中、小型会议设施和宴会厅。其房价比一般假日饭店高出40%,而比竞争对手的同类产品低5%～10%。

5. 公寓饭店（Residence Inns）：它是一种全套房式饭店,面向居住时间较长的旅游者,每个套房内安装有全套厨房设施。

6. 哈拉（彩博）饭店（Harrah's）：它是专门的彩博饭店,到1989年,在公司的税后利润中,博彩业的收入占30%～40%。

洲际饭店集团的发展历史。1989年,巴斯有限公司（Bass）收购假日集团；1998年,巴斯有限公司收购洲际集团；2001年,巴斯酒业集团更名为六洲饭店集团；2003年4月15日,六洲饭店集团正式更名为洲际饭店集团。

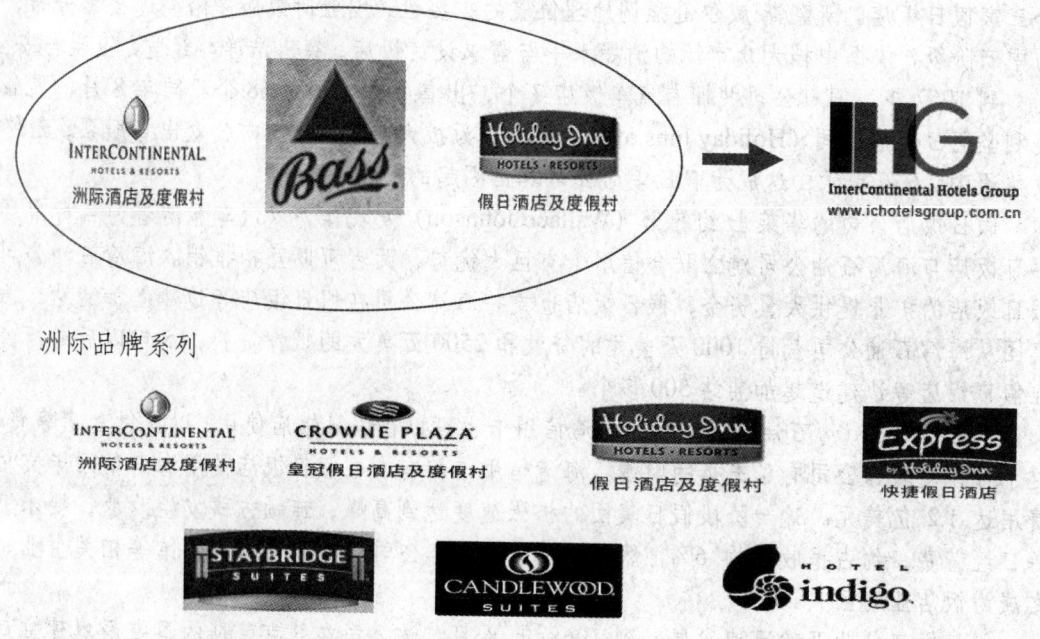

洲际品牌系列

21.2 饭店集团化管理

21.2.1 饭店集团化管理的必要性

希望在旅途中得到安全、方便、舒适及愉快的休息和享受是旅客的基本要求。旅客出行在外,容易产生不安全感,对未知事物不愿冒风险,所以往往会对一些曾经住过的获得良好体验的饭店产生一种认同感和依赖感,一旦认准,便不会冒险去试新的未知品牌饭店,希望在下一个旅站中仍然住同样品牌的饭店,而连锁饭店正好满足了旅客的这一需求。一个被顾客认定的饭店品牌对顾客来说,就是在人生地不熟的他乡异地的可信赖的"家外之家"。

早在20世纪50年代,国外连锁饭店便蓬勃发展,特别是以美国为首的西方一些国家,随着交通运输业的迅速发展，许多大的连锁饭店应运而生，并从某一国家内的连锁饭店逐步向海外发展。目前，全世界较大的连锁饭店已达几百家，控制着全世界客房总数的绝大多数。这些连锁饭店在资金、技术、人才、设备设施等方面具有雄厚的实力，对所管饭店实现了管理模式统一，服务质量统一，深受广大顾客的欢迎。

21.2.2 饭店集团化管理的竞争优势

饭店集团具有较强融资调控能力。对内，它可以及时调控各间饭店的资金余缺，对新上饭店或经济较困难的饭店，可予重点扶持；对外，它具有较强的信誉度，对吸纳社会资金、发展饭店业务、加快设备设施及技术的更新，具有突出的作用。

饭店集团具有客源优势。饭店集团最大特点和优点之一，就是客源联网，一般说饭店集团作为一个群体，它有着统一的名称、标志，具有统一先进的经营管理模式和规范的服务标准，因此，通过宣传在市场上树立良好的群体的企业形象效果显著。再加上利用完备、高效的预订系统，建立起自己独立的全国乃至全球的客房预订中央控制系统，从而争取客源。

它具有人才优势。饭店集团从实际出发，一般能聘请并培训理论水平高、实践经验丰富的各方面人才，可以随时为集团内各饭店提供服务。同时，饭店集团一般都有自己比较完善的培训系统，培训养饭店所需要的各类人才，并经常对在职人员进行轮训，提高管理和技术水平。

21.2.3 饭店集团管理的基本要素

1. 品牌

品牌的创立和创新是近几年来国际管理公司不断扩张所依存的重要基础之一。一个成功的品牌意味着所有冠以同一品牌的饭店都能受益。分布广泛、数量众多的相同品牌饭店，又很好地进行了品牌的宣传推广。品牌的市场细分和多品牌战略，使饭店集团会拥有各种不同类型饭店的品牌，以适应不同消费目的的需要。

2. 统一标准的管理制度和模式

科学有效的、统一的管理制度和模式，以保证同一品牌在不同饭店的质量的一致性，满足顾客对品牌的期望。国际饭店管理集团不会因人员的流动和调配而使饭店的管理制度和管理方式因人而异，它是靠制度和标准管理。

3. 集团中央预订系统

国际饭店集团拥有全球网络化预订系统，可以在世界范围内进行销售和方便客人在线预订，吸引客源，建立强大的客户数据库。

4. 集团统一的支持系统

国际管理集团的另一大优势就是有规模效益，可以统一物品的标准、质量，以此节约成本、减少人力资源的浪费、减少采购和运输的环节。国际管理集团大多雇佣建筑设计公司，从业主筹建饭店起，就介入饭店建筑设计、设备采购等过程，最大限度地发挥其专业化优势。国际管理集团往往还雇佣专业管理咨询公司定期对旗下饭店的宾客满意度与员工满意度进行测评，对饭店服务质量进行暗访检查。由于专业公司站在第三方的角度，保证了满意度暗访检查报告的中立性，对饭店改进服务质量，提高满意度大有帮助。

21.2.4 国际饭店集团的主要模式

1. 委托管理

通过饭店业主与管理集团签署管理合同来约定双方的权利、义务和责任，以确保管理集团能以自己的管理风格、服务规范、质量标准和运营方式来向被管理的饭店输出专业技术、管理人才和管理模式，并向被管理饭店收取一定比例的基本管理费（约占营业额的2%～5%）和奖励管理费（约占毛利润的3%～6%）的管理方式。

2. 特许经营

是以特许经营权的转让为核心的一种经营方式，利用管理集团自己的专有技术与品牌与饭店业主的资本相结合的来扩张经营规模的一种商业发展模式。通过认购特许经营权的方式将管理集团所拥有的具有知识产权性质的品牌名称、注册商标、定型技术、经营方式、操作程序、预订系统及采购网络等无形资产的使用权转让给受许饭店，并一次性收取特许经营权转让费或初始费，以及每月根据营业收入而浮动的特许经营服务费（包括：公关广告费、网络预订费、员工培训费、顾问咨询费等）的管理方式。

3. 带资管理

通过独资、控股或参股等直接或间接投资方式来获取饭店经营管理权，并对其下属系列饭店实行相同品牌标识、相同服务程序、相同预订网络、相同采购系统、相同组织结构、相同财务制度、相同政策标准、相同企业文化及相同经营理念的管理方式。香格里拉饭店集团是在我国最早采用此方式的国际饭店集团，2000年以前基本上以合资经营为主，对大多数管理的饭店持有绝对控股权。

4. 联销经营

近年来，伴随着全球分销系统的（GDS）普及和互联网实时预订功能的实现，国外的联销经营集团应运而生并且发展迅猛。饭店联销集团是由众多的单体经营管理的饭店自愿付费参加，并通过分享联合采购、联合促销、联合预订、联合培训、联合市场开发、联合技术开发等资源共享服务项目而形成的互助联合体。

21.3 国际饭店集团在中国的发展趋势

众多国际饭店集团将逐渐加强中国市场的战略地位，有些集团已把中国区域作为战略重心，它们在我国发展有以下新趋势：

由一线城市向二线城市扩展。国际饭店集团进入中国市场时选择经济发达的中心城市或旅游资源丰富的城市立足，目前众多国际饭店集团加紧向二线城市扩张。如2003年中山、郑州和2004年福州香格里拉纷纷开业。洲际集团在济南、太原、武汉、长沙等城市都有饭店开业。

由单一品牌向多品牌发展。洲际集团已陆续推出皇冠假日、洲际、holiday inn等品牌；马里奥特集团由主推万豪品牌到目前推出全品牌发展战略，既有高档的丽嘉卡尔顿、万豪、万丽，又有中高档的万怡、新世纪、华美达。雅高集团在中国市场拓展了索菲特、诺富特等品牌后又将三星级"美居"品牌引入中国。

由个别超豪华品牌饭店向批量超豪华品牌饭店发展。著名饭店集团纷纷推出超豪华品牌饭店，在中国打造自己的旗舰，如上海瑞吉红塔饭店成为喜达屋集团在中国开业的第二个圣·瑞吉斯品牌饭店，北京东方君悦饭店是凯悦集团在中国继上海君悦金茂饭店之后管理的第二家君悦品牌饭店，上海四季饭店成为国际著名的四季饭店集团在中国开业的第一家饭店。

由中高档饭店向经济型饭店发展。在国际饭店集团积极扩大在中国的中高档饭店市场份额的时候，一些国际饭店集团已开始关注经济型饭店。如天天饭店、洲际、雅高等集团的高层纷纷调研中国市场，希望在拓展豪华品牌饭店的同时，也以经济型饭店品牌进入中国市场。

案例3：法国雅高酒店管理集团[4]

雅高集团总部设在巴黎，成立于1967年，是欧洲最大的酒店集团。截至2004年底，法国雅高集团拥有15.8万个员工，饭店业务涉及140个国家，是欧洲饭店、餐饮行业的领导企业，也是世界大的饭店和服务集团之一。雅高在世界范围内约有4000家饭店，从经济型到豪华饭店，雅高提供了全系列不同档次的饭店服务，满足了不同需求层次顾客的需要。

1. 雅高的成就

法国雅高集团从一个只有62个客房的诺富特酒店开始起步，在短短数年内，成为法国乃至欧洲中档和经济型等领域酒店业的领导企业。自1967年雅高公司创立、成立了第一家诺富特饭店以来，在雅高创立后的10年内，雅高实现了从1家酒店到146家酒店的飞跃；雅高饭店数超过200家，只用了13年时间。到2005年2月底，雅高集团已经拥有了3986家饭店。

2. 雅高的借鉴

（1）雅高创业期正是法国店业发展的高速成长期，这个有利的外部环境使雅高具备了能快速成长的外部环境。同样，法国为了推动饭店业发展，在50年代所成立的饭店业信贷署，成为雅高快速发展的金融动力。

（2）雅高创业时的诺富特是个三星级酒店，相对四星及更高档酒店市场而言，具有更大的市场容量，也是成长市场中属于品位、档次较高的细分市场，这使雅高快速成长具备了市场空间。

（3）连锁发展是雅高企业创业前就制定了战略目标。雅高学习的标杆企业是假日饭店，雅高吸取了假日饭店成功的精髓——饭店产业化、标准化，通过标准化实施饭店的特许经营和连锁发展（产业化）。

（4）雅高饭店建设时，从选址到饭店容量设计，建筑成本的控制和运营管理都有一套标准化体系，具有强大的可复制能力，这是推动雅高酒店业务的快速发展内在动力。

（5）雅高适时推出了宜必思、一级方程式等饭店品牌，形成了一个从低档到高档饭店的品牌系列，并在地域上组成了一个不同档次饭店群落，成为区域饭店业务的的垄断者，具备了很强的竞争优势。

3. 雅高的成功总结

雅高集团的成功给其他国际酒店管理集团的冲击和影响较为深远，雅高的成功的速度"太快了"。正因为其速度非常快，引得世人惊讶。

（1）抓住一个战略机遇

从一个区域地区的某个行业发展的角度来看，任何一个行业都会出现一个高速增长期，如何在这个增长期获得快速的成长，不同的投资者具有不同的看法和认识。

由于市场容量快速扩张，容易满足顾客的需求，诺富特通过100%的浴室设置，就能获得一定市场的成功。而当随着市场容量的逐渐饱和，在竞争中的获得成功的难度，要远远大于市场快速扩张期。饭店业的空白市场，缺乏有效的竞争，是雅高发展的战略机遇期。

（2）学习一个标杆企业

假日饭店在美国市场的成功，使得雅高有了一个学习的标杆企业，成功地通过复制假日饭店的扩张模式，在法国获得了成功。假日饭店也就失去了在欧洲发展类似连锁饭店的最佳机会。同样，当雅高在国际化拓展过程中，在巴西创立的"巴帝农（partthenon）"品牌，出租公寓并提供与饭店服务类似的服务。该创意一经推出，在 2 年内推出了近 50 家 partthenon 公寓。但是，该创意被竞争对手提前复制，并应用到了欧洲市场，从此雅高也失去了将该公寓扩张到欧洲的机会。一个标杆企业的成功模式，将影响后续者的成功模式。

（3）建造一个连锁饭店

雅高的发展战略的独特处在于"品牌连锁"的最终目标，在确定了以诺富特品牌在 3 星级市场进行扩张战略后，实施了在法国及至欧洲的地域拓展。实现规模上的拓展，并不是采取进入高端市场的方式，雅高在发展过程中，始终坚定地执行了"规模致胜"的竞争原则，迅速扩大规模，占领行业性战略资源（地段和客源），以压迫竞争者的生存空间。

（4）构建一个竞争优势

雅高通过获得饭店行业的战略性资源，如地段和客源，构建了一个竞争优势。地段与交通、客源、景点等资源密切联系。雅高在发展过程中，选择了一些具有发展潜力的地段，随着法国城市化进程的发展，许多地段成为交通便利的地点。另外，在选址上，选择高速公路出口一侧，也带来了很多便利。在获得一定知名度后，即可以较廉价的方法，既获得了新的较佳地段，还获得了税收等方面的优惠。

如果用一句话来总结雅高的成长过程，就是雅高抓住了行业兴旺的成长机会，利用借贷、连锁、合同管理等多种方式扩大酒店规模，利用规模优势提升企业竞争力。

课外研习：

以个人或 2~4 人的小组为研究单位，通过互联网或其他途径查找资料，进行以下问题的研究，做出研究报告，并编制 PPT 文件，在课堂里进行交流分享。

查找并研究至少一家国际饭店集团。

参考文献：

[1] http://www.marriott.com
[2] http://www.ichotelsgroup.com
[3] http://www.ihgplc.com/explore/history.asp
[4] http://ly.gdcc.edu.cn/n11393c133p2.aspx

第三篇 其他

第二十二讲 饭店星级和绿色饭店

22.1 饭店星级

22.1.1 中国饭店星级评定的发展和作用[1]

1987年星级标准开始制定,1988年执行,由此开始了中国饭店行业一个新的起步。当时的背景是中国饭店行业的规模刚刚形成,服务质量不高,行业形象不够好。标准的制定主要是为了规范和提升饭店行业。1993年饭店星级标准调整为国家标准。用现代化的、标准化的语言和体系对原有的标准作了规范和调整,为饭店行业的发展提供了更具有操作性的指导,在实践中发挥了重要作用。

中国饭店星级评定大大地推动了中国饭店业的发展。主要表现在:

第一,饭店星级标准规范了饭店行业的经营与管理,提升了饭店行业,构造了规范化发展的局面。对旅游行业管理形成了一个大抓手,进一步推动了整个服务业标准化的发展。

第二,饭店星级标准的市场影响扩大,构造了国际化发展的局面。从世界范围看,中国的饭店星级标准在世界上开创了一个新局面。一个服务业的标准、旅游业的标准能形成如此强大的国际影响,在一定意义上形成了共识,在全世界也是罕见的。海外的客人到中国来,选择饭店首先询问星级,因为星级代表着它的设备、价格和产品的质量和档次。

22.1.2 饭店星级评定标准[2]

饭店星级评定就是以饭店产品及服务制订的标准来规范饭店的服务质量。它通过政府有关管理部门进行测评,对饭店的硬件和软件及整体经营水平给出一个评价。

以下简要介绍一星级到五星级的评定标准。

22.1.2.1 星级评定的标准——一星级

1. 饭店布局基本合理,方便客人饭店内的正常活动
2. 饭店内公共信息图形符号符合 LB/T001
3. 根据当地气候,有采暖、制冷设备,各区域通风良好
4. 前厅设施设备及服务系统

(1) 有前厅和总服务台;

(2) 总服务台位于前厅显著位置,有装饰、光线好,有中英文标志;18小时以上时间;以普通话提供接待、问询、结账和留言服务;

(3) 总服务台提供饭店服务项目宣传品、饭店价目表、市内交通图、主要交通工具时刻

表；

(4) 提供贵重物品保存服务；

(5) 能用英语提供服务，各种指示用和服务用文字用规范的中英文同时表示；

(6) 提供行李出入店服务及小件行李存放服务。

5. 客房设施设备及客用品

(1) 15间（套）以上可供出租的客房；

(2) 走廊24小时有自然光及/或照明，通风，无障碍物和有害物，各种标记及紧急出口标识清楚；

(3) 有门锁（暗锁、可反锁、有防盗链），门后部位张贴逃生示意图；

(4) 装修良好，有软垫床、桌、椅、床头柜等配套家具；

(5) 至少75%的客房卫生间装有抽水恭桶、面盆、淋浴或浴缸，配有浴帘。客房中没有卫生间的楼层设有间隔式的男女公用卫生间。饭店有专供客人使用的男女分设公共浴室，配有浴帘。采取有效的防滑措施，24小时供应冷水，16小时以上供应热水；

(6) 照明充足，有遮光窗帘；

(7) 客房备有饭店服务指南、价目表、宾客须知；

(8) 客房、卫生间每天全面整理一次，及时更换床单及枕套；

(9) 16小时提供冷热饮用水。

6. 餐饮设施设备及服务项目

(1) 有桌椅、餐具、灯具配套，照明光线充足的就餐区域；

(2) 可以提供早餐服务；

(3) 餐饮制作区域及用具保持干净、整洁、卫生；

(4) 餐饮服务执行合格的操作技术标准、食品卫生标准和个人卫生标准。

7. 公共区域

(1) 有公共卫生间（男女分设，位置合理，方便使用）；

(2) 有公用电话；

(3) 有应急照明灯。

22.1.2.2 星级评定的标准——二星级（比一星级多的项目）

1. 前厅设施设备及服务系统

(1) 提供传真服务；

(2) 提供电话叫醒服务；

(3) 与住店客人相适应的报刊；

(4) 设行政总值班；

(5) 16小时接待客人；

(6) 设客人休息场所。

2. 客房

(1) 18小时以上供应热水；

(2) 有电话，可通过总机拨通国际、国内长途，电话机旁边配有使用说明；

(3) 有彩色电视机；

(4) 具备有效的防噪音及隔音措施。

3. 公共区域

（1）提供回车线或停车场；
（2）4层（含）以上的楼房有客用电梯，内有双排按键；
（3）代售邮票，代发信件。

22.1.2.3　星级评定的标准——三星级（比二星级多的项目）

- 饭店建筑外观具有一定的特色。
- 有与饭店星级相适应的计算机管理系统。
- 员工更衣室、公共卫生间、浴室、餐厅、宿舍等工作和福利设施有相应的管理制度，与饭店星级形象相一致。

1. 前厅

（1）前厅内装修美观别致；
（2）提供一次性总账单结账服务(商品除外)；
（3）提供信用卡服务，12小时提供外币兑换服务；
（4）中英文本地交通图，全国旅游交通图；
（5）24小时提供客房预订；
（6）设门卫应接员，16小时迎送客人；设专职行李员；
（7）有专用行李车，18小时为客人提供行李服务；
（8）设大堂经理；
（9）在非经营区设客人休息场所；
（10）提供代客预订和安排出租汽车服务。

2. 客房

（1）至少有40间（套）可供出租的客房；
（2）房间面积宽敞，装修良好、美观，有梳妆台或写字台、衣橱及衣架、简易沙发、床头灯及行李架等配套家具和床上用品；室内满铺地毯、木地板或其他适应材料。室内采用区域照明且目的物照明度良好；
（3）有卫生间、梳妆台（配备面盆、梳妆镜和必要的盥洗用品），并带淋浴喷头（或有封闭的淋浴间）、晾衣绳；采取有效的防滑措施。卫生间采用较高级建筑材料装修地面、墙面，色调柔和，目的物照明度良好。有良好的排风系统或排风器、110/220V电源插座；24小时供应冷、热水；
（4）提供国际互联网接入服务及市内电话黄页；
（5）播放频道不少于16个，画面和音响质量良好，备有卫星电视节目频道指示说明和节目单，播放内容应符合中国政府规定；
（6）有单人间，有套房；
（7）有与饭店本身星级相适应的文具用品、本地旅游景点介绍、本地旅游交通图、与住店客人相适应的报刊；
（8）客用品和消耗品补充齐全；
（9）提供开夜床服务，放置致意卡；
（10）24小时提供冷热饮用水及冰块及免费提供茶叶或咖啡；
（11）有小冰箱，提供适量饮料和价目单，备有饮酒器具和酒单；
（12）客人在房间会客，可应要求提供加椅和茶水服务；
（13）提供衣装干洗、湿洗和熨烫服务；

（14）有送餐菜单和饮料单，18小时提供早餐或便餐送餐服务，有可挂置门外的送餐牌；

（15）提供擦鞋服务。

3. 餐饮必备要求

（1）有餐厅，晚餐结束客人点菜时间不早于21点，提供三餐服务；

（2）有宴会单间或小宴会厅，能提供宴会服务；

（3）餐具无破损，卫生、光洁、涩干；

（4）能用英语提供服务。

4. 厨房

（1）位置合理；

（2）墙面满铺瓷砖，用防滑材料满铺地面，有吊顶；

（3）冷菜间、面点间独立分隔，有足够的冷气设备；冷菜间温度不高于摄氏22度，内有空气消毒设施；

（4）粗加工间与其他操作间隔离，各操作间温度适宜，一般在摄氏18～26度之间；

（5）有足够的冷库；

（6）洗碗间位置合理；

（7）有专门放置临时垃圾的设施并保持其封闭；

（8）厨房与餐厅之间有起隔音、隔热和隔气味作用的进出分开的弹簧门；

（9）采取有效的消杀蚊绳、蟑螂等虫害措施。

5. 会议、康乐

（1）有多功能厅或专用会议室，并提供相关的会议服务；

（2）有康乐设施设备与并提供相关服务。

6. 公共区域

（1）各公共区域都有男女分设的公共卫生间；

（2）能提供旅行日常用品、旅游纪念品、工艺品等商品；

（3）复印、国际长途电话；

（4）国内行李托运等；

（5）提供电脑出租服务。

22.1.2.4 星级评定的标准——四星级（比三星级多的项目）

- 内外装修采用高档、豪华材料，工艺精致，具有突出风格。
- 有中央空调（别墅式度假村除外）。
- 有背景音乐系统。

1. 前厅

（1）前厅面积宽敞，气氛豪华，风格独特，装饰典雅，色调协调，光线充足；

（2）18小时提供外币兑换服务；

（3）设门卫应接员，18小时迎送客人；24小时提供行李服务。

2. 客房

（1）70%客房的面积（不含走道和卫生间）不小于20平方米；装修豪华，有豪华的软垫床、写字台、衣橱及衣架、茶几、座椅或简易沙发、床头柜、床头灯、台灯、落地灯、全身镜、行李架等高级配套家具和床上用品；室内满铺高级地毯，或优质木地板及其他适应材料等；采用区域照明且目的物照明度良好；

（2）客房门锁为 IC 卡门锁或其他智能门锁，有暗锁、门镜、门铃及防盗链装置，可反锁，能自动闭合；

（3）卫生间有高级抽水恭桶、面盆及有彩色标识的冷热水龙头、梳妆台（配备梳妆镜和必要的盥洗用品），卫生间采用豪华建筑材料装修地面、墙面，色调高雅柔和，配有电话副机、吹风机；

（4）有内窗帘及外层；

（5）有至少 3 个开间的豪华套房；

（6）内外装修采用高档、豪华材料，工艺精致，具有突出风格；

（7）有中央空调（别墅式度假村除外）；

（8）有背景音乐系统；

（9）应客人要求随时进房清扫整理，补充客用品和消耗品；

（10）客房内设微型酒吧（包括小冰箱），提供充足饮料，并在适当位置放置烈性酒；

（11）有客衣修补服务，送洗的客衣可在 24 小时内交还客人。16 小时可以提供加急服务；

（12）客房服务 24 小时提供中西式早餐、正餐送餐服务，送餐菜式品种不少于 10 种，饮料品种不少于 8 种，甜食品种不少于 6 种。

3. 餐饮

（1）有布局合理、装饰豪华的中餐厅，晚餐结束客人点菜不早于 22 时；

（2）有独具特色、格调高雅、位置合理的咖啡厅（简易西餐厅），能提供自助早餐、西式正餐；

（3）有位置合理、装饰高雅、具有特色的酒吧。

4. 厨房

位置合理、布局科学，保证传菜路线短且不与其他公共区域交叉。

5. 会议

会议室有良好的隔音、遮光效果。

6. 公共区域

（1）有停车场（地下停车场或停车楼）；

（2）有足够的高质量客用电梯，内有双排按键，轿厢装修高雅，并有服务电梯；

（3）有商务中心，办理电传、提供打字、提供代购交通、影剧、参观等票务服务，提供市内观光服务。

22.1.2.5 星级评定的标准——五星级（比四星级多的项目）

（1）大堂经理 24 小时在前厅服务；

（2）70%客房的面积（不含卫生间和走廊）不小于 22 平方米；

（3）使用面积不小于 4 个平方米的卫生间，梳妆台（配备防雾梳妆镜和可饮用矿泉水）、体重秤；

（4）彩色电视机播放频道不少于 20 个，画面和音响质量优良；

（5）每个客房配备微型保险柜；

（6）有至少 5 个开间的豪华套房；

（7）有布局合理、装饰豪华、格调高雅的高级西餐厅，配有专门的西餐厨房；

（8）有独具特色、格调高雅、位置合理的咖啡厅，能提供自助早餐、西式正餐，咖啡厅（或有一餐厅）营业时间不少于 18 小时并有明确的营业时间；

（9）有 2 个以上小会议室或商务洽谈室；

（10）有衣帽间；

（11）有室内游泳池；

（12）有出入口闭路电视监控系统；

（13）有专用员工出入口通道。

22.1.2.6 星级评定的标准——选择项目（共 73 项）

1. 公共项目群

（1）两家以上饭店共享同一品牌；

（2）饭店总经理资质；

其中：担任过 2 年以上同级饭店高级管理职位；
接受过 1 年以上专业教育和培训。

（3）有"金钥匙"服务；

（4）在饭店的设计、建造和装修过程中听取过星级评定机构的意见，并在星级申报的过程中有相应的内设机构和自查自纠措施；

（5）店内有著名艺术家作品；

（6）店内有国家级和省级重点保护文物；

（7）30 年以上饭店经营历史，保持饭店星级 5 年以上；

（8）采用国际通行的财务制度；

（9）为残疾人提供服务；

其中：门厅和主要公共区域有专用坡道；有专用轮椅；电梯内有方便残疾人使用的按键和扶手杆；公共区域有方便残疾人使用的卫生间设施；有残疾人客房，能满足残疾人的一般生活起居要求；

（10）废电池能统一收集、妥善处理；

（11）不再使用哈龙(F1211、1310)灭火器；

（12）采用有环境保护标志或绿色认证的装饰装修材料；

（13）室外可绿化空地的绿化率达到 70%；

（14）大量室内绿化，与环境协调；

（15）牙刷、梳子、小香皂、拖鞋等一次性客用品及客用布草的使用有征询客人意见牌，尽量减少消耗量；

（16）在不影响对客服务功能的前提下，取消或改变一次性包装袋和用品(取消玻璃杯杯套/不使用塑料擦鞋盒/不使用塑料垃圾袋/客房洗衣袋采用布制品或其他可重复使用的非塑料制品等)；

（17）餐厅不使用一次性筷子和湿毛巾；

（18）设有无烟楼层或无烟客房，餐厅有无烟区；

（19）服务指南中有关于本饭店采取的环保措施方面的介绍说明；

（20）客房自来水管道中增加直接可饮用水管道；

（21）有中水处理系统，实现水的二次利用。

2. 特色选择项目群一

（1）套房占饭店客房总数的 20%以上；

（2）有至少容纳 800 平方米以上的多功能厅；

（3）2 种以上语言的同声传译设施；
（4）紧邻会议厅主席台的贵宾休息室；
（5）有会场实时监控系统；
（6）有舞台设施和艺术灯光控制系统，能满足一般演出需要；
（7）电视或电话会议设施；
（8）多媒体演讲系统(含电脑、多媒体投影仪、实物投影仪、可接驳数码摄像机的投影机)；
（9）会议厅有宽带网接口；
（10）提供笔译、口译与和专职的秘书服务；
（11）提供印刷及装订服务；
（12）1000 平方米以上的展厅；
（13）独立的鲜花店；
（14）封闭酒吧；
（15）客房书桌上附设客房内的第二台电话机(可视电话或普通电话)；
（16）有商务或行政楼层

其中：可在本楼层办理入住登记、离店手续，并提供问讯、留言服务；
　　　有商务中心，提供复印、传真及翻译文秘服务；
　　　有专用酒吧或供客人用便餐或下午茶的场所；
　　　有供客人阅读、休息的场所；
　　　客房建筑面积不小于 30 平方米，有分区域设计，提供良好的办公条件。

3. 特色选择项目群二
（1）具有地方特色的建筑风格或建筑小品；
（2）有本地特色艺术品陈列；
（3）观光电梯；
（4）歌舞厅；
（5）有地方特色的民俗风情表演，如茶道、民歌、民族舞蹈、文娱表演；
（6）不少于 50 平方米的封闭商店；
（7）店内提供旅游信息电子查询系统；
（8）提供本地观光服务。

4. 特色选择项目群三
（1）座落于或毗邻 AAAA 级景区、大型高尔夫球场和大型滑雪场等区域；
（2）有饭店专用的沙滩、温泉或海滨浴场；
（3）2 个以上具有地方特色的风味餐厅；
（4）不少于 70%的客房有阳台；
（5）不少于 50%的客房为观景房(山景、海景、水景等)；
（6）网球场；
（7）不少于 4 道的保龄球室；
（8）桌球室；
（9）乒乓球室；
（10）高尔夫练习场；
（11）至少 9 洞的高尔夫球场；

（12）射击或射箭场；

（13）溜冰场；

（14）潜水；

（15）冲浪；

（16）游艇；

（17）其他运动休闲项目；

（18）婴儿看护和儿童娱乐室；

（19）室内游泳池；

（20）一年内不少于一半时间可以使用的室外游泳池。

选择项目的使用

- 五星级—在选择项目中至少具备 33 项
- 四星级—在选择项目中至少具备 26 项
- 三星级—在选择项目中至少具备 10 项

22.1.2.7 星级评定的标准——服务质量要求

8.1 服务基本原则

8.1.1 平等原则。对所有客人，不分种族、民族、国别、身份、贫富、亲疏，一视同仁。

8.1.2 礼仪原则。对客人礼貌、热情、亲切、友好地提供适度服务。

8.1.3 效率原则。时刻关注客人的需求，综合运用技术、教育和培训等多种手段，高效率地完成对客服务。

8.1.4 法律原则。遵守国家法律法规和地方政府的行政条令，保护客人的合法权益。

8.1.5 道德原则。尊重客人以及饭店所在国家和地区的风俗习惯与道德信仰，不损害民族尊严。

8.2 服务基本要求

8.2.1 员工仪容仪表要求

（1）着工装、佩工牌上岗，仪容仪表端庄、大方、整洁；

（2）服务过程中表情自然、亲切、热情适度，提倡微笑服务；

（3）进入营业区域，所有人员均须遵守饭店的仪容仪表规范。

8.2.2 言行举止要求

（1）经过培训，站、坐、行姿符合饭店的规范与要求，有职业风范；

（2）与客人交往过程中的自然语言和身体语言协调，让客人感到尊重；

（3）举止文明，主动服务，符合岗位规范。

8.2.3 语言要求

（1）提倡普通话；

（2）语言文明、简明、清晰，符合礼仪规范；

（3）对客人提出的问题无法解决时，应予耐心解释，不推诿和应付。

8.2.4 业务能力与技能要求

服务人员应掌握相应的业务知识和技能，并能熟练运用。

8.3 服务质量保证体系

具有适应本饭店运作所需要的整套管理制度和作业标准，并能通过培训、检查和督导使之得以有效的执行。

22.1.2.8 一星级到五星级的饭店的主要特征

一星级饭店为低档或经济型饭店；二星级饭店为低档饭店，满足一般大众旅游的需求；三星级饭店为中高档饭店或舒适型饭店；四星级饭店是豪华饭店，突出其设施与设备的完备，服务精良，满足经济地位较高的消费者的需求；五星级饭店是超豪华饭店，其设备设施与服务要体现现代化，可满足客人特殊消费的要求。

22.1.2.9 星级饭店评定办法

饭店开业一年以后方可申报相应星级，经相应星级评定机构审查确认后，可以享有自授牌之日起五年期的星级标志与名称使用权。开业不足一年的饭店可以申请预备星级，有效期一年。

星级的划分以饭店建筑、装饰、设施设备及管理、服务水平为依据，具体的评定办法按照国家旅游局颁布的设施设备及服务项目评定标准、设施设备的保养维修评定标准、清洁卫生评定标准、顾客质量感知系统标准、宾客意见评定标准等五项标准执行。

在我国，旅游饭店星级评定的领导机构是国家旅游局。在国家旅游局的统一领导下，各省、自治区、直辖市旅游局设立饭店星级评定机构，负责本行政区域内的旅游饭店星级评定工作。

根据评定规定，国家旅游局设立饭店星级评定机构，负责全国旅游饭店星级评定工作，并具体负责评定四星、五星级饭店；省、自治区、直辖市旅游局饭店评定机构具体负责评定本地区一星、二星、三星级饭店，评定结果报国家旅游饭店星级评定机构备案。对本地区三星级饭店评定后，报国家旅游局饭店星级评定机构确认，并负责向国家旅游局饭店星级评定机构推荐四星、五星级饭店。

旅游饭店星级检查，实行星级饭店检查员制度。星级饭店检查员，分为国家级检查员和地方级检查员两个等级。国家级检查员，负责对全国各星级饭店进行星级评定前后的检查；地方级检查员，则负责对本地区各星级饭店进行星级评定前后的检查。

旅游饭店星级检查员对饭店的检查分为评定前检查和评定后检查两种。评定前的检查，是指检查员受星级评定机构的委派，对申请评定星级的饭店，根据《旅游涉外饭店星级的划分及评定》所列内容进行实地检查；评定后的检查，是指检查员受星级评定机构委派，对已经取得星级的饭店进行定期与不定期的明查和暗访。明查的目的是为了核实饭店在取得星级后，设施设备、服务项目、维修保养、清洁卫生等方面是否保持了原有的水准；而暗访的目的是为了监督、考察饭店在取得星级后服务质量方面是否保持了原有的水准。

22.1.2.10 饭店星级评定的作用

标准化：建立统一的服务和产品质量体系，以利于买卖双方构建一个有序的旅游市场分销体系；

市场营销：将其作为目的地促销的工具，以向旅游者提供有关目的地内不同等级和类型的饭店的建议，同时促进健康的竞争环境的形成；

消费者保护：确保饭店能够满足分等定级的所规定的有关住宿、设施和服务的最低标准；

控制：为控制全行业质量提供一套体系。

22.2 绿色饭店

案例 1：两张环保卡片[3]

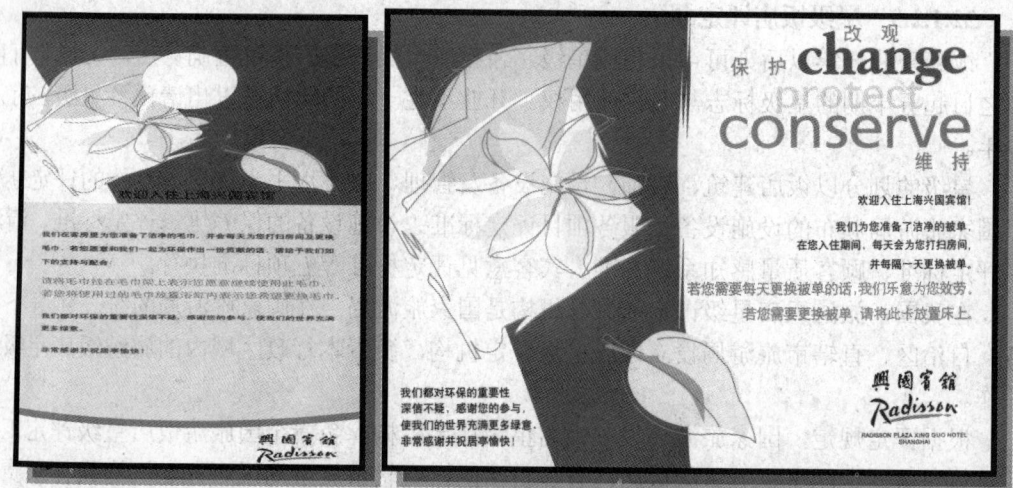

许多饭店开始加入创建绿色饭店的活动。环保卡片只是这些饭店中最为风行的一种环保措施，目的在于引导客人进行绿色消费。通常情况下，读过这种卡片的客人会配合，至少会了解这是一种关注人类的高尚行为，进而接受这种做法。

通过鼓励住宿超过一天的客人重复使用自己用过的不必洗涤的棉品，以保护环境，这种做法的关键是征得客人同意，使之成为饭店客人的一种自觉的高尚的行为，饭店在进行环保行动的同时，也使得客人感到自己是一个高尚的人而感到满足。

22.2.1 实施绿色饭店的必要性和可能性

饭店是用水用电的大户，一座五星级饭店每年的用电量大约在六七百万度，用水量在数十万吨；饭店每天洗涤所使用的洗涤剂污染环境，免费提供的一次性消耗品"六小件"（即牙刷、牙膏、沐浴液、洗发水、拖鞋、梳子）等大多为无法降解的塑料制品，对环境造成污染和破坏。我国共有一万多家星级饭店，实际上成为产生大量液、气、固态垃圾的庞大工业综合体。

近些年来，许多饭店开始实施绿色饭店行动。

案例 2：西安香格里拉金花饭店的节能降耗行动[4]

西安香格里拉金花饭店的节能降耗行动从酒店员工做起：
- 酒店办公区域所有电器包括电脑、复印机等都设置在节能状态。
- 可以自行控制的电灯及空调在午餐及下班时间及时关掉。
- 员工上下三层楼走楼梯，不坐电梯。
- 更换使用节能灯具。
- 在客房内摆放环保提示卡片，请客人一道加入环保行列。
- 饭店所有清洁用品选用无磷环保型，以保证减少对大自然的污染。
- 酒吧内客人喝剩的酒水也有专门回收箱进行回收处理，杜绝倒入水池中加重城市水处理负担。
- 大到酒店油烟排放检测，小到纸张的循环再利用，从员工观念到技术层面，节约和环保理念得到充分体现，节能成效显著提高。

22.2.3 环保与服务质量

节约环保的措施都是在保证服务质量、不影响客人消费利益的前提下进行的，节约与高质量的服务并不矛盾，大多数情况下客人都很理解和支持。饭店"六小件"该不该退出，饭店"六小件"包括一次性牙膏、牙刷、梳子、沐浴液、洗发液、拖鞋等，这些一次性消耗品大多为塑料制品和包装，对环境形成潜在的威胁。饭店免费提供"六小件"是目前国内通行的做法，但在国外特别是西方发达国家早已废除，人们早已习惯自带洗漱用品，既卫生又环保。

22.2.4 绿色饭店的标准[5]

目前国内已经开展绿色饭店的评定工作，绿色饭店的评定指标框架如下：
- 绿色设计：环境设计、建筑设计、新能源的设计与运用、其他
- 节能管理：能源管理、主要用能设备运行效率、节能新技术运用、节水措施
- 环境管理：污染控制、采用环保设备和用品、室内环境、绿化
- 提供绿色产品与服务：绿色客房、绿色餐饮、拒绝使用损害环境的企业和厂家生产的产品、其他
- 社会环境经济效益：社会环境效益、经济效益、管理体系的建立

绿色饭店标准总分为 300 分，达到 180 分——银叶级绿色旅游饭店，达到 240 分——金叶级绿色旅游饭店。

课外研习：

以个人或 2~4 人的小组为研究单位，通过互联网或其他途径查找资料，进行以下问题的研究，做出研究报告，并编制 PPT 文件，在课堂里进行交流分享。

一、查找并研究以下各类饭店（每种星级至少一家）并比较它们的差异：
1. 五星级饭店；
2. 四星级饭店；
3. 三星级饭店。

二、查找并研究一家饭店在环保方面的所采取的措施。

参考文献：

[1] 魏小安：中国饭店星级标准的 20 年——危机与对策，http://guanli.veryeast.cn/guanli/Expertrostrum

[2] 中华人民共和国星级饭店评定标准

[3] 绿色环保卡来自于上海兴国宾馆

[4] 西安星级宾馆调查：节约环保在行动 http://www.yidaba.com 2007-03-12 10:22

[5]《绿色旅游饭店》标准（LB/T007-2006）http://www.fon.org.cn/content.php?aid=8275

第二十三讲 饭店业职业生涯

23.1 饭店业的岗位

世界旅游及旅行理事会（World Travel & Tourism Council, WTTC）数据显示[1]，2008 年，中国的旅游及旅行业带来的直接收入占全国 GDP 的 2.6%，间接收入占全国 GDP 的 12.2%。中国旅游及旅行业带来的直接就业岗位达 1900 多万个，占总就业的 2.5%；带来的间接就业岗位达 7400 多万个，占总就业的 9.6%，即每 10.4 个就业人员中就有一位从事旅游或与旅游业相关的职业。按世界旅游及旅行理事会的预计，在未来 10 年里，中国旅游及旅行业的收入将以 8.8%的年增长率增长，在 2018 年之前跃居全球第二。中国旅游及旅行业直接就业将以 2.5%的年增长率增长，到 2018 年到达 2400 万多个就业岗位，占总就业的 3.0%；间接就业将以 2.9%的年增长率增长，到 2018 年将近 9900 万个就业岗位，占总就业的 12%。即每 8.3 个就业人员中就有一位从事旅游或与旅游业相关的职业。这一增长使得中国在人力资源方面的压力越来越大。中国所面临的最大挑战将是如何应对这些预期。为满足该行业未来的需求，中国在未来 10 年里将要招录、培训、保留和培养数百万专业人员。

饭店业是一个岗位种类很多样、涉及领域比较广泛的行业。以上海市旅游行业岗位目录为例，来看一下饭店业有哪些岗位。

案例 1： 上海市旅游行业岗位目录（饭店）[2]

1. 岗位矩阵。表中的列项是岗位名称，横项可以反映此岗位出现在哪些类型的饭店中。四位岗位编码中的第一位分别为 0、2、4，分别表示了岗位的层级为 0 为中高层管理层，2 为低层管理者和文员及技术工种，4 为一线工作人员。

岗位编码	岗位名称	商务饭店	会议饭店	度假饭店	公寓式酒店	酒店式公寓	小精品酒店	经济型连锁酒店集团	经济型连锁酒店	经济型旅馆	豪华邮轮
0000	旅游企业高层管理者	*	*	*	*	*		*			*
0011	小型旅馆总经理						*		*	*	
0021	办公室主任	*	*	*	*	*		*			*
0031	财务总监	*	*	*	*	*		*			*

续表

岗位编码	岗位名称	商务饭店	会议饭店	度假饭店	公寓式酒店	酒店式公寓	小精品酒店	经济型连锁酒店集团	经济型连锁酒店	经济型旅馆	豪华邮轮
0041	人力资源总监	*	*	*	*			*			*
0051	市场总监	*	*	*	*						*
0061	房务总监	*	*	*	*						*
0062	经济型连锁酒店集团营业总监							*			
0071	餐饮总监	*	*	*	*			*			*
0072	总厨	*	*	*	*						*
0081	工程总监	*	*	*	*	*					*
0091	采购经理	*	*	*	*	*		*			*
0101	康乐经理	*	*	*							
0111	安保经理	*	*	*							
0121	商场经理	*									
2001	秘书/文员	*	*	*	*	*	*	*			*
2011	财务人员	*	*	*	*			*			*
2012	采购员	*	*	*	*						*
2013	仓库管理员	*	*	*	*						*
2021	人事文员	*	*	*	*			*			*
2031	销售人员	*	*	*	*		*				*
2032	预订主管	*	*	*	*			*			*
2041	信息技术经理/工程师	*	*	*	*						*
2101	前厅主管	*	*	*	*						*
2102	前厅文员	*	*	*	*		*				*
2111	客房/清洁主管	*	*	*	*						*
2112	营业经理						*		*	*	
2113	洗衣主管	*	*	*	*						
2121	餐厅主管	*	*	*	*				*		
2122	厨师	*	*	*	*				*		
2123	酒吧主管/调酒师	*	*	*	*						*
2131	康乐主管	*	*	*	*						*
2141	工程师	*	*	*	*	*					*
2151	安保主管	*	*	*	*						*
2701	会展策划	*	*	*				*			*

续表

岗位编码	岗位名称	商务饭店	会议饭店	度假饭店	公寓式酒店	酒店式公寓	小精品酒店	经济型连锁酒店集团	经济型连锁酒店	经济型旅馆	豪华邮轮
4011	接线生	*	*	*	*	*	*				*
4021	接待员	*	*	*	*	*	*				*
4022	行李员	*	*	*	*	*	*		*	*	*
4031	清洁员	*	*	*	*	*	*		*	*	*
4041	餐厅服务员	*	*	*	*	*			*		
4042	调酒师	*	*	*	*						*
4061	保安员										
4071	营业员	*	*	*	*						*
4081	收银员										
4091	洗衣工	*									*
4301	其他服务员	*	*	*	*						*

2. 岗位说明书。以下列举了部分岗位的岗位说明书。

0000 旅游企业高层管理者

岗位概述：全面负责旅游企业的经营管理，完成业主或董事会或上级交给的经营目标。

主要职责：

1. 在上级主管部门或董事会的领导下，全面负责旅游企业的经营管理工作，确保经营管理目标的实现。

2. 确定旅游企业的战略目标、宗旨和经营管理方针。

3. 决定旅游企业的长远规划和年度经营计划、审批旅游企业的各项规章制度，并组织和督促落实。

4. 决定旅游企业组织机构设置和编制定员，确定各部门职责，根据授权，任免中层管理人员，审核员工人事方面的决定。

5. 审定旅游企业的内部财务制度和分配方案，审定旅游企业的预算、决算、更新改造和投资方案，审定和签订旅游企业的重要合同，负责企业资产保值增值。

6. 决定旅游企业的市场营销方案和培训计划，不断开拓市场和提高员工素质。

7. 负责领导旅游企业的安全管理工作。

8. 负责重要客人的接待。

9. 协调旅游企业内外的重要关系。

10. 其他工作。

同类岗位：饭店总经理/副总/驻店经理；旅行社总经理/副总/总经理助理；景区总经理/副总/主任/馆长/园长/场长/总经理助理；水上游览总经理/副总经理/主任/总经理助理；经济型

连锁酒店集团总裁；经济型连锁酒店区域总裁。

任职要求：

1. 知识水平

（1）业务知识：掌握旅游企业经营管理的业务知识，熟悉旅游企业客源市场和各部门的业务，了解现代企业管理、市场营销、领导科学、财务、会计、金融和旅游等基本知识，了解国内外旅游企业发展趋势，掌握计算机的应用技能。

（2）政策法规知识：掌握涉及企业经营管理的公司法、经济合同法、反不正当竞争法、劳动法、消费者权益保护法、财务会计、外汇、金融、税收等方面的法律制度和旅游企业管理的有关法规。

2. 工作能力

（1）判断决策能力：能准确理解国家的有关方针政策和上级/董事会的指示精神，能对旅游企业的各种重大问题及时作出准确的分析判断和科学的决策。

（2）开拓创新能力：善于吸收国内外的经营管理经验，根据企业实际和市场变化，不断改革创新。

（3）组织协调能力：能组织各业务部门按规程运转，并能合理分工和授权，协调好旅游企业内外各种关系。

（4）业务实施能力：能合理地把旅游企业的人、财、物和信息组织到实现旅游企业经营目标的轨道上，不断提高旅游企业的服务质量和经济效益、社会效益。

（5）社会活动能力：善于交往，能与有关单位和人士保持良好的公共关系。

（6）语言文字表达能力：善于言谈和演说，能撰写工作报告和重要文件。

（7）外语能力：能用一门外语与客人进行业务交谈，并能阅读外文专业资料。

3. 学历、经历、职称、培训与身体素质

（1）学历：大专以上。

（2）经历：担任旅游企业副总经理或主要业务部门经理一定年限。

（3）培训：经过本岗位资格培训，取得《岗位资格认证证书》。

（4）身体素质：身体健康，精力充沛。

相关下级岗位：

（0011）小型旅馆总经理；（0012）游轮经理；（0021）办公室主任；（0031）财务总监；（0041）人力资源总监；（0051）市场总监；（0052）经济型连锁酒店集团项目发展总监/经理；（0061）房务总监；（0071）餐饮总监；（0072）总厨；（0081）工程总监/经理；（0082）经济型连锁酒店集团工程总监/项目经理；（0091）采购经理；（0101）康乐经理；（0111）安保经理；（0121）商场经理；（0131）旅行社部门经理；（0132）景区部门经理。

0051 市场总监

岗位概述：负责旅游企业的市场营销工作。

主要职责：

1. 在总经理的领导下，负责旅游企业的市场开发、客源组织和产品销售工作。

2. 负责组织市场调查，拟定市场销售战略、销售价格、销售方案，组织编制销售预算，并组织实施。

3. 负责与各类客户建立长期稳定的良好协作关系，不断开拓新市场、新客源。

4. 负责主要客户的拜访，征求客户意见，不断改进销售策略，控制旅游企业价格政策实施。

5. 协助总经理搞好旅游企业产品多种经营及其市场的开拓，并同有关部门密切合作，组织做好接待、销售服务工作。

6. 负责组织制定各项管理制定，并监督贯彻执行。

7. 负责评估、指导、培训销售人员。

8. 完成总经理布置的其他工作。

同类岗位：饭店市场总监/经理；经济型连锁酒店集团市场总监/经理；旅行社市场经理；景区市场总监经理；水上游览市场总监/经理。

任职要求：

1. 知识水平

（1）业务知识：掌握市场学、旅游企业市场营销的业务知识，熟悉旅游企业管理的基本知识和各部门的业务管理知识，了解心理学、公共关系和主要客源国方面的知识，了解本专业的发展动态，掌握计算机应用技能。

（2）政策法规知识：掌握涉及企业经营管理的经济合同、竞争、股份制、消费者权益保护、财务、外汇、税收、涉外企业等方面的法律制度和旅游企业管理法规。

2. 工作能力

（1）判断决策能力：能准确分析和判断市场情况，并作出科学决策。

（2）开拓创新能力：用于开拓创新，巩固老客户，不断积极开发新客源和新产品。

（3）组织协调能力：建立科学的旅游企业销售体系，有效地组织、调动下级的工作积极性，协调旅游企业各部门之间的关系。

（4）业务实施能力：能主持制定旅游企业的销售计划、撰写分析报告等，并能组织、指导所辖部门按质、按量完成工作任务。

（5）社会活动能力：善于交往，能与有关部门进行沟通。

（6）语言文字表达能力：能起草各类业务公文，具有较强的口头表达能力。

（7）外语能力：能娴熟地用英文同客人进行交流，能阅读各种专业资料。

3. 学历、经历、职称、培训与身体素质

（1）学历：大专以上。

（2）经历：在旅游企业销售部任经理二年以上。

（3）培训：经过本岗位资格培训，取得《岗位资格认证证书》。

（4）身体素质：身体健康，精力充沛。

相关岗位：

1. 相关上级岗位：（0000）旅游企业高层管理者。

2. 相关下级岗位：（2031）销售人员。

2101 前厅主管

岗位概述：负责住宿企业的客人入住接待工作。

同类岗位：前台主管。

主要职责：

1. 在前厅部经理的领导下，负责接待的管理工作。

2. 负责本组员工的工作安排，控制本组员工的服务质量和工作进度。

3. 检查团队、重要客人和预订客人的排房情况。

4. 检查客房状况、掌握客房出租率和平均房价等业务信息。
5. 接待检查组制定的各种统计分析报表。
6. 调查并处理有关客人对本组的投诉。
7. 负责与客房部、预订组、财务部、餐饮部、行李处、大堂值班经理以及其他有关部门的联系。
8. 负责对本班员工的使用、督导、培训和考核。
9. 负责安排当日本组的备用物品及合理使用。
10. 负责将原始材料存档。
11. 负责本组区内的安全工作。
12. 其他工作。

任职要求：
1. 知识水平
（1）业务知识：掌握前厅接待的业务知识和前厅管理的基本知识，熟悉饭店产品，了解客源地区概况和当地旅行游览的基本知识，了解礼仪、销售、公关、心理学等知识，了解国际金融常识。
（2）政策法规知识：掌握出入境管理条例、治安管理处罚条例及有关旅游涉外法规，熟悉饭店的规章制度。
2. 工作能力
（1）业务实施能力：能够准确理解上级的指示精神，并合理安排、督查下级的工作，能综合分析国内外旅游市场状况，积极利用各种关系和渠道，不失时机地争取客源，有较强的推销能力，能熟练地操作计算机。
（2）协调沟通能力：能与有关部门和人员保持良好的合作关系，熟记常客及重要客人的姓名。
（3）应变能力：能在权限内对客人的不同要求灵活处理。
（4）语言文字表达能力：能撰写业务公文，有较强的语言表达能力。
（5）外语能力：能熟练地使用一门外语进行交谈、阅读，能用第二外语进行简单的应答。
3. 学历、经历、培训与身体素质
（1）学历：中专以上。
（2）经历：在饭店前厅部工作三年以上。
（3）培训：经过本岗位资格培训，取得《岗位资格认证证书》。
（4）身体素质：身体健康，经历充沛，仪表端庄。

相关岗位：
1. 相关上级岗位：（0061）房务总监。
2. 相关下级岗位：（2102）前厅文员；（4011）接线生；（4021）接待员；（4022）行李员。

4041餐厅服务员

岗位概述：负责餐饮服务工作。可在饭店、餐饮企业、景区、水上游览公司等有餐厅的企业工作。

主要职责：
1. 负责做好开餐准备工作和对客服务工作。
2. 负责菜点、饮料的推销工作。

3. 负责设施设备和用品的维护保养工作。
4. 负责餐厅清洁卫生工作。
5. 其他工作。

任职要求：

1. 知识水平

（1）业务知识：掌握餐厅服务的基本知识，了解食品、饮料、烹饪知识；掌握经营菜肴的特点及餐饮设施的性能和使用知识；熟悉餐厅用品的使用方法和保养知识；懂得各种结账方法；熟悉礼节礼貌和服务心理需的基本知识，了解主要客源国概况、卫生防疫、安全消防等知识，掌握计算机的应用技能。

（2）政策法规知识：懂得食品卫生法及有关法规，熟悉饭店的规章制度。

2. 工作能力

（1）操作能力：有熟练的餐饮服务技能，能按操作程序独立完成餐厅的接待服务工作；又向客人介绍、推销菜食、酒水的促销能力。

（2）记忆能力：能熟记常客和重要客人的姓名、习惯、爱好，以及客人所点菜食。

（3）应变能力：能妥善处理服务过程中出现的一般问题。

（4）语言文字表达能力：口齿清楚，讲话流利，能迅速、准确书写菜单。

（5）外语能力：能熟练地运用一门外语对客服务，并能用第二外语作一般性问候。

3. 学历、培训与身体素质

（1）学历：高中以上。

（2）培训：经过本岗位资格培训，取得《岗位资格认证证书》。

（3）身体素质：身体健康，仪表端庄，经历充沛。

相关上级岗位：（2121）餐厅主管。

23.2 饭店业职业特点及发展路径[3]

这个行业提供的职业选择更多，不管你喜欢什么类型的工作，不管你能力如何，你总可以找到一个能发挥你聪明才智的岗位。饭店行业的职业特点：

- 工作种类多种多样。由于饭店是完整的生产、销售和服务单位，因此，经理的工作会涉及多种广泛的活动。
- 有很多创新机会。饭店经理可以设计出新产品，满足客人的需要；为员工制订出培训计划，或者实施具有挑战性的广告宣传、销售促销和市场营销计划。
- 这是一个与人打交道的行业。经理和主管每天的工作是让客人满意、激励员工、与供应商和其他人谈判。因此是充满人情味的行业，你可以从对客的热情服务中同时获得客人友好的反馈，与客人共同分享着为客人创造幸福的快乐。
- 有长期职业发展的机会。如果你有雄心壮志并且精力充沛，你可以从初级工作开始不断提升。饭店业是一个注重实践经验的行业，只要你认真地从最基层做起，有一天你可以坐到总经理的位子。

在饭店业发展的职业线路有多种，如下图：

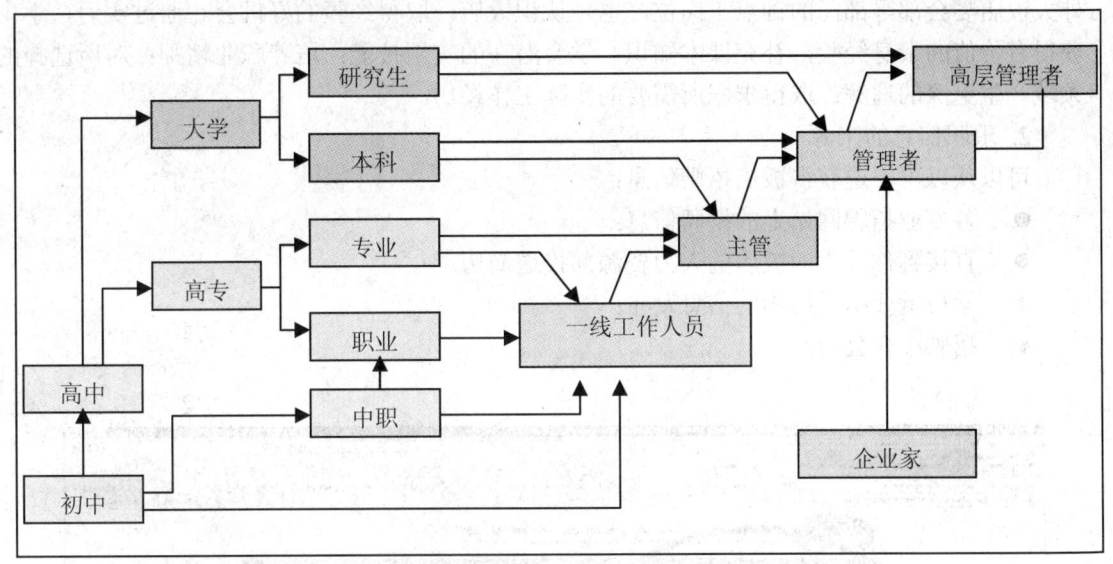

案例2：希尔顿饭店首任经理的传奇[4]

一天夜里，已经很晚了，一对年老的夫妻走进一家旅馆，他们想要一个房间。前台侍者回答说："对不起，我们旅馆已经客满了，一间空房也没有剩下。"看着这对老人疲惫的神情，侍者又说："但是，让我来想想办法……"

这个侍者不忍心深夜让这对老人出门另找住宿。而且在这样一个小城，恐怕其他的旅店也早已客满打烊了，这对疲惫不堪的老人岂不会在深夜流落街头？于是好心的侍者将这对老人引领到一个房间，说："也许它不是最好的，但现在我只能做到这样了。"老人见眼前其实是一间整洁又干净的屋子，就愉快地住了下来。

第二天，当他们来到前台结账时，侍者却对他们说："不用了，因为我只不过是把自己的屋子借给你们住了一晚——祝你们旅途愉快！"原来如此。侍者自己一晚没睡，他就在前台值了一个通宵的夜班。两位老人十分感动。老头儿说："孩子，你是我见到过的最好的旅店经营人。你会得到报答的。"侍者笑了笑，说这算不了什么。他送老人出了门，转身接着忙自己的事，把这件事情忘了个一干二净。

没想到有一天，侍者接到了一封信函，打开看，里面有一张去纽约的单程机票并有简短附言，聘请他去做另一份工作。他乘飞机来到纽约，按信中所标明的路线来到一个地方，抬眼一看，一座金碧辉煌的大酒店耸立在他的眼前。原来，几个月前的那个深夜，他接待的是一个有着亿万资产的富翁和他的妻子。富翁为这个侍者买下了一座大酒店，深信他会经营管理好这个大酒店。这就是全球赫赫有名的希尔顿饭店首任经理的传奇故事。

事情都是从一个富有同情心、满怀仁爱的侍者的智慧头脑开始："让我来想想办法……"爱加上智慧原来是能够产生奇迹的。

23.3 如何进入行业

1. 实习

许多饭店都有学生实习计划，向在校学生提供短自两三个月，长至一年的岗位实习。另外大饭店宴会部等部门的钟点工岗位,也是认识饭店,取得经验的好机会。通过实习,学生获得有价值的亲身经验,补充课本知识;学会潜在的实用技能;培养职业精神;对所选择的领域产生更深的理解;取得求职所需要的实际工作经历。

2. 求职信息的来源

可以从以下渠道获得饭店招聘信息:

- 各专业招聘网站上的招聘信息;
- 直接到你看中的饭店的人力资源部投送简历;
- 学校就业指导机构的信息发布;
- 招聘中介公司。

学校的毕业生就业推荐[5]

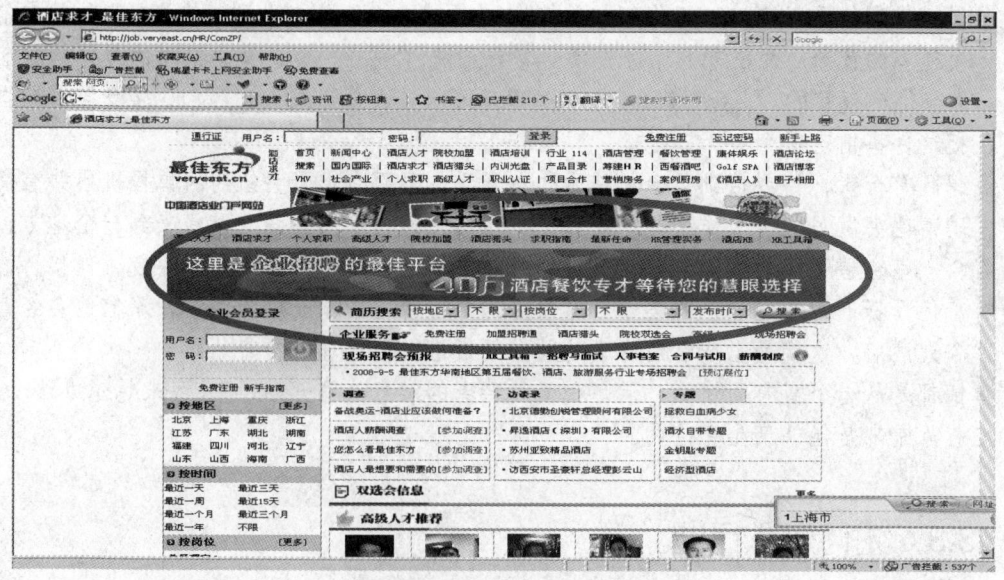

饭店专业网站的就业招聘平台[6]

案例3：汉庭酒店集团管理培训生校园招聘计划[7]

加入汉庭，为自己加油！为中国加油！

汉庭酒店集团管理培训生校园招聘计划

一、汉庭酒店集团简介

汉庭成立于2005年初，同年8月，第1家门店开业，2006年底，汉庭连锁酒店第34家开业。2007年7月，汉庭以股权融资8500万美元创下中国服务行业首轮融资的新纪录，2007年底，汉庭连锁酒店第74家开业。2008年初，汉庭在全国签约门店数达到180家，完成了全国主要城市的布局，并重点在长三角、环渤海湾、珠三角和中西部发达城市形成了密布的酒店网络，成为国内成长最快的连锁酒店品牌之一。2008年4月，汉庭已开业酒店超过100家，出租率、经营业绩各项指标均在业内处于领先地位。

2008年2月，汉庭酒店集团正式成立，是国内第一家多品牌的经济型连锁酒店集团。汉庭致力于实现"中国服务"的理想，即打造世界级的中国服务品牌。汉庭的愿景是"成为世界住宿业领先品牌集团"，为此，我们将不断追求精细化的管理，实施标准化的体系和流程，更全面、更迅速地推进集团化发展。汉庭酒店集团旗下目前拥有"**汉庭酒店**"、"**汉庭快捷**"、"**汉庭客栈**"三个系列品牌，并将坚持时尚现代、便捷舒适、高性价比的优势特点，塑造中国经济型酒店的典范。

汉庭欢迎高潜质的青年人才加入，将以专业化的师资培养打造汉庭一流的经营管理团队，为每个汉庭人的职业价值提升提供最好的平台和机会！

二、汉庭价值观

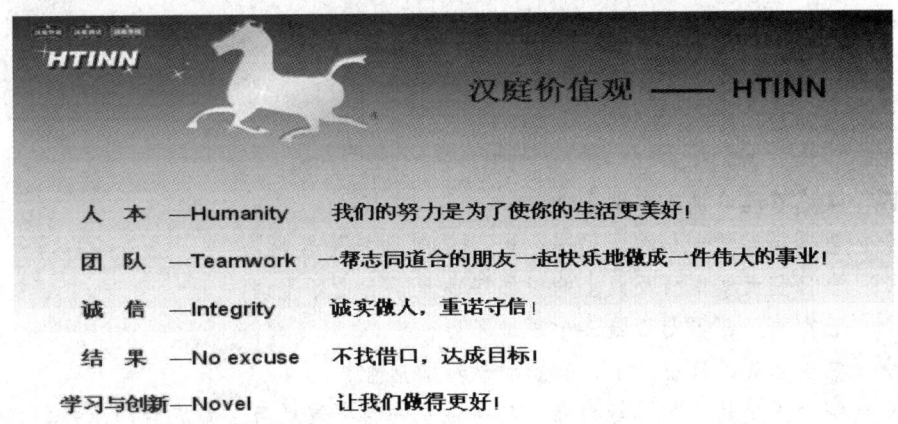

汉庭价值观

三、汉庭管理培训生计划

招聘对象：08、09年应届毕业生，有理想、有热情、具备实干精神、道德品质良好。

培养目标：通过集中式培训及2~4年的店内实践，经主管、值班经理、店助等岗位，成长为汉庭连锁酒店的驻店经理。

长期发展路径：

- 优秀驻店经理可进一步成长为资深店长、城区总经理；
- 根据个人意愿、能力及性格特点，也可进入总部职能部门工作，按业务主管、部门经理、部门总监的方向发展。

管理培训生（驻店经理）具体规划

- 进入汉庭，参加为期 10 天的管理培训生班。培训结束考核，未合格者退出计划；
- 轮岗实习 45 天：7 天餐厅、20 天客房服务员、18 天客房主管；
- 给每位学员安排教练，至指定门店进行 6 个月前台业务实习。经考核通过者，晋级为见习值班经理；未通过者，留任原岗位，3 个月后再次参加考核。仍未通过者，退出计划；
- 任见习值班经理 3 个月，通过考核者可提升为值班经理，获得 5000 元"MT 晋级奖金"；
- 任值班经理 6~18 个月后可参加汉庭学院主管提升班，考核合格后晋升为店助；
- 任店助 12~24 个月后可参加汉庭学院驻店经理班，考核合格后晋升为驻店经理。

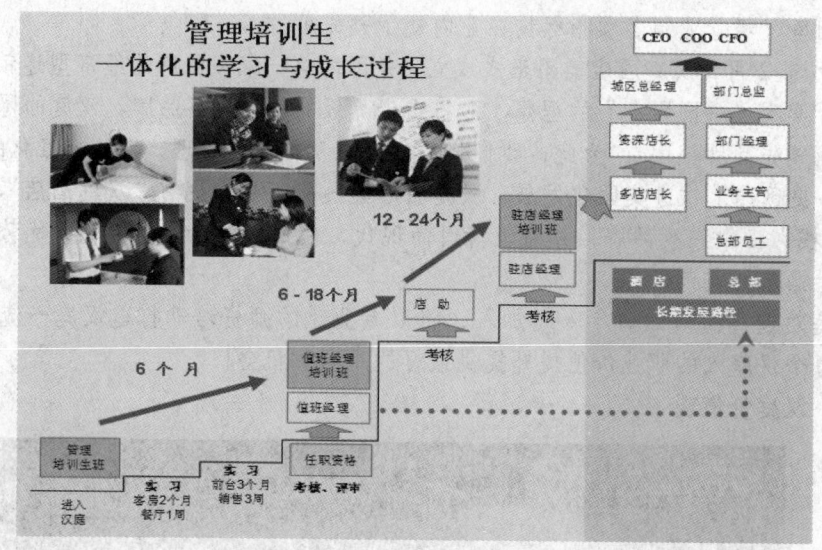

汉庭管理培训生一体化的学习与成长过程

四、汉庭管理培训生申请条件

- 全日制大学专科的应届毕业生，酒店管理相关专业；
- 全日制大学本科及以上的应届毕业生，专业不限；
- 五官端正，男女不限，生源地不限；
- 热情乐观、勤奋向上，有志于从事酒店业；
- 综合素质高，学习能力强，具有强烈的自我发展与自我成就的意愿；
- 善于与人沟通，亲和力强，有团队合作精神和服务意识；
- 诚实守信，责任心强，具备一定的组织能力；
- 踏实肯干，能适应环境和工作需要，能面对挑战和挫折。

课外研习：

以个人或 2~4 人的小组为研究单位，通过互联网或其他途径查找资料，进行以下问题的研究，做出研究报告，并编制 PPT 文件，在课堂里进行交流分享。

查找并研究：

1. 如果你进入饭店业，你喜欢从事的岗位是什么，为什么？
2. 从网上查找一家或几家饭店，目前招聘的岗位有哪些？

参考文献：

[1] http://www.wttc.org/bin/pdf/original_pdf_file/china.pdf 世界旅游及旅行理事会 （World Travel & Tourism Council, WTTC），2009.2

[2] www.shtourhr.gov.cn/上海旅游人才资源网 2009.2

[3]Rooco M.Angelo, Andrew N.Vladimir 著，季昕译，《当今饭店业》，北京，中国旅游出版社，2004.10

[4] http://enbbs.cnttr.com/redirect.php?tid=106724&goto=lastpost

[5] http://www.les-roches.com.cn/Hotel1.sht

[6] http://job.veryeast.cn/Html/company/2007-9/552532/index.htm

[7] www.yingjiesheng.com/job/000/426/jobshow_906.html